2020年教育部人文社会科学研究青年基金项目
"监察赔偿构造的制度逻辑与实践进路研究"（20YJC820047）

Research on the Criminal Investigation Procedure of
SUPERVISION COMMISSION

职务犯罪监察调查程序研究

王小光 / 著

图书在版编目(CIP)数据

职务犯罪监察调查程序研究/王小光著.—北京：北京大学出版社，2022.1
ISBN 978-7-301-32764-7

Ⅰ.①职… Ⅱ.①王… Ⅲ.①职务犯罪—刑事侦查 Ⅳ.①D914

中国版本图书馆CIP数据核字(2021)第259228号

书　　　名	职务犯罪监察调查程序研究 ZHIWU FANZUI JIANCHA DIAOCHA CHENGXU YANJIU
著作责任者	王小光　著
责 任 编 辑	徐　音　姚沁钰
标 准 书 号	ISBN 978-7-301-32764-7
出 版 发 行	北京大学出版社
地　　　址	北京市海淀区成府路205号　100871
网　　　址	http://www.pup.cn　新浪微博：@北京大学出版社
电 子 信 箱	sdyy_2005@126.com
电　　　话	邮购部 010-62752015　发行部 010-62750672　编辑部 021-62071998
印 刷 者	河北滦县鑫华书刊印刷厂
经 销 者	新华书店
	730毫米×1020毫米　16开本　18.25印张　262千字 2022年1月第1版　2022年1月第1次印刷
定　　　价	68.00元

未经许可，不得以任何方式复制或抄袭本书之部分或全部内容。
版权所有，侵权必究
举报电话：010-62752024　电子信箱：fd@pup.pku.edu.cn
图书如有印装质量问题，请与出版部联系，电话：010-62756370

目 录

引　言 ... 001

第一章　职务犯罪监察调查程序基本理论 ... 006
　第一节　职务犯罪监察调查程序的概念分析 ... 006
　第二节　职务犯罪监察调查程序的结构分析 ... 021
　第三节　职务犯罪监察调查程序的价值分析 ... 039

第二章　职务犯罪监察调查程序的形成发展 ... 057
　第一节　历史传承:监察调查模式的历史演进 ... 058
　第二节　现实选择:职务犯罪监察调查程序的模式承继 ... 084

第三章　职务犯罪监察调查程序域外比较 ... 100
　第一节　域外监察调查模式的分类 ... 100
　第二节　监察权与犯罪调查权混合模式 ... 108
　第三节　监督权与犯罪调查权分立模式 ... 132
　第四节　域外监察调查程序的评析 ... 149

第四章　内部程序:职务犯罪监察调查内部运行 ... 160
　第一节　犯罪调查程序的内部流转 ... 161
　第二节　纪法内部程序的一体化分析 ... 178
　第三节　内部程序的衔接和监督 ... 191

第五章　外部衔接:监察程序和刑事程序的对接 ... 200
　第一节　程序运行中的外部关系 ... 201
　第二节　程序运行中的管辖制度 ... 213

第三节　外部程序的重要对接节点　　231

第六章　审判中心视角下的监察调查程序改革　　242
　　第一节　监察调查权的程序控制　　243
　　第二节　监察调查程序的适度分离　　252
　　第三节　监察调查的综合监督体系　　263
　　第四节　监察调查程序的法治化进路　　273

引　言

一、研究的缘起与任务

面对国内严峻复杂的反腐败斗争形势，党的十九大因势利导启动了国家监察体制改革，并在最高立法机关的支持下逐步由三个试点省市推广至全国。这次改革的定位之高，为近年来所罕见，中国共产党中央委员会、中共中央纪律检查委员会（简称中央纪委）在此次改革中所使用的话语体系，如"党中央的重大决策部署""贯彻落实十九大精神的重大政治任务""构建党统一指挥、全面覆盖、权威高效的监督体系"，无不反映了此次改革的重要性和深远意义。此次改革引发了一系列的制度变动和权力调整：一是中国传统的党政监督体制进行了系统整合，党政两套监察体系实现了完整融合，并进一步扩大了监督范围，配置了更强力的监察手段措施，监督权威得到极大提升；二是国家权力构造体系进行了调整，新设立了党和国家的专责监督机关——中华人民共和国国家监察委员会（简称监察委），该机构以合署办公形式成为人民代表大会制度下的新权力成员，过去"一府两院"的构造转变为"一府一委两院"；三是创设了新的监察权力形式和监察程序，监察权、监察调查权等伴随改革而生，逐步发展成新的权力形式，为规范这些权力行使而设置的监察程序也不同于以往，这种新型程序具有许多新型的制度内容和运行特点；四是职务犯罪侦查模式再次发生重大变革，监察委成为职务犯罪调查的核心力量，过去两大反腐支柱纪委和检察院"串行"的调查模式退出历史舞台，监察调查和犯罪侦查双轨并行的程序运行模式逐步成型。

马克思主义哲学曾对理论与实践的辩证关系有过经典叙述，即实践是理论的来源，理论可以指导实践。此次监察体制改革，一方面改革实践急速推进，全国各地在极短时间内组建了各级监察委员会，监察办案的调查措施、运行程序、工作模式等也快速成型，国家层面的立法、修法等配套工作也初步完成，可以说"监察程序"这个新型程序构造已经牢牢嵌入国家法律体系之中；另一方面，监察改革对宪法、行政法、刑事诉讼法等学科都造成了不同程度的冲击，主要表现在改革实践对这些学科的传统理论有所冲击，相关理论研究一度犹豫徘徊，甚至对某些监察实践问题无所适从，有被动跟进、亦步亦趋之嫌，目前尚不能对改革做出有深度的体系性回应。总体而言，对监察改革的理论解读，或是只着重解读官方文件，或是只专注各自学科的研究，学术支撑和跨学科分析尚弱，监察学科理论研究尚处于雏形阶段，改革中出现的大量实践和理论问题急需进行系统性理论解读。

面对党和国家监察制度重构这个特殊的"中国方案"，有观点认为应注意固有法学理论的相对性和局限性，聚焦中国国情，对中国问题进行中国化解读，也有观点认为传统法学理论中的普适性原则应当在改革中得到贯彻，改革不能突破这些公认的法治和人权原则。目前，传统法学理论中的制度、原理、思想遇到了中国国情和监察改革实践的挑战，法学研究既要对这些优秀的法学理论予以继承发展，又要直面中国监察改革实践，立足"法治的中国因素"，用中国法律语言回答中国法律问题，为监察改革的创造性实践提供有价值的理论支撑和指引。职务犯罪监察调查程序同样面对这个难题，监察调查与刑事侦查有很强同质性，两者在内容、手段、强制力、办案模式等方面非常相似，但是《中华人民共和国监察法》（简称《监察法》）将监察调查程序设置为独立于刑事诉讼之外的独立程序，突出监察调查权与刑事侦查权的区别，这对传统的法学和犯罪侦查理论都是非常大的挑战。传统上，关于犯罪调查权力和程序的定性、正当法律程序的原则、程序结构、法律关系等理论能否适用于监察调查程序，以及适用的限度、结合方式、话语重构等都需深入探究。至于职务犯罪监察调查程序这个产生于中国法制土壤之中的"特别程序"，其立足和证成须要兼有法律正当性和道德正当性,形成合规范性和合目的性的统一,避免陷入过度自造话语体系而成为封闭发展的僵局,要保持开放性研究思路,兼容传统优秀法学理论成果和现实改革需求,充分吸收刑事诉讼等学科中符合通行标准的价值理念,借鉴刑事诉讼程序中比较成熟的犯罪调查、程序衔接、人权保障的思想内核,或对科学地解读这个"特别程序"有所裨益。

二、基本结构和基本观点

本书选取职务犯罪监察调查程序作为研究对象,探讨职务犯罪监察调查程序的内容构成、历史脉络、域外比较、程序运行等问题。具而言之,本书的内容结构主要包括以下六部分:

第一,职务犯罪监察调查程序的基本理论。笔者使用概念分析的方法,借鉴了传统的法学理论,尤其是刑事程序的概念架构、程序分类、程序价值等理论内核,从调查程序的主体、法律关系和过程要素三个角度出发,对职务犯罪监察调查程序进行了一个实然层面的基本概括,即程序主体主要包括调查主体和被调查对象;调查程序中的法律关系包括权力和权力、权力和权利以及权利和义务之间的关系;程序中的过程要素包括程序条件、决策、流程和标准。从程序定位来看,职务犯罪监察调查程序是监察程序体系中的一类独立程序,既可以看作是监察程序的子程序,同时又可以看作是调查职务犯罪的特别程序。该程序的运行具有党对调查过程直接领导、强职权程序构造模式、单方主导的封闭结构、任务导向的程序设计等诸多特色之处。从程序分类来看,以调查是否公开、调查的强制性、调查的阶段性、调查中的技术应用、调查存在的层次等为标准,可以将职务犯罪监察调查程序划分为不同的程序类型。从程序的价值功能来看,职务犯罪监察调查程序自身需要具备公正、高效等优良品质,同时程序设计和运行也要平衡好惩罚犯罪和保障人权、效率与公正、调查不公开与保障公众知情权等价值关系冲突。

第二,职务犯罪监察调查程序的形成发展。本书第二章从历史角度对监察调查模式进行了回溯研究,分析了中国古代的监察御史模式的发展演变、近代北洋政府平政院模式和南京国民政府监察院模式的转型发展,同时还重点介绍了中国共产党从革命早期开始的监察模式探索,以此勾画出一个监察调查制度的继承、发展和创新的脉络图。承接监察模式的历史演变,本章进一步对职务犯罪调查模式的变革进行了系统分析,解析了该模式从传统的党纪调查和职务犯罪侦查的单线衔接模式,逐步向职务犯罪监察调查和职务犯罪侦查双轨并行模式过渡的过程、原因及表现形式。

第三,职务犯罪监察调查程序的域外比较。自近代监察制度在瑞典诞生之后,域外国家(地区)先后发展出类型多样的监察调查模式,其中一种分类以监察调查权和监督权之间的关系为标准,具体分为两类:一是监督权和腐败调查权合一模式,其中以新加坡贪污调查局、中国香港地区廉政公署等为代表;二是监督权和腐败调查权分立模式,以中国台湾地区"监察院"、韩国国民权益委员会等为代表。本章以这两类模式下的代表国家(地区)为样本,对这些国家(地区)的监察调查程序构造进行了详细分析,总结了这两类调查程序模式在程序自治、权力监督、程序保障等方面的优点,并重点分析了这些优点对我国监察体制改革的可资借鉴之处。

第四,职务犯罪监察调查的内部程序。在纪委和监察委合署办公的框架结构之下,纪委和监察委形成了"两位一体"的工作模式,这种模式在外部形式上非常类似:一方面,监察委主导职务犯罪调查程序,该程序具体包括线索处置、初核、立案、调查、审理和移送等环节;另一方面,纪委主导党纪调查程序,程序流程基本类似于监察调查程序。从程序运行的内在本质上来看,纪委和监察委共享所有调查人员,一个调查人员同时行使党纪调查权、职务违法及犯罪调查权,这些权力运行分别涉及党纪调查程序、职务违法及犯罪调查程序,这就产生了纪委、监察委内部的纪法程序一体化问题。另外,监察委内部的程序衔接遵循集体决策和分工负责统一、各部门分工协作、程序运转"先纪后法"等原则,在党的领导和内部集体决策得到极大强化的背景下,推进监察调查程序的内部监督成为重中之重。

第五,职务犯罪监察调查的外部程序。首先,监察委调查职务犯罪主要与公安机关等执法机关、检察院和法院存在业务衔接关系。监察立法所确立的基本原则是监察委依法独立行使监察权,与其他机关互相配合和相互制约,以及其他机关协助监察办案,其中最核心的问题是如何正确处理好依法独立行使监察权和依法独立行使司法权之间的关系,防止监察权影响司法权的独立行使。其次,从监察管辖的角度来看,监察委调查职务犯罪实行的是以属人为核心的级别管辖和地域管辖相结合的管辖原则,这个管辖原则需要对被调查对象的组织人事关系进行清晰界定,同时如何处理监察委与检察院的管辖冲突成为一个新的问题。最后,监察委与其他机关的程序衔接,尤其是与刑事程序衔接主要发生在立案、确定管辖权、调查措施和强制措施对接、协助调查取证、移送司法、外部监督、国际司法协助等方面,这些是后续监察改革都要直面的事项。

第六,审判中心视角下的职务犯罪监察调查程序改革展望。通过前面对职务犯罪监察调查程序的基本理论、古今中外比较以及内外程序运行细节的分析,本书第六章提出了在审判中心视角下进一步改革职务犯罪监察调查程序的建议,具体内容如下:一是通过监察调查程序的重新设计,从权力边界、权力运行方式、程序角色和决策模式等方面对调查权进行控制,抑制调查权自我强化和不断扩张的趋势。二是实现调查程序的适度分离,主要包括:党纪调查程序和监察调查程序的分离;职务违法调查程序和职务犯罪调查程序的分离,通过程序分离防范调查权力滥用,保障被调查对象的合法权利。三是借鉴域外犯罪调查监督的经验做法,建议组建针对职务犯罪监察调查的综合性程序监督体系,强化传统的人大监督、司法监督、审计监督等内外结合的监督体系,探索建立由社会力量组成的具有权威性的中立监督组织,积极引入现代信息技术对监察调查活动进行监督,重点开展对程序分流过程的监督。四是规范监察调查程序的内外衔接,尤其是进一步规范留置运行和衔接程序,探索解决监察案件向刑事司法流转的程序难点,尽快建立针对监察案件的国家赔偿程序,积极借鉴刑事程序中排除非法证据、保障律师辩护权等符合法治文明发展的成果,提升监察调查程序内在的道德和法治基础。

第一章　职务犯罪监察调查程序基本理论

第一节　职务犯罪监察调查程序的概念分析

一、概念分析：从程序要素到程序界定

认识和分析一个法律制度，较为常规和有效的路径是从最基本的概念切入。"现在的研究者普遍认为，自哈特以来的法律实证主义在建构法理论方面采取的是一种法律的概念分析（the conceptual analysis of law）的进路，并以描述性的立场排除道德评价的实证分析"[①]来建构一个关于法律现象实然层面"是什么"的法实证主义理论。概念分析方法来源于日常语言哲学，是分析法学的主要研究方法，自哈特以来实证分析主义学者多选择以描述性方法来建构法理论，分析的着眼点是实然层面的法律制度。拉兹是继承哈特理念的另一位分析法学集大成者，他在《法律体系的概念》中运用历史方法和概念方法批判了先前理论，并提出了一套包括标准、内容、结构和特征在内的分析模式，对之后的概念分析流派产生重大影响。[②] 从实证分析的角度看，程序是法律的核心要素之一，对法律程序的实证分析经历了从狭义向广义的转变，早期狭义观点认为法律程序是为解决争议而生的，是权威第三者介入争端解决机制的过程。狭义观点对程序问题的解释空间过于局限，面对日益复杂的程序现象，对法律程序进行广义解读成为

[①] 朱振：《什么是分析法学的概念分析？》，载《法制与社会发展》2016年第1期。
[②] 邱昭继：《法学研究中的概念分析方法》，载《法律科学（西北政法大学学报）》2008年第6期。

必要,法律程序不仅是对争端的被动反应,也可以是主动和前瞻的,可以面向未来预先设计程序方案,法律程序可以在完全对立双方之间,甚至单方主体主导下运行。由此,立法程序、行政程序、侦查程序等均可以纳入法律程序的范畴。①

法律程序由一系列程序要素或层次结构组成,不同观点对于这些程序要素和层次结构的内容安排,可谓是见仁见智。有观点认为程序是按照时间先后依次安排的工作步骤,程序组成要素表现为一定的顺序、方式、步骤和法律决定;②有观点认为程序包括自然程序和社会程序,法律程序是受法律调整或规定的社会程序,法律程序包括主体、时间、空间和结果这四个要件;③也有观点认为法律程序相对于实体层面的主体权利和义务而言具有明显的形式性,时空、言行和器物等内容都是法律程序的构成要素。④除此之外,也有主体、决定和过程等多种不同的建构标准,这些标准从不同角度反映了学者们对程序要素的独特思考,均有很强的借鉴价值和探索意义。在现代社会,法律调整的范围得到极大扩展,法律程序的类型也变得复杂多样,立法、行政、刑事、民事等法律分支领域都有自己的程序构造,各类程序构造要素之间也存在或多或少的差异。职务犯罪监察调查程序是监察改革中创设的新型犯罪调查程序,并在《监察法》中得到进一步确认和规范,作为由国家基本法律规定和调整的程序,成为国家法律程序的重要组成部分。对该程序的解读,有一个值得注意的问题,即过去在对侦查程序等法律程序解读中,经常存在混淆程序结构、程序权力等内容,这模糊了程序本源层面的问题,造成认识上和解读上的困难。⑤为避免概念不清带来的分

---

① 汤维建:《关于程序正义的若干思考》,载《法学家》2000年第6期。
② 吴建依:《程序与控权》,载《法商研究(中南政法学院学报)》2000年第2期。
③ 王新清:《刑事诉讼程序研究》,中国人民大学出版社2009年版,第34页。
④ 孙笑侠、应永宏:《程序与法律形式化——兼论现代法律程序的特征与要素》,载《现代法学》2002年第1期。
⑤ 长期以来对侦查程序的研究存在概念模糊和混用的问题,许多研究者名义上是在研究侦查程序,实质上却在未厘清侦查、侦查程序、侦查权、侦查构造和侦查模式这些概念的前提下,概括性探究侦查程序中存在的问题,最终造成概念和问题之间的互涉和混乱,不利于澄清各自的界限和发现真正的程序问题。

析障碍,在对职务犯罪监察调查程序的概念分析中,有必要对程序进行形式化层面的解读,首先选取足以概括程序全貌的关键要素,再对这些程序要素依次展开,最终将该程序的核心内容逐步呈现出来。

职务犯罪监察调查程序可以说是法律程序中极为独特的存在,虽然改革及立法均将该程序视作独立于刑事程序的新型程序,且明确了调查与侦查的差异定位,但其程序运行却与刑事侦查程序多有类似之处,两类程序所规范的均是犯罪调查活动,均具有主动性、强制性、秘行性等程序特征,程序运行呈现单方主导的线性模式。[①] 在这种线性模式中,存在三个程序运行的核心结构要素:一是程序主体要素,主要包括监察委和被调查对象两方主体,能够主导程序运行的主要是监察委这个调查主体,但是调查对象也是程序启动和存在的不可或缺的要件。对于调查对象的理解应注意两个方面:第一,调查对象作为自然人身份的存在;第二,调查对象涉嫌职务犯罪。对这两个要素可以结合起来理解,即调查主体行使调查权力就是为了查清调查对象涉嫌的职务犯罪事实是否存在。二是程序中的权力—权利关系要素,始终贯穿监察调查程序主线的是调查权力的运行,相对于调查对象享有的法律权利,调查权力的启动、运行左右着调查程序的节奏和进程,但是不可否认,调查对象的权利也是一个优秀程序不可或缺的,权力—权利关系构成调查程序中最基本的一对法律关系。三是程序过程要素,程序的启动和流转也需要具备特定的条件、决定、标准、步骤等过程性要素,这些过程性要素是程序运行所必要的助推和控制性因素。

结合上述对程序主体、权力—权利关系和程序过程三个结构要素进行的分析解读,可以初步对我国职务犯罪监察调查程序进行一个实然层面的基本概括,即监察委员会为查清被调查对象的犯罪事实,依法运用各类调查措施开展犯罪调查活动所遵循的包含法定条件、标准、流程步骤等要素

---

① 牟军认为我国传统的侦查构造中存在多元的侦查主体,具体来说包括公安、国安、军队内卫等,但侦查程序构造本质上是侦查机关和犯罪嫌疑人的两方线性构造,第三方中立力量缺乏介入的空间和能力。牟军:《我国侦查程序的缺陷与重构——以刑事侦讯为视角》,载《西南民族大学学报(人文社科版)》2010年第4期。

的过程。这个过程反映了程序主体之间的互动关系,贯穿着各类调查权力的运行,并通过主体的决定、程序条件和流程步骤来推动程序前行,控制程序运行节奏,规范程序运行秩序,最终达到程序良性运转的目的。

二、程序定位:法律性质的解读

作为监察改革中诞生的新型程序模式,职务犯罪监察调查程序属于更高位阶的监察调查程序的一部分,自然也属于监察程序的范畴之中。毫无疑问,该程序作为调查职务犯罪的主要程序,在程序主体、结构、流程、运行模式等方面均不同于刑事侦查程序,是反腐败"中国方案"中的一类犯罪调查特别程序,也是犯罪追诉程序的一项重要内容。

(一)内部层面:监察程序的子程序之一

此次监察改革的逻辑进路是先进行反腐权力整合,再进行反腐机构重组,之后设计反腐工作程序,最后对试点改革经验进行立法确认。毫无疑问,监察机关的性质和定位已由国家立法明确,且在学术界存在较小的争议,监察委是宪法层面确立的国家监察机关,[①]在监察法层面进一步明确为行使国家监察职能的专责机关,[②]而纪委层面则进一步定位为实现党和国家自我监督的政治机关。[③]这些称谓上的差异反映了监察委的地位及功能存在多重性,这对监察权的功能定位也有一定影响。监察委的地位争议不大,但监察权的界定却存在多样化的观点,至今尚无有说服力的理论能对

[①] 林彦认为对监察委这个国家监察机关的认识要从中央和地方两个层级出发。监察体制改革之前,在中央层面由国家主席外交权、中央军委的军事权、国务院的其他行政权共同分享行政权,检察权和审判权共同分享司法权,全国人大享有立法权,形成三权六机关的分权模式。在地方层面则是人大、检察院、法院、政府形成的三权四机关模式。监察改革后,监察机关成为新的权力单元,上述三权六机关及三权四机关将多出新的一个单元。林彦:《从"一府两院"制的四元结构论国家监察体制改革的合宪性路径》,载《法学评论》2017年第3期。

[②] 监察委和纪委合署办公,为了协调两个机关在各自领域内的定位,《监察法》将监察委定位为行使国家监察职能的专责机关,与纪委行使党内监督的专责机关定位相呼应。中共中央纪律检查委员会、中华人民共和国国家监察委员会法规室编:《〈中华人民共和国监察法〉释义》,中国方正出版社2018年版,第62页。

[③] 闫鸣:《监察委员会是政治机关》,载《中国纪检监察报》2018年3月8日第3版。

其进行全面解读,最初不少人认为不宜从新型权力的角度认识监察权,认为监察权就是行政调查权、职务犯罪侦查权等多种权力的结合,监察调查权就是刑事侦查权。① 随着监察体制改革的深入,一些新的观点开始不断涌现,有观点主张监察权作为现代公共权力"第四权"定位,②有观点认为监察权在中国权力体系中应视作平行于行政权和司法权的新的权力类型,③有观点进一步分析指出独立的监察权是综合多种权力的一种混合权力,④还有观点认为监察权是一种获得独立法律地位的权力,并从功能主义的"新分权论"出发解读这种监察权独立定位的理论基础,⑤更有观点进一步指出监察权从本质上看是一种高位阶的独立复合性权力。⑥ 由此可见,尽管对于监察权的性质存在不同观点,但是监察权作为一类独立国家权力已得到越来越多的认可,相应地,规范监察权行使的监察程序也进一步成型,并在改革中逐步发展出独具中国特色的程序方案,这在官方文件和立法中均得到全面的认可。⑦

---

① 持这类观点的多是刑事诉讼领域的学者,许多学者认为监察调查权移植自检察机关的职务犯罪侦查权,与刑事侦查权在内容各方面基本一致,从本质上看应属于刑事侦查权的范畴,这些观点与中央纪委对监察权的定性存在一定冲突,也未得到国家立法的确认。熊秋红:《监察体制改革中职务犯罪侦查权比较研究》,载《环球法律评论》2017年第2期;施鹏鹏:《国家监察委员会的侦查权及其限制》,载《中国法律评论》2017年第2期。
② 叶青、王小光:《域外监察制度发展评述》,载《法律科学(西北政法大学学报)》2017年第6期。
③ 焦洪昌、古龙元:《从全国人大常委会授权看监察体制改革》,载《行政法学研究》2017年第4期。
④ 秦前红:《国家监察体制改革宪法设计中的若干问题思考》,载《探索》2017年第6期。
⑤ 传统的分权理论来自西方政治思想,最经典的是孟德斯鸠按照权力性质划分的立法权、行政权和司法权,这个分权模式对世界各国影响巨大。另外,也有一种依据功能创设新型权力的理念,在权能上可能会兼具立法、行政、司法的部分权能,目的是实现特定的功能,元首权、军事权和监察权都可以按照此理论进行解释。1982年《中华人民共和国宪法》在最高国家权力之下,就具体划分了立法权、元首权、行政权、军事权、审判权、检察权六种权力形态。翟志勇:《论监察权的宪法性质——兼论八二宪法的分权体系》,载《中国法律评论》2018年第1期。
⑥ 徐汉明:《国家监察权的属性探究》,载《法学评论》2018年第1期。
⑦ 监察体制改革之初,《中国纪检监察报》刊文指出职务犯罪不同于一般犯罪,国家监察法不同于刑事诉讼法,反腐败调查也不同于刑事侦查,否认了监察委调查活动的侦查属性。但是不少学者仍认为,监察委调查职务犯罪的手段措施类似于刑事侦查,两者具有很强的同质性。熊秋红:《监察体制改革中职务犯罪侦查权比较研究》,载《环球法律评论》2017年第2期;周长军:《监察委员会调查职务犯罪的程序构造研究》,载《法学论坛》2018年第2期。

在监察机关和监察权力获得独立的立法确认之后,监察程序作为调整监察活动的法律程序,也逐步成为国家法律程序体系中的独立分支,并以其独特的调整对象、程序内容、程序构造和程序特征,区别于刑事诉讼程序、立法程序、行政程序等其他法律程序。在监察程序内部,还可以根据监察权的具体运行模式,进行更细密的程序解构。监察委的主要权力可以概括为监督、调查和处置,相应的监察程序也可以对应划分为更细的监督程序、调查程序和处置程序。根据调查对象的不同,调查程序也可以进一步细分为针对违纪、违法和犯罪的调查程序,职务犯罪调查程序就是监察委针对职务犯罪开展调查活动的程序,从更高层次来看,它们同属于监察调查程序的范畴。

(二)外部层面:调查犯罪的特别程序

自法律程序成为调整社会生活的重要方式之后,立法者在设立普通程序之外,也会不时设立特别程序来调整某些特殊领域,这在国内外的立法实践中普遍存在。比如美国1978年通过《政府行为准则法》设立了独立检察官制度,独立检察官由哥伦比亚特区巡回上诉法院的法庭任命,不受总统等政府官员的干预,可以调查政府高级官员的不法行为,享有"充分的职权和独立的权威"。[①] 值得注意的是,独立检察官的领导组织体制和运行程序不同于传统调查模式,其调查权力也比传统犯罪调查权大,且调查时间不受限制,这与许多传统的法律原则存在冲突。英国则在1988年设立了"严重诈骗案件调查局"这个专门机关来调查和起诉英格兰、威尔士、北爱尔兰地区发生的大多数严重、复杂的诈骗案件,该局直接向检察总长和议会负责并报告工作,通常由局长召集律师、会计师、警察等组成专业的调查组来调查诈骗案件,该局有权在调查结束后直接决定是否向法院起诉,具有侦查权和起诉权合为一体的特征,[②]这与传统法律理论中的侦诉分离理

[①] 王玄玮:《美国独立检察官制度之镜鉴》,载《人民检察》2011年第13期。
[②] 卞建林、刘玫:《外国刑事诉讼法》,人民法院出版社、中国社会科学出版社2002年版,第35页。

念存在冲突。此外,世界上许多国家和地区也为反腐调查设置了特别机关和特别程序,其中以廉政公署模式最具代表性。该模式对澳大利亚等国廉政公署的设立产生了重大影响,这类廉政公署往往被赋予强大的犯罪调查权,并通过特别立法予以规范和约束,甚至获准使用特殊的调查手段,比如监听、卧底侦查、"核准假装犯罪"等。①

从这些国家和地区的特别程序立法实践来看,特别程序一般仅覆盖个别领域,有着特定的调整对象,并相应地建立了特别机关和特殊权力,程序设立目的是为了满足对某一群体利益的特别保护,②对某类社会现象或问题进行专门调整,或者临时处理某些特殊的事务,③其背后体现的是一种便宜主义的价值观。特别程序可能是针对某些突发问题而临时设置,待问题解决后程序自然失去效力,也可能是立法机关为了调整某类社会关系,通过立法建立长期有效的法律程序。无论哪种情况,特别程序的设立都必须有明确法律依据,尊重基本的立法技术和立法规律,并体现程序正当性的基本价值理念,否则不受制约地任意设立特别程序是对法治的严重破坏。

监察体制改革之前,我国的刑事侦查机关包括公安机关、检察机关、国安机关等,检察机关是侦查职务犯罪的专门机关,其侦查程序的构造与公安等机关的侦查程序并无太大差别。④监察体制改革设立了具有独立地位的监察委,并将检察院职务犯罪侦查权转交监察委,在监察委内部整合为

---

① 《澳门特别行政区廉政公署组织法》第7条第2项规定:"如有关人士事先经廉政专员以有依据的批示给予适当的许可,为着第三条第一款(二)项至(四)项所规定的目的而由其本人或透过第三者假装接受由公务员或非公务员所提出的不合法要求,且此做法系适合获取证据以揭发本法律适用范围内所包括的任何犯罪者,则上述做法将不受处罚。"此规定等同于授予廉政公署调查人员对犯罪嫌疑人进行诱惑侦查的权力,通过免予处罚行贿人,而启动对被调查者的诱惑侦查。

② 例如,我国在刑事诉讼程序中设立了未成年人程序,立法动因是考虑到了未成年人特殊的身心特点,为了更好地保护这个群体的合法权益,而规定了与普通人犯罪有所差别的程序内容。

③ 比如美国小布什总统为了反恐需要,曾签署《2006年特别军事法庭法案》,该法案允许美国军情人员在美国本土之外的监禁机构内对恐怖分子进行审讯,且不受美国宪法中人权保护规定的限制,恐怖分子将不被视作国际法上的战俘,允许对恐怖分子进行刑讯。该做法遭受到美国国内外舆论广泛批评。随着反恐形势的变化,奥巴马总统签署新的法案废止了该法案。

④ 检察院职务犯罪侦查程序的设计有其特殊之处,比如初查程序的特别设置,以及采取逮捕措施的上提一级审查,但该程序仍然归属于刑事诉讼的范畴,属于刑事性质的程序,本质上并无差别。

新的监察调查权形式,由此监察委成为职务犯罪调查的核心力量,其调查活动由《监察法》《中华人民共和国监察法实施条例》(简称《监察法实施条例》)等法律规范予以规制,调查程序也以独立于刑事程序的姿态开展。这种特殊设定使得犯罪侦查程序出现了较大的分野,一方面监察委按照监察程序的要求来调查职务犯罪,另一方面其他侦查机关继续按照刑事侦查程序来调查犯罪,也就是说在刑事案件移送起诉前,存在两类性质不同的犯罪调查程序,一类是监察调查程序,另一类是刑事侦查程序。其中,监察委调查职务犯罪程序缺失了侦查环节,监察案件调查终结后直接移送检察院审查起诉,这种独特的流程设计进一步增加了程序特殊性。根据监察体制改革后形成的这种特殊构造,国家为了打击腐败犯罪而设立监察委这个特别机关,[①]并赋予其留置等特别的调查性权力,为其设立了特殊的运行程序,这种程序相比于刑事侦查程序来说,可以看作是犯罪调查的一类特别程序。

三、程序特点:概念的进一步延伸

在现代法治社会中,犯罪调查是实现国家惩罚权力的重要手段,其目的是通过采取以国家强制力为保障的各类措施,查清案件事实和收集犯罪证据材料,最终实现惩罚犯罪和保障人权的目的。为了实现这些目的,立法者在设计调查程序时往往关注效率、便捷和实用性,但是这种对效率的追求必须顾及最低限度的人权保障标准,并对国家调查权力予以适当控制,避免因国家调查权力过度膨胀而产生任意干涉个人自由的风险。科学的程序应当在国家权力和个人权利之间找到一个恰当的平衡点。我国监察调查程序的设计也面临上述不同价值观的矛盾和冲突,并在两种冲突的价值观之间进行了必要抉择,最终形成了一种强调反腐败效率的调查

---

① 监察体制改革的初衷之一就是解决过去反腐败力量分散的问题,过去纪委、检察院等部门分别行使反腐调查职权,造成资源分散、力量不统一、程序衔接效率低下等问题,因此通过改革将资源和力量集中于监察委,进而强化反腐败力量。闫鸣:《监察委员会是政治机关》,载《中国纪检监察报》2018年3月8日第3版。

程序。

（一）党对犯罪调查过程的领导

党的十九届三中全会审议通过《中共中央关于深化党和国家机构改革的决定》和《深化党和国家机构改革方案》，对监察体制改革的方案实施提出了具体的指导方向。十九大以来，中央层面推进的各项改革特别强调了一个基本原则，那就是中国共产党是社会主义事业领导核心。中央纪委副书记肖培在人民日报撰文指出："党的十九大对习近平新时代中国特色社会主义思想和基本方略全面阐释，'八个明确'中重要的一条，就是明确中国特色社会主义最本质的特征是中国共产党领导，中国特色社会主义制度的最大优势是中国共产党领导，党是最高政治领导力量；'十四个坚持'第一条就是坚持党对一切工作的领导。这既是推进党的纪律检查体制和国家监察体制改革的根本目标，也为改革的深化与推进提供根本保证。"[①]从中央层面关于监察改革的一系列指导文件来看，加强党对反腐败工作的领导是监察体制设计和构造的核心原则，职务犯罪监察调查程序的设计也受该原则强烈影响，主要表现在党对调查过程的介入范围和深度都超过以往，党进一步加强了对调查程序的直接领导和控制。

党对监察程序直接领导的加强既反映了国家层面治理模式的一种改变，也是在全国范围内整合分散的反腐败资源，通过党的核心领导集中反腐败力量的一个道路选择。党的这种直接领导在整个监察调查程序中有着明确体现：

第一，党在职务犯罪调查中的领导角色和方式发生变化，从过去的侧重"结果领导"转变为"全过程领导"，[②]各级党委开始积极参与职务犯罪案件从立案到调查终结后移送的整个调查程序。《监察法》第39条规定，监察

---

① 肖培：《推进党的纪律检查体制和国家监察体制改革》，载《中国纪检监察报》2018年3月18日第6版。

② 钟纪言：《以宪法为根本遵循肩负起国家监察神圣职责》，载《人民日报》2018年3月14日第15版。

机关进行职务犯罪立案需要按照规定的权限和程序办理立案手续,至于何为规定的权限和程序,《〈中华人民共和国监察法〉释义》中明确该程序是指纪检监察机关内部案件承办部门报批,纪检监察机关主要负责人批准,再报同级党委主要负责人审批。[①] 地方监察委在执行该条规定时,常见的做法是在初核结束后就向地方党委负责人进行汇报,在征询地方党委负责人意见后,再进行监察立案,地方党委负责人也可以在调查过程中随时关注工作进展,并在调查终结移送时进一步听取监察委的处理意见。这种程序设计和运行模式直接强化了党委对案件调查的领导力度和介入深度,党在反腐败调查中的角色也由间接指导变为直接参与,从事后监督变为全程监督,从关键节点参与变为全过程参与。

第二,监察委的特殊组织体制强化了党委领导权。根据此次监察体制改革对纪委、监察委组织关系的设计,纪委、监察委合署办公,"一套人马,两个牌子",两个机构实际上共用一套组织机构、人员和编制,只是对外有两个名称,并以这两个名称分别享有和行使党纪调查权和监察调查权。在纪委、监察委的领导体制中有一点比较特殊,那就是监察委不单独设立党组,而是直接接受纪委党组的领导,即纪委、监察委两个机关接受同一个党组领导。在我国特殊的党政关系体制下,一个机关的最高集体领导机关是机关内的党委或党组,党委或党组在权力系统中属于党务机关,也就是说监察委接受纪委党组领导,而纪委本身就是党务机关,所以纪委党组要受到地方党委的直接领导。在地方权力体系中,纪委书记是地方党委常委,要接受地方党委书记的领导,这种复杂的领导权力嵌套关系,直接加强了党领导犯罪调查工作的能力。另外,按照党员干部组织关系管理的要求,不同级别的党员干部接受不同的党组织管理。比如,县区级党委管理科级干部,地市级党委管理县处级干部,这些特定级别的干部在接受监察调查时,监察委需要向该类干部所属的党委进行汇报,并由党委书记做出具体

---

① 中共中央纪律检查委员会、中华人民共和国国家监察委员会法规室编:《〈中华人民共和国监察法〉释义》,中国方正出版社2018年版,第187页。

的批示,我国特殊的党员干部管理体制和监察管辖模式赋予地方党委"一把手"更多的职务犯罪调查领导权。

(二)强职权的程序构造模式

调查机关在犯罪调查阶段面对一系列艰苦的取证工作,多会遇到调查对象的激烈对抗,需要配置有力的调查权力和手段才能胜任此项工作,这也符合犯罪调查的规律和客观需求。职务犯罪相较于普通犯罪来说,犯罪行为十分隐蔽,犯罪分子智商较高,犯罪手段狡猾多变,抗拒审讯的能力较强,犯罪现场缺乏物证痕迹等客观证据,这些因素无疑增加了犯罪调查的难度。此次监察体制改革的目的之一就是强化反腐败效果,因此十分突出强化反腐败力量,破除办案阻力,整合反腐败资源,增加反腐败机关的权威性,①所以立法给监察委配置了十分强大的调查职权,这些权力丝毫不弱于侦查机关的侦查权,且监察调查权又以监察委的权威地位为后盾,呈现出一种强职权的程序构造模式。

一是程序权力本身的强力配置。从监察委有权使用的十几类调查措施来看,其中多数为强制性调查措施,具有强制力度大、覆盖范围广、种类多样等特点。有的强制性调查措施适用范围非常广,例如留置在实践中甚至可以适用于行贿人等相关涉案人。即使是监察初核程序也同样有强大的调查措施予以保障,监察委可以在初核阶段使用技术调查、限制出境等强制性措施。② 这些措施的强度丝毫不亚于正式调查措施。

二是防御性程序权利略显不足。相比于强大的调查权设置,调查对象的防御性权利配置则略有不足,比如调查对象无法获得律师的有效介入,整个调查程序表现为调查对象单独面对强大的调查机关。

---

① 吴建雄认为检察机关进行职务犯罪调查存在六方面不足,分别是管辖有空白、手段不足、效率低下、办案力量弱、缺乏中立性、权威不够。这类对检察机关侦查职务犯罪的批评也出现在其他学者的文章中,这类文章在监察体制改革后大量出现,并且多持类似观点。吴建雄:《国家监察体制改革背景下司法反腐的职能变迁与机制再造》,载《中南大学学报(社会科学版)》2018年第2期。

② 叶青:《监察机关调查犯罪程序的流转与衔接》,载《华东政法大学学报》2018年第3期。

三是特殊组织模式强化了调查权的权威。监察改革将检察机关的侦查力量整合至监察委,监察委被立法设定为位阶很高的监督机关、反腐机关和政治机关,尤其是政治机关的独特表述和着重强调,使得监察委在权力体系中获得了相对超然的地位。这种定位一方面增强了调查权的权威,减少了调查取证的外部阻力,另一方面纪委、监察委实行合署办公模式,两机构的调查权有互相强化、扩张及融合的趋势,①这进一步提升了监察调查权的强制力度。

(三)单方主导的封闭式结构

犯罪调查需要遵循基本的调查规律,例如不公开进行等,但是现代法治发展也在促使这些犯罪调查理念发生变化,调查活动也需要尊重公众知情权,调查程序需要中立第三方的监督。刑事侦查程序常被批评过于封闭,尤其是侦讯的闭合性问题比较突出。②尽管监察调查程序被界定为不同于刑事侦查程序的新型程序,但两类程序的运行模式仍然存在一定的相似度,尤其是在程序的单方主导和封闭运行方面。

一是单方控制的程序运行流程。监察调查程序是典型的调查机关主导型构造,监察委作为调查程序主体之一,掌握着初核、立案、调查、审理、移送等所有关乎程序运行的权力。通过调查机关内部的审查决定模式,它决定着程序是否启动、是否终止、是否转换、转向何方等关键的程序节点。相对之下,调查对象只有被动服从的义务,且缺乏足以改变程序运转的法律权利,而只有有限的事后申诉、申请赔偿等程序救济权利。

二是多元主体的内部控制模式。从职务犯罪监察调查程序的实际运行流程来看,能够对调查程序进行直接控制的主要有三个,一是党委对重大案件立案、采取调查措施、处理意见的控制;二是上级监察委对立案、调查

---

① 刘艳红教授认为监察委调查权融合了纪委、行政以及检察三部门的调查权,是一种复合型权力,权力的性质仍然定位模糊。刘艳红:《监察委员会调查权运作的双重困境及其法治路径》,载《法学论坛》2017年第6期。

② 牟军:《我国刑事侦讯制度:特点、问题及基本认识》,载《云南大学学报(法学版)》2010年第6期。

流程、调查措施等进行控制；三是监察委自身对整个调查流程的控制。这三个主体都属于拥有程序权力的一方，三者在组织领导体制、打击犯罪立场、实现反腐败任务等方面具有高度一致性，本质上都可以归属于程序的权力一方。

除了这三个可以直接控制程序运转的机关外，外界的其他力量，比如人大、检察院、法院、律师等都缺乏直接介入程序流程的机会和能力，这就形成一种权力机关高度垄断程序控制的运行模式，也引起外界的某些质疑。比如，有学者借用过去批评侦查程序的概念，认为监察调查程序也是类似侦查的线性结构，应当向所谓诉讼化"三角结构"转型。[①] 诚然，绝对封闭的调查程序构造不符合现代法律程序公开、参与、透明等价值理念，但不能忽视的是犯罪调查阶段毕竟不同于审判阶段，将诉讼中的"三角结构"移植到调查阶段是否可行，以及如何移植到调查阶段仍需进一步商榷，尤其在监察调查与刑事侦查出现性质两分的背景下，要在监察调查程序中建立起类似三角结构确实存在不小障碍。

（四）效率导向的任务型程序设计

自法律经济学将成本和效益这对概念引入法律分析之后，经济分析方法对法学研究产生了重大影响，许多法学领域开始使用成本—效益理论来分析特定的法律现象。法律成本是法律运作行为的全部费用，包括"立法、司法、执法、守法各法治环节中当事人实现权利，行使权利，履行义务和承担责任所消耗的人力、物力、财力和时间资源"[②]。该理论中最具代表性的科斯定理认为，"法律规则（或制度）的基本价值取向在于效益"[③]。这反映

[①] 周长军认为监察委调查职务犯罪应当以"三角结构"作为目标模式，在调查机关和被调查人之间引入一个中立第三方，建立具有诉讼色彩的三角模式。其依据是三角结构是现代法治国家刑事侦查程序的普遍模式。周长军：《监察委员会调查职务犯罪的程序构造研究》，载《法学论坛》2018年第2期。

[②] 周林彬：《法律经济学论纲：中国经济法律构成和运行的经济分析》，北京大学出版社1998年版，第318—319页。

[③] 〔美〕罗伯特·考特、〔美〕托马斯·尤伦：《法和经济学》，张军等译，上海人民出版社1994年版，第5页。

在犯罪调查过程中，表现为调查机关可以依法采取必要措施对调查对象权利进行限制，甚至是"合法伤害"调查对象的某些权利，这种必要的"恶"是打击犯罪所必需的代价，①也是保持犯罪调查快节奏运作的需求，所谓刑事侦查"黄金时间原理"正是这个特征的准确写照。②

目前的监察调查程序的内容仍然显示出很强的效率导向性，且调查程序的功能有多重定位，主要表现在：

第一，程序的多重定位和多重功能。前文提到监察委的机构定位包括党和国家的自我监督机关、国家监察机关、反腐败机关和政治机关。这种多重定位进一步体现在监察职能之中，《监察法》规定监察机关承担监督公务人员、调查职务违法和职务犯罪、开展廉政建设和反腐败工作、维护宪法和法律尊严的职责。可见，监察委成为一个承担多重任务的国家机关。在办案实践中，监察调查人员一般同时负责调查违纪、违法和犯罪行为。由于三类调查的程序界限存在模糊区域，这意味着监察委调查职务犯罪不仅仅体现反腐败调查方面的职能，也在间接发挥辅助监督、推动廉政体系建设、确保职务廉洁性，以及维护国家政权稳定的多元任务。

第二，程序内容设计以效率为导向。监察体制改革启动之初，中央改革领导机关多次强调改革的初衷是加强党对反腐败工作的领导，整合反腐败资源和力量，解决反腐败力量分散等问题。③ 这个突出反腐效率的价值目标直接体现在犯罪调查程序的设计方案中。从程序主体的设置来看，监察改革以合署办公的模式整合纪委和监察委两套系统的反腐败力量，通过纪委党组领导监察委运作，两个机关使用共同的职能部门，这种模式减少了指挥层次，避免了设立过多的内设部门，这些程序主体的设计方案无不体

---

① 万毅：《程序正义的重心：刑事侦查程序论——兼论我国侦查程序改革》，载《金陵法律评论》2002年第2期。
② 一般认为案发后72小时是破案高峰期，主要是因为较容易找到目击证人，且证人记忆较为清楚；现场保留比较完整，比较容易发现各类物证痕迹；犯罪人还来不及毁灭证据或串供。职务犯罪不同于一般的犯罪案件，从犯罪行为发生到启动调查中间有较长时间的跨度，但是调查启动后也需要进行快节奏取证，否则也会产生涉案人员毁灭证据、阻碍调查等问题。
③ 马怀德：《事关全局的重大政治改革》，载《中国纪检监察报》2017年6月7日第5版。

现了效率优先的导向。从程序流程设计来看,犯罪调查程序的流转环节相对简单,程序以内部决策的方式推进前行,排除了许多学者所呼吁的司法机关介入审查的方案,①而是选择以内部上下一体、单线运行的方式推动程序有效流转。从程序权力配置看,正如上文所指出的,监察委配置了十分强大的强制性调查权力,这在很大程度上减少了犯罪调查程序的运行障碍,也符合监察改革去"阻力"的改革目标。

（五）技术性、法律性和道德性

职务犯罪调查是一个兼具技术性、法律性和道德性的活动,与之相应,犯罪调查程序也带有这种色彩。从技术性层面看,职务犯罪调查相比于起诉、审判等诉讼活动而言是一项专业性很强的活动,且涉及大量的技术性工作。比如,讯问中要使用心理学、语言学等学科的知识和技巧,勘验检查要使用专业取证技术装备,技术调查更是会直接使用监听等刑事技术。这些技术活动发生在调查过程中,需要由犯罪调查程序予以调整,而规范这些技术活动的程序规范不可避免地被打上了技术规范的烙印。从法律性层面看,职务犯罪侦查活动是依法实现国家刑罚权的活动,并受到国家基本法律的规范,监察调查程序本质上也属于法律程序的范畴,需要遵循法律程序设置的那些价值原则,确保程序中能够体现最低限度的法治和人权理念。从道德性层面看,虽然监察调查程序在辩护律师介入等方面有所限制,引起了学界普遍的关注,②但是不可否认,监察调查程序在调查对象人身权利保障方面相比过去有了很大的进步。比如,留置时间最长 6 个月,总

---

① 监察体制试点改革之初,不少人建议由检察院行使留置措施的审批权,以司法审查的形式来规范职务犯罪调查活动。不过这种观点未得到改革试点地区监察委的支持,也未在监察立法中有所体现。

② 律师能否介入监察调查程序是学界关注的焦点之一,多数论者主张律师应当介入监察调查程序,以更好地保护调查对象的合法权利,不过这种观点未得到立法的完全认可。汪海燕:《监察制度与〈刑事诉讼法〉的衔接》,载《政法论坛》2017 年第 6 期。

体上少于过去侦查羁押期限的最大长度,①而且讯问期间全程录音录像也落实得比较彻底,保障调查对象每日 6 小时休息时间,夜间 23 时之后不得审讯更是比过去有很大的进步。② 这些进步也反映了监察调查程序自身具备一定的道德基础,而且监察调查程序诞生时间不长,未来仍有进一步调整改进的空间,有待随着犯罪调查实践的进步而不断完善。

第二节 职务犯罪监察调查程序的结构分析

在对职务犯罪监察调查程序的内涵、性质、特点进行初步解读后,可初步搭建起该程序自内到外的框架面貌,亦可为之后对程序内容、程序原则、法律关系等进行深层次分析打下基础。对程序内容的进一步解构,目的在于将职务犯罪监察调查程序的研究从宏观层面引入微观层面,通过对程序内容的细节分析,见微知著,提升对整个调查程序的体系性认识。程序分类研究也是在此基础上逐步展开的,根据程序自身的特点设置不同分类标准,并以这些分类标准为依据对程序进行层次化解析,也有益于加深对程序内容的认识和理解。

一、程序结构的内容展开

前文围绕程序主体、程序客体、程序权力和程序过程四个核心要素,对职务犯罪监察调查程序进行了初步界定。在此有一个需要厘清的问题,那就是上述四个程序要素与法律关系要素之间的关系。中国的法律关系学说

---

① 《监察法》相比于《中华人民共和国刑事诉讼法》(简称《刑事诉讼法》)有三大进步,一是留置期限比侦查羁押期限短,留置只有 6 个月,起诉前的侦查羁押期限最长可达 8 个月;二是留置条件极大改善,被留置对象的生活起居条件都比较好;三是办案监督更完善,留置的综合性监督措施比较齐全。中共中央纪律检查委员会、中华人民共和国国家监察委员会法规室编:《〈中华人民共和国监察法〉释义》,中国方正出版社 2018 年版,第 200 页。
② 2012 年《刑事诉讼法》修改后,一些地方检察机关为落实该法要求的保障犯罪嫌疑人必要休息时间规定,在内部规定每日保障犯罪嫌疑人 6 小时休息时间,但是由侦查人员决定该 6 小时在具体哪个时间段,侦查人员可以选择夜间审讯,而让犯罪嫌疑人在白天休息。这种变相利用疲劳审讯来突破口供的方法,造成通宵夜审的现象较为普遍。

是从国外引入的,其内容受到苏联和日本相关学说的影响,①该学说引入中国后经历多次修正,最终在法理学中得到比较有代表性的解释。根据张文显等人的观点,法律关系包括主体、客体和内容三部分,主体是享有权利和义务的人或组织,内容是主体之间的权利和义务,客体是权利和义务所指向的对象。②张文显所提出的法律关系学说在国内得到学界广泛认可,其解释方式也影响到其他法学学科,大多数研究者倾向于直接将法律关系学说应用于解释本学科法律现象,将本学科法律关系也分解为主体、客体和内容三个部分,例如有学者将侦查法律关系解读为这三大要素。③ 不过,也有学者指出,这种权利义务法理学存在很大局限,它的理论内核是主体之间权利和义务关系,比较适合解释私法领域中平等主体之间的关系,无法涵盖公法领域中的权力要素,尤其是在解释公法领域的权力和权力关系以及权力和权利关系时,存在人为强行将权力因素改造成所谓权利和义务关系的倾向,这是一种对民法理论的过度解释和套用。④ 后一种对传统法律关系质疑的观点在分析犯罪调查法律关系时尤其值得关注,犯罪调查法律关系也表现为很强的权力主导型关系,所以很难简单地解释成一种主体之间的权利和义务关系。除此之外,近年来也有许多的学者对传统的主体、客体、内容三要素的具体内涵提出了新的解释,可以说法律关系学说仍有进一步解读的空间,尤其在面对公权力主导的法律关系时,需要做出更有说服力的解释。

从某种意义上来说,法律程序和法律关系在内容上存在许多重合,法律程序的运行过程中自然也涉及主体之间法律关系的处理,程序本身也是为规范主体之间的法律关系而设立,但是两者有着不同的构造标准和要素,法律关系的核心是主体之间的交互性,而法律程序更关注动态的运行过程和权力控制,两者不能完全等同视之,在分析时仍要考虑到各自的构造、特

---

① 童之伟:《法律关系的内容重估和概念重整》,载《中国法学》1999年第6期。
② 张文显主编:《法理学(第三版)》,法律出版社2007年版,第65页。
③ 谢佑平、万毅:《侦查法律关系论纲》,载《中国人民公安大学学报》2003年第1期。
④ 童之伟:《法律关系的内容重估和概念重整》,载《中国法学》1999年第6期。

点和内容要素。考虑到法律程序和法律关系之间的密切关系,在对法律程序进行分析时,一方面可以借鉴法律关系学说中有价值和启发性的理论成果,另一方面还应当回到法律程序概念的本身,从法律程序自身界定的核心要素出发进行具体分析。前文对职务犯罪监察调查程序构成要素的选择,所依据的标准为是否维系程序存在和推动程序运行所必需的因素,按照这个标准的设定,程序主体是不可或缺的实体性因素,程序权力和权利是程序启动和运转的重要动力,在程序权力主导下的内部法律关系也是程序内容之一,程序能够有秩序地运行也离不开必要的条件、标准、步骤等过程要素的合理设置。

(一) 程序主体

程序内容的第一个构成要素是主体,这也是维系程序存在的最基本要素。马克思认为人的主体性是一种自然和社会的存在,表现为人与周围世界关系中的一种能动关系。在法律关系结构之中,"主体的核心标志是能够按照自己的意志,对符合自己利益的行为进行选择的自由或权利,以及在法律活动及受法律保护的其他活动中享有的独立、完整的人格自由。"① 法律主体是研究者将自然人抽象为法律上的拟制人,②法律主体理论的历史发展经历了"从罗马法上的'家父'至法国法上的'人格'再至德国法上的'权利能力'概念,析出'权利能力'型构主体制度,其逻辑结构具有开放性"③。主体的存在是一个法律关系所必需的,主体的内涵和界定经历过很多次发展变迁,其内容不是绝对固定的,也不是放之四海而皆准的法学观点所能限制的,对主体的理解需要结合具体的法律制度和法律关系。

在展开说明职务犯罪监察调查程序主体之前,需要明确以下几个问题:

一是程序主体和调查主体的关系。调查主体和程序主体可以做两个层面的理解,调查主体是监察调查活动主体,这个主体自然是掌握调查权力

---

① 王新清等:《刑事诉讼程序研究》,中国人民大学出版社 2009 年版,第 35 页。
② 胡玉鸿:《法律主体概念及其特性》,载《法学研究》2008 年第 3 期。
③ 李萱:《法律主体资格的开放性》,载《政法论坛》2008 年第 5 期。

的监察委。在程序主体层面,除了作为调查主体的监察委,还应包括调查权力所指向的调查对象,调查对象也是程序不可或缺的一个部分。因为尽管调查机关可以依靠强制权力推进程序,强制调查不以调查对象同意为前提,但不能否认调查对象在程序中具有自由选择和自由意志的空间,比如调查对象的独立人格应得到充分尊重,人身权利应得到依法保障,是否供述应是自由意志的体现等。从另外的角度看,如果否定调查对象的程序主体资格,将调查对象降格为不对等身份,调查对象在程序中的地位将面临恶化的风险。

二是程序主体到底有几方。在分析侦查程序时,许多人认为侦查阶段的主体包括侦查机关、犯罪嫌疑人、司法机关、鉴定人等,这等于把所有参与程序的人或组织统统纳入主体范畴。这种泛主体化的分析并不能真正揭示程序主体的核心要素。其实,对职务犯罪调查程序来说,程序主体之所以被称为主体,是因为他是程序存在的必备要件,程序缺之不可,没有主体要素的参与,调查程序就失去了存在基础,所以只有那些能直接影响程序存续的程序参与者才能被划入主体范畴。从这个层面上理解,只有行使调查权力的调查主体和享有程序权利的调查对象才是调查程序的核心主体。此外,在调查程序运行过程中,党委等机关也会以某种形式介入调查活动之中,但这些机关仅仅是参与了调查程序的某个环节,这种第三方参与者介入调查程序的时间短,介入环节也比较少,所以不是程序存续的支柱性因素,并不能改变调查程序原有的两方构造,也不应被划入程序主体的范畴。

三是调查对象及其涉嫌的犯罪事实的不可分。权利义务法理学派习惯于在法律关系中设置主体和客体两对逻辑关系,并将客体解读为主体权利和义务所指向的对象。但是在犯罪调查程序中,并不存在泾渭分明的主体权利和义务的设置,反而经常表现为一方的权力对另一方的权利,或一方的权力对另一方的义务,所以在这种特殊的程序法律关系中强行设置一个客体反而容易造成权力、权利和义务的指向混乱。在职务犯罪监察调查程序中,比较清晰的脉络是调查权所指向的涉嫌犯罪的调查对象,调查主体行使调查权的目的是查清调查对象涉嫌的犯罪是否存在,是否应追究刑事责任。从这个层次上看,调查对象应与其所涉犯罪事实结合起来理解,只有涉嫌职务犯罪才有可能成为调查对象,调查对象是涉嫌职务犯罪的调查对象。

由此,可以将程序主体具体分为以下两类:

第一类是调查机关。监察委员会是行使监察调查权力的唯一主体,监察委在试点改革之初,就被官方赋予了国家反腐败机关的地位,[①]《中华人民共和国宪法》(简称《宪法》)和《监察法》更进一步确认了监察委的职务犯罪调查权。值得注意的是,虽然监察委和纪委采用合署办公的特殊组织模式,两个机关实质上高度融合,但是职务犯罪调查权的主体只能是各级监察委,而非属于党务机关的各级纪委。另外,监察委内部调查人员的权力来自组织授权,调查员个人并不是调查权拥有者,所以调查主体是作为组织存在的监察委。

第二类是调查对象。《监察法》第15条规定了6类具体的监察对象,分别是公务员和参公管理人员、在受委托管理公共事务的组织中从事公务人员、国企管理人员、公办科教文卫等组织中从事公务人员、基层群众性自治组织中从事管理人员,以及其他依法履行公职的人员。该条规定使用了"依法履行公职人员"及"相关人员"这两个含义丰富的词汇,实质上对犯罪调查范围进行了大幅扩展,监察管辖范围远超过去检察院职务犯罪管辖的范围。根据该条规定,调查对象范围的确定需考虑两个因素:第一,最重要的判断标准不在于个人身份,而在于其行为是否属于行使公权力,是否侵犯了公权力行使的廉洁性,[②]即只要个人在行使国家赋予的公权力,并存在

[①] 2017年,王岐山在中国共产党第十八届中央纪律检查委员会第七次全体会议上作工作报告,在报告中明确指出监察委员会就是国家反腐败机构。王岐山:《推动全面从严治党向纵深发展 以优异成绩迎接党的十九大召开——在中国共产党第十八届中央纪律检查委员会第七次全体会议上的工作报告》,http://www.ccdi.gov.cn/xxgk/hyzl/201701/t20170120_114176.html,2018年6月23日访问。

[②] 中共中央纪律检查委员会、中华人民共和国国家监察委员会法规室编:《〈中华人民共和国监察法〉释义》,中国方正出版社2018年版,第114页。

损害公权廉洁的行为,都有可能成为调查对象;第二,"相关人员"使得调查对象的范围变成一种开放式设定,这也为非公务人员涉嫌共同犯罪而成为调查对象,以及调查对象范围在实践中的发展、完善和扩展留下了空间。此外,结合《国家监察委员会管辖规定(试行)》对职务犯罪管辖范围的界定,监察委管辖的罪名超过88个,远超过去检察院管辖的职务犯罪范围,理论上只要公务人员涉嫌这些犯罪,均有可能成为监察调查对象。①

(二) 程序中的法律关系

犯罪调查是典型的公法领域的法律活动,具有明显的权力导向性,调查程序主要是调查主体单方意思和行使权力的结果,而且这种具有国家强制性的权力是与特定主体联系在一起的,调查主体不可以像权利主体一样放弃权力,行使调查权是调查主体的义务和职责,同时调查权对调查对象有强制约束力,调查对象有义务忍受调查权依法行使对其个人空间和权利的干涉和限制。日本法学家美浓部达吉把这种以国家机关单方面做意思表示然后强制实行行为的优越力,称为国家行为的公定力,认为公定力就是"在公法关系上,国家的意思行为有决定该机关的权力;而这种行为,在被有正当权限的机关取消或确认为无效时止,是受'合法的'推定的,对方的人民不得否认其效力"②。在这种公法类的法律程序中,国家权力的行使不依赖对象的合意,权力主体拥有推动程序运行的各类权力,这些权力从程序启动延伸到程序终结,是程序运行的主要推动力。

在职务犯罪监察调查程序中,根据调查主体在程序中享有的各类权力差异,可以把程序权力分为五类:初核权,是调查主体对问题线索进行初步

---

① 《国家监察委员会管辖规定(试行)》规定监察委调查犯罪的范围包括贪污贿赂犯罪、滥用职权犯罪,玩忽职守犯罪、徇私舞弊犯罪,公职人员在行使公权力中发生的重大责任事故犯罪,公职人员在行使公权力中发生的其他犯罪,公职人员在行使公权力中违反职务廉洁规定进行权力寻租,或为谋取政治经济方面的特定利益而输送利益构成犯罪,公职人员违反科学决策、民主决策、依法决策程序,违反财经制度、浪费国家资财构成犯罪的等。结合《中华人民共和国刑法》(简称《刑法》)中的具体罪名规定,监察委管辖的上述犯罪类型最多可有104个罪名。
② 转引自童之伟:《法律关系的内容重估和概念重整》,载《中国法学》1999年第6期。

核实而行使的权力,这些权力具体表现为谈话、询问、勘查、鉴定等初核权力,调查人员行使这些权力是为程序启动进行前期准备。立案权,即监察委初核后认为初核对象涉嫌职务犯罪,经审批后予以立案,这标志着犯罪调查程序的正式启动。调查权,调查主体在该阶段拥有强有力的犯罪调查权,具体又包括询问、讯问、搜查、留置、勘验检查、鉴定、技术侦查等权力,这些权力的行使会启动具体的调查程序,并推动整个调查程序向前推进。审理权,监察委审理部门拥有对案件的审查判断权,审理人员通过审查案件性质和证据标准,判断案件的流向,作出建议政务处分、移送司法等决定,推动程序的分流处置。监督权,监察委的内部设置了案件管理等专责监督部门,通过行使线索移交、开具手续、办案场所管理等权力,监督整个调查程序,对调查权力进行一定的内部控制。①

相比于调查主体在监察调查程序中拥有如此多的程序权力,调查对象在程序中则具有明显的被动性,其权利多是被动防御性和保障性的。比如,调查对象在调查中人身权利受到保障,人格尊严不被侮辱,保证拥有必要的休息时间,有对侵权行为申诉的权利等。在两方主体激烈对抗的调查程序中,监察立法赋予了调查对象这些必要的权利,其主要目的是为了从保护人权和程序正义的价值目的出发,维护调查对象的主体地位,使调查对象在某种程度上可以对抗调查主体强大的调查权,避免天然地位不对等的两方结构关系进一步失衡,防止出现人类法制历史上屡见不鲜的践踏人权的现象。② 可以说,程序法律关系中最基本的一对关系就是在权力主导下,调查主体的权力与调查对象权利之间的互动关系,一方面调查主体积极地使用权力推进程序,另一方面调查对象建立一道被动防御的权利底

---

① 在纪委和监察委合署办公,监察委内部不设党组,接受纪委党组统一领导的组织模式之下,有权监督整个调查过程的内部力量存在不同设置。从监察调查程序的设计来看,许多重要的程序节点都要求由监察委领导集体决定,比如立案、留置等,监察委领导可以通过行使决定权而对程序流程进行控制。另外,监察委内部的干部监督室对调查人员也有监督权限,有权通过监督个人的违纪等行为,发挥对调查过程的间接监督。
② 犯罪调查的发展历史也是一部逐步加强人权保障的历史,从古代文明过渡到现代文明,调查的手段措施越来越文明、规范化,一些残酷、不人道的调查手段,例如刑讯逼供等逐步被立法所禁止,被调查对象的人身权利和对抗性权利逐步得到加强。

线。由于权力和权利的目的、指向和配置层次均不相同,两方构造的主体之间不存在对称设置的权利和义务关系,这与民事主体之间的权利和义务对称设置是不同的。

这种权力主导型的权力—权利的关系延续至整个调查程序始终,也是程序设计及后续改革必须关注的焦点,并由此引申出其他几类程序关系:

第一,权力—权力关系。这一关系是指调查主体在行使权力过程中,与其他权力主体之间的互动关系,主要包括两个层次:一是调查系统内部上下级之间的权力关系,上下级调查主体之间是一种领导关系,这种领导关系在调查程序运行中有多处体现,比如留置措施的采取需要上级批准,确定管辖时的上下级权力互动,案件信息向上级通报等。二是调查系统外部的权力关系,主要是监察委与公检法等权力机关的权力互动,留置、技术调查等调查措施需要公安协助进行,调查终结需要移送检察院审查起诉,监察案件最终由法院审判定性。这些程序过程中都包含着监察委与其他外部权力机关之间的关系。

第二,权力—义务关系。权力和义务的关系需要从调查主体和调查对象两个层面分别理解。对于调查主体来说,一方面其获得调查职务犯罪的授权,通过依法行使调查权查明案情和收集证据,该权力的基础是国家公信力,对外具有强制性的执行效力;另一方面义务意味着职责,行使调查权查明案情是调查主体的工作职责,不可以放弃或消极行使。调查主体"对公民个人自由造成的限制或损害应当被视为一种必要的'恶'"[1],但在调查主体行使权力具备法定形式要件的前提下,调查对象有义务忍受权力行使对其造成的"合法伤害",对调查主体依法开展的调查活动有一定的配合义务。[2]

第三,权利—义务关系。此处的权利和义务的关系不是一一对称设置

---

[1] 万毅:《程序正义的重心:刑事侦查程序论——兼论我国侦查程序改革》,载《金陵法律评论》2002年第2期。

[2] 这种配合义务并不是指调查对象应当主动交代自己罪行,而是指面对调查机关依法采取的调查措施,比如搜查、留置、勘验检查等,应当尊重和配合国家权力的公定力,但对于调查中的违法行为可以向调查机关及其他权力机关提出或申诉。

的,这与民事主体之间那种对等的权利义务设置方式不一样,比如有些权利或义务是单向设置的,只指向某一方主体。对调查主体来说,他们一方面除了行使权力之外,也享有一系列的个人权利,比如个人职业保障、人身安全、获得基本办公条件等权利;另一方面,调查主体也必须承担一系列保护调查对象权利的义务,必须遵守法律规定工作程序,尊重调查对象的合法权利,依法开展各类调查工作。对调查对象来说,他们在调查程序中有权获得法定的个人权利保障,对于侵害其权利的行为有权采取投诉、控告等维权行动,其人身、财产等权益非经法定程序不得侵犯。同时,调查对象在调查中有义务尊重调查主体的调查活动,不得故意阻挠、破坏依法进行的调查取证活动。

(三)程序的过程要素

对法律程序的过程研究主要着眼于动态的法律运行,其中以行政法律程序的过程研究较有代表性,并形成了所谓的行政过程论。"远藤博也、盐野宏、山村恒年等学者在借鉴美国的公共行政理论、德国的'二阶段理论'及动态考察方法的基础上提出了'行政过程论',提倡现代行政法学应当将行政过程中的各种行为形式全盘纳入视野并加以全面、动态考察的观点。"[①]这些学者将行政过程论作为一个范式,将调查活动视作一个完整的过程,希望通过对整个调查过程细节的归纳和概括,发现程序运行中存在的问题。

从动态程序法律关系的角度观察,职务犯罪调查活动也可以看成一个动态的过程,而且是一个完整、复杂、连续的运行过程,这个过程是由一系列更细密的环节、步骤、条件等组合而成。这些程序运行的环节、步骤、条件、流程、标准等因素不是杂乱无章地组合在一起,而是以调查程序目的为指导,按照一定的逻辑顺序和规则结合在一起。这些过程因素既是程序运行不可少的"黏合剂",可以将各个分散的程序要素按照一定规则整合在一

---

① 江利红:《行政过程论在中国行政法学中的导入及其课题》,载《政治与法律》2014年第2期。

起,又发挥着控制程序运行方向和节奏的作用。这些程序要素如何排列和结合,在某种程度上反映了立法的目的,以及程序设计背后的价值选择。

程序过程要素的内容十分广泛,笔者选取了几类能够控制程序运行的过程要素,作为主要的分析对象:

第一,程序中的条件。条件因素是程序各个节点运行所需要的具体条件。调查主体启动调查程序后,在某些关键的程序节点会受到程序条件的约束,调查活动只有符合具体的程序条件要求,调查程序才能继续流转。比较有代表性的包括初核的条件、立案的条件、留置等调查措施的适用条件、案件移送的条件、做出处理决定的条件等,这些条件可以说是控制程序走向的"阀门"。

第二,程序中的决策。决定或决策也是程序运行中一个重要的节点要素,它对程序走向有着直接的影响。程序条件可以从客观层面对程序运行进行某种制约和限制,但程序主体在程序中仍然享有足够的自由裁量权空间,可以说主体的决定是影响程序走向的最直接因素,是否立案、采取何种调查措施、案件是否移送等都有赖于调查主体具体决定的做出。程序中的决定既受制于客观的程序条件要求,又反映了程序主体的主观判断活动,可以说决定直接影响了程序的运转方向。

第三,程序中的流程。程序的流程是立法者事先设计的一种程序步骤,这些步骤按照一定的逻辑顺序排列在一起,在某种程度上是对人类认识规律和认识过程的一种再现。这些程序流程存在于具体的时空之中,主要体现为一种先后承继的逻辑关系,比如调查程序必须遵循初核、立案、调查、审理、移送这个基本的流转步骤,每类调查措施的采取也要遵循报请、审批和执行这样的工作流程,这些步骤不能颠倒,否则将引起程序的混乱和失序。

第四,程序中的标准。程序中的标准是程序运行受到的限制和规范性要素,这些标准往往体现了程序中的价值选择,这些价值选择与一个国家的法治文明发展水平密切相关。程序中的各类标准可以起到限制调查主体主观恣意,防止权力滥用和腐败,避免程序运行脱离法治轨道的作用,比如程序中的人权保障标准、证据标准等,都在某种程度上对程序中的权力—权利关系进行了调整。

二、程序结构的分类解读

职务犯罪监察调查程序是监察改革中创设的新程序,对该程序基础理论的研究可从两个角度切入:一是要从监察制度自身特殊性出发,探索、构造和发展出监察制度自己的理论体系,以期科学解释当下的制度革新;二是应正视职务犯罪调查和刑事侦查存在较多相通性,监察学科研究可以适当地借鉴侦查学科研究比较成熟的理论成果。

进一步说,在中国的语言概念体系中,侦查和调查的含义本就有重合之处,调查是更上位的概念,侦查只是一类特殊的调查方式,调查包含侦查的内容。从这个层面看,职务犯罪监察调查和普通刑事侦查都属于犯罪调查活动的范畴。从刑事诉讼这个更专业领域来看,侦查是我国刑事诉讼中的一个专有名词,侦查的含义在不同的刑事诉讼制度中有所差异,"分为两种情形:一种是将一般调查与侦查加以区分,通过一般调查判断是否可能存在犯罪,如果犯罪成立,即由国家授权的侦查机关立案并实施专门调查和采取相应的强制性措施,立案后的专门调查活动称为侦查;另一种是在刑事诉讼程序中不区分调查与侦查,而将罪案调查活动统称为侦查"[①]。侦查和调查的内容在刑事诉讼中有许多交叉之处,只是为了更加清晰地区分刑事程序中的各类制度概念,特别突出了侦查的专属性和刑事属性。[②] 侦查和调查两个词语称谓并不是制度的核心所在,关键是两个词汇前面的犯罪二字,犯罪调查或犯罪侦查被赋予了特定的属性和归类,与行政调查、纪律

[①] 徐静村:《侦查程序改革要论》,载《中国刑事法杂志》2010年第6期。

[②] 侦查学界长期以来有一种过分突出侦查文义解释的趋向,表现为在一些专有名词上特别强调唯一性和精确性,比如严格区分侦查和侦察、现场勘查和现场勘察等名词,希望通过这种名词唯一化解释来打造侦查专属的话语体系。这种研究方法除了剔除相近词汇的使用之外,对整个学科的理论进步作用有限,反而造成内地与港澳台等地在侦查学相关研究中的语言无法对应。例如,在其他汉语地区,现场勘查和现场勘察都是可以使用的专用名词,部分研究者过分纠结于个别字词的使用,反而束缚了研究的空间。

调查等其他类型的调查概念区分开来。

由此,在监察程序研究中适度引入侦查学理论具有一定的理论和现实根基。本书选取的程序分类标准在某种程度上也参考了侦查行为分类理论的内容,但又结合监察程序的特殊性进行了修正。具体来说,既包括实然层面的程序流程、程序对象、调查措施特点等内容,并以这些实然层面程序要素为主要分类标准,另外也考虑到应然层面的程序样态,以保证分类体系的完整性。

(一)以调查是否公开为标准

根据犯罪调查行为的活动方式是公开或是秘密进行,可以将调查活动分为公开调查行为和秘密调查行为,相应的规范这两类调查行为的程序也可以分为公开调查程序和秘密调查程序。公开调查和秘密调查都是犯罪调查所必需的方式,但是秘密调查对调查对象的个人隐私等权利侵入较深,使用不当会引发侵犯人权的风险,因此立法多对秘密调查活动的范围和方式有所控制,并要求调查人员综合考虑多类不同调查措施,在能够满足调查工作需要的前提下,首选对个人隐私侵涉较轻的公开调查活动方式。

至于如何确定公开的标准,历来存在不同的界定依据:一种是知晓说,即以是否为当事人知晓作为判断的标准;[①]一种是知晓加规定说,即综合考虑当事人是否知晓和法律明确规定来进行判断;一种是侵害加隐蔽说,即突出调查行为的隐蔽性和对个人的侵害;一种是主客观一致说,即秘密是否包括国家道德伦理信用和公民合法权益。[②]这些观点对判断调查公开性分别给出了不同的界定标准,但是比较通说的观点支持以当事人是否知晓作为判断标准,这个标准比较清晰且易于分类,按照此标准可将秘密调查定义为调查机关不向调查对象公开,在调查对象不知晓的情况下采取的查明案件事实的调查活动。以此为标准,可以将监察委的调查活动分为两类:

[①] 万毅:《侦查行为分类研究——以毒品犯罪的侦查为范例》,载《中国人民公安大学学报》2004年第1期。

[②] 刘梅香:《刑事侦查程序理论与改革研究》,中国法制出版社2006年版,第76页。

第一,秘密调查活动及程序。这类调查措施具体包括技术调查、秘密调取材料、鉴定、秘密辨认、跟踪和守候。《监察法》规定的调查措施中没有跟踪和守候,但是这些调查手段一般默认是调查工作必须且可以使用的。[①] 为了防止秘密调查过度使用侵害人权,法律对这类秘密调查活动,尤其是针对技术调查规定了十分严格的使用条件,包括特殊的调查对象、案件条件、审批流程、使用期限等,以最大限度地控制这类调查措施的使用频率。

第二,公开调查活动及程序。除了上述秘密调查活动,监察委的其他调查活动,比如讯问、询问、留置、搜查、调取、查封、扣押、勘验检查等调查措施均属于公开调查范围。立法对这类调查措施的限制没有秘密调查那么严格,但是也要遵守基本的取证程序,比如两名以上调查人员参与、告知对方权利和义务、办案场所要达到一定的安全标准等。

(二)以调查的强制性为标准

该标准在刑事侦查中将侦查行为划分为强制侦查和任意侦查。强制性犯罪调查活动往往采取强制性手段,会对公民个人的人身权益造成一定的伤害。相比之下,任意调查活动较为尊重调查对象的个人意志自由,体现了犯罪调查中的自由价值精神,所以现代法治国家多要求以任意调查手段为主调查犯罪。这种划分模式受到日本侦查学及其实践的强烈影响。《日本刑事诉讼法》第179条规定:"为实现侦查的目的,可进行必要的调查。但是无本法特别规定,不得进行强制处分。"日本法学界对这类划分标准主要提出了五种学说,分别是:形式强制力说,即调查伴随着直接物理性质的实力或强制力行使,或包含制裁义务的行为处分;形式权利侵害说,即认为强制处分是未经对方同意而侵害个人权利与法益的行为;重要权利侵害说,即认为强制处分是违反对方明示或默示的意思而侵害其合法权益的行为;单纯侵权说,即认为强制处分是侵犯对方重要权益的行为;单纯同意

[①] 跟踪、守候是犯罪调查常用的手段措施,过去检察院在职务犯罪侦查过程偶尔也会用到这类措施,但总体上使用频率不高,这类措施也没有在职务犯罪侦查相关的法律规定中进行明确规范。

说,即强制处分是不以被处分人意志约束而实施的调查,任意处分以被处分人的同意或承诺为前提。①

由此可以看出,日本法学界未对如何区分强制调查和任意调查达成一致,国内学者也多是在这五种学说基础上,结合自己的思考选择自己认为科学的标准。笔者认为采取重要权利侵害说既能体现个人在犯罪调查中的自由意志,又突出了对个人合法权益的关注,并可以将技术侦查等秘密调查活动纳入强制调查的范畴,进而加强对这类调查手段的法律控制,充分保障调查对象的人身权益。以此观点作为划分标准,可以将监察委的调查活动分为以下两类:

第一,任意调查及其调查程序。在《监察法》规定的监察委可以使用的调查措施之中,需要以调查对象同意为实施前提的比较少,主要是谈话和询问这两类调查措施,这两类调查措施对调查对象并无强制约束力,其具体实施需要征得调查对象的同意,具体的场所选择、调查方式等程序设计都比较灵活。

第二,强制调查及其调查程序。除了谈话和询问两类任意调查措施外,监察委讯问、留置、勘验检查等其他调查措施均可被划入强制调查一类,采取这些调查措施不以调查对象同意为前提,且这些措施对调查对象有强制约束力。为此,法律规定了较严格的调查程序规范,比如调查人数有最低要求、调查手续必须完备、调查措施必须严格审批等,以防止这些调查措施的不当使用。

(三) 以调查的阶段为标准

此次监察体制改革不仅将职务犯罪监察调查设定为一种新型调查活动,在性质上区别于刑事侦查,同时也设计了一套不同于传统侦查程序的

---

① 宋远升:《论侦查行为的分类》,载《犯罪研究》2009年第3期。陈运财:《侦查之基本原则与任意侦查之界限》,载《东海大学法学研究》1995年第9期。〔日〕田口守一:《刑事诉讼法》,刘迪等译,法律出版社2000年版,第30页。〔日〕土本武司:《日本刑事诉讼法要义》,董璠舆、宋英辉译,台湾五南图书出版有限公司1997年版,第123页。

运转程序。新的职务犯罪监察调查程序独立于刑事程序之外,接受国家基本法律《监察法》的调整,该程序没有立案侦查环节,监察委调查犯罪终结后直接移送检察院审查起诉,完整的程序包括初核、立案、调查、审理、监督和移送这六个核心环节。

对应这六个核心环节,可以将犯罪调查程序划分为六个阶段性程序:

一是初核程序。初核是纪检监察实践中约定俗成的称谓,是监察机关对涉嫌犯罪的线索进行初步调查,并根据初步调查的结果决定是否立案。《监察法》规定了立案前的初步核实程序,但是没有规定初核的具体手段措施。《监察法实施条例》第55条规定:"监察机关在初步核实中,可以依法采取谈话、询问、查询、调取、勘验检查、鉴定措施;立案后可以采取讯问、留置、冻结、搜查、查封、扣押、通缉措施。需要采取技术调查、限制出境措施的,应当按照规定交有关机关依法执行。设区的市级以下监察机关在初步核实中不得采取技术调查措施。"地方监察委制定的内部工作流程对具体的手段措施进行了规范,①初步调查可以使用谈话、询问、查询、勘验检查、鉴定等监察措施,需要履行严格的内部审批手续,初核调查工作要遵守取证规范的要求。

二是立案程序。多数情况下,立案和调查是前后相继的一个整体,但是考虑到立案本身有自己的一套审批和决定流程,立案程序节点可能发生程序的分流,所以将其作为一个独立阶段程序有利于明晰程序运行阶段。监察立案由调查部门和案件监督管理部门(简称案管部门)负责进行报批,由监察委领导集体研究决定,特殊对象需要向同级党委或上级监察委报批,集体讨论要遵守民主决议的议事程序。

三是调查程序。调查程序是监察委调查部门进行具体调查工作的程序,包括监察委领导决定调查方案,调查人员根据调查方案开展讯问、留置、鉴定等具体的调查活动,在采取这些具体的调查措施时要严格遵守法

---

① 例如,浙江省监察委在试点期间制定的《监察业务运行工作规程》对监察案件办理的整个流程进行了十分细致的规范,包括可以采取的调查措施、具体的操作流程、取证规范等,这些规范的内容也得到了中央监察机关的认可,并在《监察法》中得到了部分的体现。

律程序的要求。

四是审理程序。监察调查程序内部有个独特的设置,即案件调查终结后需要由审理部门进行审查,审理部门在对案件证据材料进行全面审查后,需要提出具体的处理意见,并报监察委领导审批决定,该审理程序是调查程序中一个必经环节。

五是监督程序。监察机关为了防止调查权滥用,设置了严密的内部监督程序,其中最主要的监督主体是案件监督管理部门,案件监督管理部门负责管理线索、办理留置等措施的审批、管理办案场所、监督讯问和留置等调查措施的执行情况,这些工作都有一整套完整的内部流程,是调查程序的重要组成部分。①

六是移送程序。监察调查结束后,监察委领导将集体讨论案件的处理方式,并根据案件性质对案件做出分流决定,将案件分别移送刑事程序、政务处分程序或其他程序,该阶段也涉及审理人员报批、领导决策、案件监督管理部门移送案卷等具体的工作流程。

(四) 以调查中的技术应用为标准

以科学技术的应用为标准来划分犯罪调查措施,主要是国内学者所提倡的一类分类模式,该分类方法以犯罪调查是否使用了专业技术手段为标准,将传统侦查划分为技术侦查和非技术侦查。② 这种分类方式存在边界模糊的问题:一是随着现代科学技术在犯罪调查中的应用日益广泛,许多传统的调查方式都开始或多或少借助技术力量,只是不同的调查措施使用技术的频率和方式不一样,像通讯监听是完全依赖技术的调查手段,而勘验检查可能仅把科学技术当作辅助手段。受制于技术定量分析的难度和复杂性,也很难确定一个精确刻度来区别技术调查与非技术调查。二是根据

---

① 监察委内部的专责监督部门是案件监督管理部门,但是监察委内部的领导层、干部监督室等其他科室,也承担着不同的监督任务。

② 万毅:《侦查行为分类研究——以毒品犯罪的侦查为范例》,载《中国人民公安大学学报》2004年第1期。

部分学者和公安机关的理解,技术调查或技术侦查是专指利用技术实施的监听、记录监控、行踪监控等秘密调查手段。① 在这个层面上,技术性和秘密性结合在一起,进而将技术侦查与刑事科学技术区分开来对待。

为了避免上述称谓上的冲突,可以使用技术性一词来指称技术在犯罪调查中的应用,并以调查活动是否以科学技术作为主要的手段作为分类标准,将监察调查活动及其调查程序分为两类:

一是技术性调查活动及调查程序,即主要依赖科学技术作为查清犯罪事实和收集犯罪证据的调查措施,比如借助公安机关实施的技术调查,以及主要依赖科学技术进行的鉴定、搜查和勘验检查。对这类调查活动进行规范必须充分考虑各类技术的操作特点,对可能侵犯人身权利的技术进行特别的程序控制。

二是非技术性调查及调查程序,主要是讯问、留置、谈话、查封、冻结等传统的调查方法,以及仅把科学技术作为辅助手段的搜查、勘验检查和鉴定,对这类调查活动进行调控的程序属于非技术性调查程序,主要还是按照传统的程序设计方式来设置程序内容。

(五) 以程序存在的层次为标准

程序作为一个抽象的概念存在于不同的分析层次中,在不同的分析维度中有着不同的定位和内容。在法学发展历史中,出现了自然法、实定法、现实主义法等不同的法学思想和研究范式。有一种程序分类方法是按照不同的法学分析方式,将法律程序分为实然的程序和应然的程序,其中实然的程序又可以分为实定法纸面上的程序和实际法律运行中的程序。② 按照此类程序法学分析的方法,可以将职务犯罪监察调查程序分为三类:

---

① 《中华人民共和国人民警察法》第16条规定:"公安机关因侦查犯罪的需要,根据国家有关规定,经过严格的批准手续,可以采取技术侦察措施。"该法使用了技术侦察这个称呼,与侦查学界长期呼吁的侦查似乎不太一致。而《公安机关办理刑事案件程序的规定》第8章第10节对技术侦查的适用条件、审批手续、实施方式等进行了详细规定,该节规定的技术侦查是公安技术侦查部门使用刑事科学技术采取的记录监控、行踪监控、通信监控、场所监控等措施,且带有一定的秘密性。
② 汤维建:《关于程序正义的若干思考》,载《法学家》2000年第6期。

一是自然法层面的调查程序。"从自然法到自然权利的范式突变是西方社会思想史和政治思想史上的重大事件。"①现代学者认为,"自然法是一种与基本道德紧密相关的价值或含有价值的理念",肯定"自然法对实在法的评价作用",②自然法包含诸如公平、正义等道德标准,是法律在应然层面应该具备的素质。自然法层面的犯罪调查程序是应然层面具备程序正当性优良品质的程序,比如程序应当实现对权力的控制、对人权的保障等,这种程序存在于抽象的应然层面,可以用来评判实在法为良法还是劣法。

二是实定法层面的调查程序。实定法,顾名思义是指现实层面的法律文件,其形式可以是制定法或判例法,体现了立法者对法律程序的预先构想和设计。实定法层面的调查程序是《监察法》《监察法实施条例》及地方制定的调查程序细则中所规定的调查程序,这个程序可以被看作是静态的纸面上的程序。

三是实际运作中的调查程序。立法机关制定犯罪调查程序的基本法律是以明文规定的形式固定下来的,但这并不是调查程序的最终形态。法律不可能规定调查程序的方方面面,总要给实践机关留下足够的自由行动空间,否则程序无法适应错综复杂的调查实践,而且很容易滞后于实践。各级监察委在犯罪调查实践中,既按照法定程序要求开展调查工作,在自由行动的空间内做出具体的判断和选择,又发挥主观能动性对法定程序予以发展和变通,甚至创造出实践中符合调查需求的另类调查程序。③ 所以,实际运行中的调查程序与法定调查程序并不总是完全一致的,甚至出现实践中的执行偏差和变异,两者与自然法层面的调查程序也有差异,只能努力接近自然法程序中那些道德原则,却很难做到完全重合。

---

① 郑戈:《自然法的古今之变——〈自然社会〉的思想史评析》,载《社会》2016年第6期。
② 罗国强:《西方自然法思想的流变》,载《国外社会科学》2008年第3期。
③ 这种法律执行过程中对实定法的变通,甚至在法律实践中形成另外一套变异的法律运行程序,在犯罪调查程序、行政程序以及司法程序中都有不同的存在。比如《刑事诉讼法》规定指定地点监视居住措施后,明确要求不得在专门建造的办案场所执行指定居所监视居住,但是各地侦查机关仍然修建了大量专门的指定居所监视居住场所,并通过异地执行的方式绕过"无固定居所"这个要求,造成指定居所监视居住在司法实践中被变异执行。

第三节　职务犯罪监察调查程序的价值分析

在法学发展思想史上,关于程序自身所具有的正义性,以及法律正当程序的研究,形成了极为丰富的理论成果,程序正义的理念和内容也逐步得到广泛的认可。对法律程序进行实证主义分析,有助于细致入微地剖析和发掘程序的要素及存在的问题,加深对程序实际运行情况的认识,但是过度突出实证主义的分析理念,忽视那些对程序道德根基有重要影响的价值层面的研讨,也容易陷入"实证主义的陷阱",被固定的法律条文和传统制度框架所束缚。法律程序或制度要获得长久的生命力,除了通过立法程序获得法律层面的正当性,亦需通过自身的正当、正义的品质获得道德层面的正当性,这也是监察程序构造无法回避的根本性问题。

前文在分析职务犯罪监察调查程序内容时,对调查程序结构中的基本法律关系进行了概述,尤其是对处于核心地位的权力—权利关系进行了解读。以这对法律关系为基础,演化出程序设计的目的、程序中的价值理念冲突以及价值原则的选择等一系列理论问题,这也是历次程序改革所关注的焦点问题。权力、权利和义务三者代表着不同的价值取向,不同的价值理念对三者的侧重也有差异。本节侧重梳理职务犯罪监察调查程序的价值层次,以及程序设计中有必要考察的价值理念冲突,并提出监察调查程序正当性的基本原则。

一、调查程序的价值层次

"一种法律制度或者法律程序要得到人们的普遍接受和信任,就必须具有某种价值上的合理性,能够直接或者间接保证某种价值的实现。一种制度或者程序具有了这种价值合理性,人们就会承认其正当性,并尊重其道义上的权威性。"[①]近现代研究者在价值分析中特别强调了程序自身的正当

---

① 陈瑞华:《论程序正义价值的独立性》,载《法商研究(中南政法学院学报)》1998年第2期。

性价值。从罗尔斯提出的程序正义三种形态,①萨默斯对实用工具主义理论进行的价值层面的修正和重新解读,②行政法上的"利益代表模式",③到马修的人的"尊严理论"等,不同的程序价值理论分析范式,④都从不同的角度对程序价值进行了阐述。综合关于法律程序价值的各类学说观点,主要有三种代表性的主张:一是程序工具主义,即法律程序只是用以实现某种外在目的的手段和工具,也只有在能实现上述目的时才有存在的价值和意义。⑤这种观点以边沁的功利主义理论为基石,突出了程序之于实体的工具价值。二是程序本位主义,即评价程序的标准是程序自身是否具备一些内在品质,而不是它对实现某种外在目的的手段有用性。⑥不少人认为这个程序自身内在价值是程序理论的核心思想。三是程序综合理论,贝勒斯认为法律程序的两个目标是发现事实真相和解决问题,程序要避免错误裁判导致的成本支出,避免争议或使争议最小化,程序的内在价值包括参与、

---

① 罗尔斯在其1971年出版的《正义论》中提出了三种正义的形态:一是"纯粹的程序正义",即关于什么才是合乎正义的结果并不存在任何标准,存在的只是一定程序规则的情况。例如赌博,只要严格遵守其程序规则,得到什么样的结果则都被视为是合乎正义的。二是"完全的程序正义",即在程序之外存在着决定结果是否合乎正义的某种标准,且同时也存在着使满足这个标准的结果得以实现的程序这样的情况。例如把蛋糕均等地分给数人的场合,达到均分的结果才合乎正义,且存在实现均分的程序——即切蛋糕的人最后领取自己的一份。他为了使剩给自己的蛋糕尽可能多一些,会尽最大努力来均分蛋糕,其结果是均分结果的实现。三是"不完全的程序正义",即虽然在程序之外存在着衡量什么是正义的客观标准,但是百分之百地使满足这个标准的结果得以实现的程序却不存在。例如,刑事诉讼中真正完全的程序正义只是理想状态,纯粹的程序正义和不完全的程序正义才是实际生活中的常态。〔美〕约翰·罗尔斯:《正义论》,何怀宏、何包钢、廖申白译,中国社会科学出版社1988年版,第80—83页。

② 萨默斯认为一个完善的法律价值理论应当拥有一个实质的维度,不能终结于需求和欲望的集合体,应当给公平、正义和善留有足够的空间。〔美〕罗伯特·S. 萨默斯:《美国实用工具主义法学》,柯华庆译,中国法制出版社2010年版,第27—47页。

③ 美国行政法上的利益代表模式主要是法院发展出来的,法院通过技术手段拓展了利益相关人在行政程序及司法审查中的参与权,以保障利益相关方能够参与决策做出过程。王锡锌:《英美传统行政法"合法性解释模式"的困境与出路——兼论对中国行政法的启示》,载《法商研究》2008年第3期。

④ "尊严理论"的核心内容是,评价法律程序正当性的主要标准是它使人的尊严获得维护的程度。这种体现于法律程序本身之中的价值,是基于人类普遍的人性而提出的。它们可以有诸如自治、自尊或平等等不同的价值要素。陈瑞华:《程序正义的理论基础——评马修的"尊严价值理论"》,载《中国法学》2000年第3期。

⑤ 陈瑞华:《程序正义理论》,中国法制出版社2010年版,第50页。

⑥ 同上书,第60页。

公平、易懂、及时、表面正义等程序利益,这些程序利益独立于具体的程序结果,程序目标是为了实现最大程序利益。①

上述程序价值理论有着不同的分类标准,但是普遍承认程序存在内部和外部两个价值类型,内在价值即法律程序自身所具备的符合正义要求的品质,外部价值是法律程序对实现某个价值目标的有用性和功能性。虽然这些价值理论主要是以诉讼程序为对象推导出来的,尤其是对审判程序价值理论的一种归纳,但是该理论使用的程序内部、外部价值分离的分析方法,无疑对犯罪调查程序等其他类型的程序也有指导意义。

(一) 程序的独立价值

程序的本质是限制恣意,严格的程序设置可以将犯罪调查活动限制在合理的制度框架内,防止犯罪调查活动的无序或恣意妄为。② 不可否认的是,犯罪调查程序与审判程序存在较大差异,这些差异包括:(1) 程序主体之间的力量存在天然的不对等,这种不对等体现在组织力量、权力和权利设置与效果等方面;(2) 程序任务分配不均衡,调查主体一方承担了主要的程序任务,调查对象并不承担查清犯罪事实的义务;(3) 程序对效率的要求非常高,这与犯罪调查的紧迫性有密切关联;(4) 程序运行有着特殊的原则要求,比如调查不公开是犯罪调查的原则,而非例外,这是犯罪调查的特点所决定的。这些差异的存在是直接将法律程序价值理念移植到犯罪调查程序的最大障碍。

诚然,法律程序所恪守的那些符合程序正义要求,具备道德品质的观念具有宏观层面的指导意义,但是在将这些价值理念应用到犯罪调查程序之前,必须承认这些价值、理念和原则在犯罪调查实践中将受到一些限制。关于法律程序内部独立价值的内容,也就是如何理解所谓的程序正义或正当性,有着多种不同的观点,其中多数学者提出程序正当性标准都是针对

---

① 雷磊:《法律程序为什么重要?反思现代社会中程序与法治的关系》,载《中外法学》2014年第2期。
② 季卫东:《法治秩序的建构》,中国政法大学出版社1999年版,第8页。

审判程序来说的，不能直接照搬到犯罪调查程序中。犯罪调查程序中最核心的是权力和权利的关系，对调查程序内部价值的分析自然绕不开这对关系。没有预设的程序价值目标，谈论再多的程序价值也是空谈，对实践没有现实的指导意义。符合程序正义的犯罪调查程序应有助于实现特定的价值目的：一是规范调查权的运行，通过科学合理设置程序流程，既确保调查活动有法可依，又能使调查权规范有序的运行，防止恣意和无序行使权力。二是保护人权，调查程序设计需要贯彻人权理念，程序内容要体现保护人权的基本原则，对调查对象等所有程序参与者的合法权利都要平等保护。三是对调查权的监督和制约，现代社会普遍公认的一个政治原理是没有不受监督的权力，监察调查权同样也需要受到监督和制约，程序立法需要充分考虑权力监督这个因素，并通过设置相应的程序原则和标准来达到这个目的。

（二）程序的功能价值

与主张程序内部具有独立价值的观点相对应，另一个影响深远的学说主张程序的价值意义体现为其对程序结果的有效性，即程序运行对预先设定的程序目的或结果有积极意义，也就是程序所具有的工具性或手段性意义，比较有代表性的是程序工具主义学说。该学说来源于哲学上的功利主义学派，①主张将"结果"和"价值"分开看待。功利主义学派鼻祖边沁曾认为，法律程序是为了正确适用实体法，保证审判结果的正确性。此后的经济分析学派的波斯纳提出了经济耗费理论，②即设计法律程序必须考虑程序运行所消耗的各类资源，以及错误裁判带来的经济耗费。另外，著名法学家德沃金进一步提出了道德消耗理论，认为道德消耗产生于人的权利被剥夺，以及错误惩罚犯罪带来的不正义，实体性权利有赖于程序性权利的

---

① 不同的功利主义者虽然声称不同的功利标准，但功利概念所指向的实际内容基本一致，即满足个人良好生活的基本需求。当代功利主义力图排除基于错误认识和非理性判断的体验或者偏好，使功利成为个人利益的真实反映。刘舒杨、王浦劬：《当代功利主义主要流派论析》，载《中共福建省委党校学报》2017年第11期。
② 转引自陈瑞华：《程序正义论纲》，载《诉讼法论丛》1998年第1期。

保障,这种观点实际上是在程序工具主义理论中引入了人权等独立的价值理念。

从上述程序工具主义学说的演变来看,程序工具主义从最初的僵硬坚持"结果"和"价值"的区分看待,偏重程序对实体的工具性价值,逐步转向开始考量程序工具价值之外的法社会学效果,并开始引入个人权利等价值理念来约束程序设计模式。对职务犯罪监察调查程序外部价值的分析,也应摆脱单纯的"工具化"设定,不能仅把程序看作是一种实用主义的"手段",而应注意到程序设计对实现程序内部价值的积极意义。从这个角度看,一方面,调查程序的外部价值体现在其保证权力运行效率的功能,防止烦琐和臃肿的程序消耗过多调查资源,影响犯罪调查工作效率上;另一方面,调查程序的外部设计也要有利于实现程序目的,程序设计需要符合调查工作的目的,确保客观、准确、及时查明案件事实和收集证据,即不仅要体现快,更要体现准确性,保证调查工作的客观性和有效性。

二、程序中的价值理念冲突

"现代的实践的历史乃是这些诸多理论的共存和在现代政治经济制度之中相互作用所引起的后果,不在于任何单一理论或意识形态。我们可以这样理解:实践的历史没有理论那么简单、美好,但也没有理论那么片面、偏激。它充满矛盾和妥协,也因此更符合现代历史真实。"著名学者黄宗智这段话形象地刻画了社会中的"冲突的正义"及其妥协,正义的冲突迫使法律成为一种人为的理性,"法律的实践品格的另一禀性即天然的妥协性,而这一特性恰恰有助于消解价值的不可通约性所造成的正义冲突"[①],法律理性由此也成为一种善于权衡、善于妥协的常识理性。法律程序中的价值冲突代表着社会主体不同的选择或倾向,力图撇开一方,单独强调另一方,进而找到最完美的价值代表是不现实的。这些具有不同取向的价值层次,很难简单地用是非对错标准来衡量,非黑即白的二分法会让这些价值观曲解

---

① 许章润:《法律正义的中国语境——一种关于正义的程序主义法权进路》,http://zhanlve.org/? p=1485,2018 年 7 月 4 日访问。

和误用,在冲突中找到平衡或许才是中国背景下的实践智慧。

(一) 惩罚犯罪与保护人权

职务犯罪调查所针对的是刑法上的特定犯罪类型,调查目的是为了查清犯罪事实和收集证据,为后续的刑事起诉和审判程序做好准备工作,它作为整个犯罪调查体系的重要组成部分,也应属于广泛意义上的刑事(犯罪)追诉系统的一个环节。[①] 在犯罪追诉过程中,无法绕开的一个话题是如何正确处理惩罚犯罪和保护人权之间的关系,两者代表不同的价值观取向和社会治理理念,在不同的历史时期,执法者对这两类价值理念的偏重有所差异,这种差异与执法者所处的特殊社会历史环境有关系。在早期的法律实践中,执法者对这种价值理念的选择多是无意识的,直到法律文明发展到一定程度,人们对法律程序中人权的关注度更高,越来越多的人才开始注意到两种理念之间存在某些冲突。

这种冲突的产生源于犯罪调查中权力与权利的互动关系,国家机关行使公权力打击犯罪,维护社会公共利益,恢复被犯罪破坏的社会秩序,具有价值层面的合理性和正当性。然而,调查犯罪的公权力在运行中会对公民个人的权利进行"合法"的限制和侵犯,在政策导向、程序漏洞或执法者个人因素影响下,调查权力会在运行中失控,出现过度或违法侵犯公民个人权利的现象,此时两种价值理念会进入激烈的对立状态。

两种价值选择都可以找到各自坚实的理论基础和实践意义,惩罚犯罪不仅纠正了犯罪破坏导致的失序状态,也从另一个层面保护了大多数人的人权。保护公民合法人权是现代文明国家的普遍做法,人权这个中性概念在中华人民共和国成立初期曾一度被视为"异端",在1979年前后,还有学者坚持认为"人权是资产阶级的口号和意识形态"[②],而现在中国已经实现

[①] 尽管职务犯罪监察调查的定性不同于传统的刑事侦查,但从本质上看,职务犯罪监察调查和普通犯罪刑事侦查都属于犯罪调查这个大的框架内,区别两者的不是"侦查"或"监察"的用词,而是两个词的前缀"犯罪",两者都是犯罪追诉系统的一部分。

[②] 中国社会科学院法学研究所编:《当代人权》,中国社会科学出版社1992年版,第375—376页。

了人权入法,提倡人权也成为社会普遍接受的理念。在这样的现实背景下,职务犯罪调查也应当做出积极的回应。无论如何,犯罪调查的成功或失败都不在于人权保护,但以牺牲人权为代价的惩罚犯罪只会给社会带来更大的道德成本。当然,完全做到惩罚犯罪和保障人权并重是极难的,一味突出两种价值观的对立,再来谈两者的并重或平衡并不能解决这种冲突。① 更合理地做法是将两者结合起来,即惩罚犯罪应当是建立在保护人权基础上,以保护人权为前提。

（二）调查效率和程序公正

效率和公正是法律工作中一对备受理论界和实务界关注的命题。最高人民法院时任院长肖扬在 2001 年全国高级法院院长会议上提出了"公正与效率是二十一世纪人民法院的工作主题"这一法治化的科学命题。② 由此可见,司法领域对这对关系一直有着深刻认识。在多数情况下,研究者倾向于将效率和公正立于对立面进行分析,似乎两者天生就是矛盾和冲突的,主要理由是:一方面,程序公正过度增强会导致工作效率的下降,程序设计中过度突出保护人权、权力制约和监督等理念,会使烦琐的程序设计影响执法、司法等效率的实现;另一方面,对效率的过度追求会部分牺牲程序公正,可能促使立法者设计的法律程序丧失公正的本质,失去正当性道德基础。

与这类将效率和公正截然对立的观点不同,许多人认为公正和效率本质上是一致的。波斯纳曾批评道:"正义的第二种含义——也许是最普通的含义——是效率",但是"正义不仅仅是具有效率的含义"。③ 培根也曾比喻:

---

① 有人认为以学者为主的"学院派"和以侦查人员为代表的实务界在惩罚犯罪和保障人权方面存在根本的对立,并总结为理论和实践层面的对立,这种概况并不能真正反映这两种价值产生冲突的原因,并不是因为理论界和实务界的背景造成了这种差异,差异产生自个人或组织对不同价值观的选择。何泉生、于洋、刘景升、蒋南飞:《论打击犯罪与保障人权平衡原则》,载《中国人民公安大学学报(社会科学版)》2010 年第 2 期。

② 牛建华:《论司法公正与诉讼效率的关系》,载《法律适用》2003 年第 21 期。

③ 〔美〕理查德·A.波斯纳:《法律的经济分析》,蒋兆康译,中国大百科全书出版社 1997 年版,第 31—32 页。

"不公平的判断使审判之事变苦,而迟延不决则使之变酸也。"①可见,对效率和公正的关系的理解,更多的是因人而异,因时而异,处于不同立场上的解读者根据自己的理解做出具体的价值选择,这种价值选择在实践中经常体现出一种交替的平衡,即某个时间段可能特别突出其中一个价值取向,之后再修正性地转向另一个价值取向。

这对价值理念的冲突关系在犯罪调查程序中尤为明显,调查主体和调查对象在犯罪调查程序中的对抗非常激烈,犯罪调查面临从无到查明案情和收集证据的艰巨任务,而调查犯罪的特殊性也决定了失去效率就无法完成犯罪调查的目的。从这个层面上看,调查程序设计不合理、过于烦琐和复杂,将直接拉低犯罪调查的效率,影响打击犯罪的直接效果。因此,在无法做到并重和绝对平衡的前提下,在追求调查犯罪效率的同时,也应坚持最低限度的程序公正标准,这些最低限度的程序公正标准是不能突破的底线。

(三)调查不公开与公众知情

犯罪调查的不公开原则是符合调查规律和犯罪调查客观需要的一个基本原则,这个原则在刑事侦查领域被称作侦查不公开原则。该原则在各国立法中得到了普遍的认可,《法国刑事诉讼法典》第 11 条规定:"除法律另有规定外,侦查和预审程序一律秘密进行,并不得损害犯罪嫌疑人的权利。"《意大利刑事诉讼法》第 329 条规定:"由公诉人和司法警察进行侦查活动应当保密,直至被告人能够了解之时。"中国台湾地区"刑事诉讼法"第 245 条第 1 项明确规定:"侦查,不公开之。"在犯罪调查中贯彻不公开原则,主要有以下考虑:

第一,保证犯罪调查、起诉和审判的公正性,犯罪调查仅仅是刑事追诉系统的启动阶段,调查对象涉嫌的犯罪尚未得到法院审查确认,如果向社会公布案件信息,容易误导媒体和公众,甚至造成非理性的"媒体审判"或

---

① 〔英〕培根:《培根论说文集》,水天同译,商务印书馆 1983 年版,第 193 页。

"人民公审",使后续的起诉受到社会舆论压力,并干扰法官做出中立裁判,从根本上也违背了无罪推定的原则。①

第二,保护公民个人的合法权益。在法院未正式确认调查对象有罪之前,调查机关向社会公布案件信息,会引起不理性的公众对调查对象及相关人员产生不良印象和评价,进而侵害案件相关人员的名誉权、隐私权,并有可能引起对其他涉案人员的打击报复。

第三,犯罪调查的客观需求。犯罪调查是一个信息收集、并利用信息优势突破案件的过程。如果不受限制地公布案情,可能会引起调查对象及涉案人员的警觉和逃亡,促使他们采取毁灭证据、串供等阻碍调查的行动,增加犯罪调查的难度,甚至造成调查工作的失败。

以上是犯罪调查中坚持不公开原则的原因,至于不公开的范围,比较有代表性的是孙长永教授的观点,他认为不公开主要包括两个层面,一是不向犯罪嫌疑人公开,二是不向社会大众公开。需要注意的是,犯罪调查人员可以合法使用信息来侦破案件,②可以根据调查工作需要适时向社会公布案情,以获得大众对调查工作的支持,进而获得更多的线索,也可以根据预防工作需要,向社会公布部分案情,对社会安全情况进行提前预警。

职务犯罪监察调查同样属于犯罪调查体系范畴,调查人员在调查过程中也应遵守这个基本原则。犯罪调查中的不公开原则一直在实务系统中得到广泛贯彻,但也遇到了理论界的批评,不少学者一方面认为不公开原则造成犯罪调查过程过于封闭,缺乏外部的监督,另一方面认为公众的知情权受到了较多的限制,应当适当规定调查不公开的例外情况。对于认为犯罪调查不公开影响外部监督,其实应该客观看待这个问题,犯罪调查的秘密性是其基本规律决定的,抛开这个基本规律去谈监督不足,就忽略了犯罪调查秘密进行是这项工作与生俱来的要求,以及是保证犯罪调查顺利进行的必要条件,而且调查是一个阶段性工作,每个阶段所能提供的信息是不完整的,外界即使获得了这些信息对加强监督的帮助也不大。对于后一

---

① 林钰雄:《刑事诉讼法(下册)》,作者自版 2000 年版,第 498 页。
② 张明伟:《侦查不公开原则之内涵与发展》,载《人民检察》2015 年第 14 期。

种观点,我国当前关于犯罪调查的法律规定确实对不公开的例外规定较少,犯罪调查人员在信息公布上拥有绝对的垄断权。从保护公众知情权的角度来说,适当规定必要的例外情形,使犯罪嫌疑人及律师、社会公众能够对犯罪调查案件情况有一定的了解,对于保护相关人员的知情权有积极意义。

(四) 反腐集权与权力控制

过去的反腐败调查体系存在机构力量分散、职权交叉和重叠、程序衔接不顺畅、整体反腐效果不佳等问题,监察体制改革的一个目的就是通过整合反腐败力量,从体制上解决这些不利于反腐的"阻力"。此次改革的一个主要指导原则是统一整合反腐败力量,集中职务犯罪调查的相关职权,形成最大的反腐败合力。为了在全国范围内集成反腐败合力,监察体制改革首先将职务犯罪侦查人员从检察院转隶监察委,同时也赋予监察委调查职务犯罪的职权,并通过立法给予监察委以较高的法律定位,授予其类型多样的强制性调查措施。这些措施使监察委掌握了包括违纪调查权、违法调查权和犯罪调查权在内的多项反腐败权力。在监察委拥有如此多且强大的调查权的背景下,过去存在的反腐败体制或程序的"阻力"可以说大大减少,随之而来的却是外界对监察委强势地位的担忧,甚至有学者担心监察委反腐败调查模式可能出现"监察中心主义"的问题。①

"权力易使人腐化,绝对权力绝对使人腐化。"②这个关于权力腐化的观点在诸多论著中反复出现,并逐步成为现代社会普遍认可的一个定理。权力在运行中有自动扩张的趋势,如果不加以适当的控制和制约,极有可能出现恣意行使权力或权力行使超出边界的现象,所以任何权力的行使都需要受到必要的监督和制约。职务犯罪监察调查权在运行过程中,也要受到

---

① 郝铁川等学者都在不同的论述中提出了类似的观点。郝铁川:《监察委员会设立的意义及应注意的问题》,http://fzzfyjy.cupl.edu.cn/info/1038/6992.htm,2018 年 7 月 5 日访问。

② 〔英〕安东尼·德·雅赛:《重申自由主义》,陈茅等译,中国社会科学出版社 1997 年版,第 1 页。

必要的限制和制约。在这些制约的方式中,最基本就是通过程序控制权力。"通过正当程序和程序抗辩的控权是当代法治的一个全新景观。"①程序控权是一种授权、控权和护权的统一,②立法者在设计调查程序时需要充分考虑这三个因素,通过程序规范来控制调查权行使的边界,减少权力滥用或腐败的空间。

三、调查程序的正当化原则

"程序正义观念是以发生、发达于英国法并为美国法所继承的'正当程序'(due process)思想为背景而形成和展开的。"③该思想最早可追溯至1215年制定的英国《大宪章》,此后逐步影响到立法、诉讼、行政等不同的领域,并演化出正当法律程序的理念,成为现代法律程序普遍认可的一个思想理念。正当法律程序最初源于"自己不做自己的法官"和"对他人做出不利行为要事先告知、说明理由和听取申辩"的"自然正义"原则,之后其内涵扩展到包括公开、公正、公平和参与在内的现代民主程序原则。④ 考察正当法律程序的产生、发展和主要内涵,其讨论和研究的对象主要是诉讼程序,尤其是审判程序,研究者提出的正当法律程序的原则也主要以规范审判程序为目标。

职务犯罪监察调查程序作为一类法律程序,要获得自身正当化的依据,绝不是仅仅通过国家立法程序取得合法地位就能完成,法律正当性只能在形式上赋予调查程序正当化依据。调查程序要获得道德及价值层面的正当性,还需要具备自身在保护人权、制约权力等方面的优良品质,而传统正当法律程序原则可以作为其借鉴和参考的标杆。对于这些传统的正当程序原则是否可以应用于犯罪调查程序、应用到何种限度,以及具体的应用形式,则需要在分清不同的监察程序原则的基础上,结合职务犯罪监察调查程序

---

① 孙笑侠:《法的现象和观念》,群众出版社1995年版,第173页。
② 陈焱光:《论程序控权》,载《江汉论坛》2004年第9期。
③ 樊崇义主编:《诉讼原理》,法律出版社2003年版,第224页。
④ 姜明安:《正当法律程序:扼制腐败的屏障》,载《中国法学》2008年第3期。

的规律和特点,做出有针对性的回应。

(一)监察程序中的原则层次

在分析监察程序的价值原则之前,有必要对与之相近的另外两个调查程序原则进行比较,通过分清这几类原则的区别和联系,来进一步明确各类不同的原则所适用的范围和界限。根据调查程序中存在的不同原则的内容,以及这些原则所存在的概念层次,可以把职务犯罪监察调查程序中的原则分为三类:

第一,价值原则。价值原则即本书所讨论的调查程序正当化的原则,这类原则存在于价值分析层次,以正当法律程序理念为指导,主要强调犯罪调查程序应当具备公正、效率、透明等公认的价值品质。这些价值原则存在于所谓的"自然法"或价值分析的层面,可以作为评判立法者制定的调查程序及调查实践的价值标准。多数情况下,受制于复杂的主客观因素,这类原则并不能完全应用到法律实践中去。

第二,法律原则。此处的法律原则是指国家立法在法律程序中确定的原则,它存在于制定法的层面,是立法者在综合考量政治、社会和法律实践等因素后所设计的,它们在法律条文中有着比较明确的规定,并且对法律实践有很强的指导意义。《监察法》第一章总则中对监察活动原则进行了指导性规范,[①]这些原则的内容比较广泛,涵盖了所有的监察工作领域,其中具体与职务犯罪调查有关的内容包括:(1)依法独立行使监察权,不受行政机关、社会团体和个人的干涉;(2)监察机关与审判机关、检察机关、执法部门互相配合,互相制约;(3)严格遵照宪法和法律;(4)以事实为根据,以法律为准绳;(5)在适用法律上一律平等;(6)保障当事人的合法权益;

---

① 虽然《监察法》总则中并没有直接使用法律原则这样的词语,但是其中的第 4 条、第 5 条、第 6 条都是针对监察工作所提出的原则性要求,其中第 4 条和第 5 条与职务犯罪调查密切相关。第 6 条规定:"国家监察工作坚持标本兼治、综合治理,强化监督问责,严厉惩治腐败;深化改革、健全法治,有效制约和监督权力;加强法治教育和道德教育,弘扬中华优秀传统文化,构建不敢腐、不能腐、不想腐的长效机制。"第 6 条的政治性和宣示性话语较多,且更多是针对监察监督工作。

(7) 权责对等,严格监督;(8) 惩戒与教育相结合;(9) 宽严相济。

这九类原则既有对价值原则内容的具体落实,包括保护当事人合法权益、适用法律一律平等、严格遵守宪法和法律等内容,也有对具体工作的指导,包括监察机关与审判机关等的互相配合、互相制约,甚至包括宽严相济、惩戒与教育相结合这样的刑事法律政策的内容。从这个角度来看,《监察法》对职务犯罪调查原则的规定是一种原则集合,是一种关于价值原则、工作原则、法律政策等内容的综合性规定。

第三,工作原则。《监察法》总则对职务犯罪调查的法律原则进行了初步规定,但是这些规定仍然较为宏观,比如严格监督、宽严相济等内容,具体在调查实践中如何理解和应用,需要调查机关根据案件具体情况来做出即时性判断。法律原则可以给监察调查工作提供宏观性指导,监察机关在调查实践中对这些原则进行落实时,可能会发展出更细致、具体和操作性强的工作原则。这些工作原则更富可操作性,也更容易在办案实践中发挥指导作用,比如接受上级和党委领导、依法文明规范办案、依靠群众、客观公正、迅速及时查明案情、业务分工明确、加强办案协作等。①

这三个原则各自存在于不同的维度中,价值原则存在于抽象和理念层面,其中蕴含的那些符合人类法治文明发展的理念和原则,对立法和执法实践都有很强的指导意义。制定法中所规定的法律原则在某种层面上反映了价值原则的内容,同时又充分考虑了法律实践的客观情况,进而规定出更具体和可操作的指导原则。工作原则是调查机关在办案实践中总结出来的,可以直接应用于办案工作,对办案工作有着明确的指导价值,这类原则往往反映了具体的办案工作任务和要求。相比之下,价值原则的稳定性最强,法律原则会随着立法而进行调整,而工作原则的灵活性最强,往往会随着工作任务和重点的变化而发生变动。

---

① 工作原则的内容具有较强的灵活性,很多时候随着工作重心而发生改变,各个地方在制定工作原则时也有或多或少的差异,甚至有时候把工作原则和工作理念等内容合在一起进行理解,比如中纪委曾提出围绕大局、服务中心、求真务实、求实效、办实事。陈继清:《坚持和树立与科学发展观相适应的纪检工作原则和观念》,载《紫光阁》2006年第6期。

（二）调查程序的正当原则

在对职务犯罪调查程序中的价值原则、法律原则和工作原则进行初步区分之后，可以发现程序价值原则的内容更为抽象，且对道德层面的要求更苛刻，其中包括诸多人类社会所公认的价值理念。在此有一个必须明确的问题，职务犯罪调查程序与其他法律程序有较大不同，因此将源自审判程序的正当法律程序原则照搬到犯罪调查程序，显然是不合适的。对于职务犯罪调查程序来说，评价其程序是否正当的标准不是类似审判程序的标准，而是必须尊重犯罪调查规律这个最大的现实，否则既无法在理论层面建立令人信服的基础，也得不到实践部门的认同和理解，最终将沦入自我欣赏的困境中。

以前文对职务犯罪调查程序价值层次的分析为基础，结合该程序中存在的价值理念和价值目标的冲突，本书提出了衡量职务犯罪调查程序正当性的五个主要原则：

第一，程序不公开原则。目前我国的犯罪调查程序仍然是坚持以不公开为原则，这与世界上绝大多数国家和地区的做法是一致的。不过，有学者指出从近几十年的发展趋势看，世界各国刑事侦查程序的公开程度越来越高，已成为刑事诉讼制度改革发展的主流和趋势。[①] 也有学者提出犯罪调查的适度公开或者透明原则，即要求案件信息要及时向社会公布，调查程序不得完全在秘密状况下进行，以实现国家权力公开透明，切实保障被追诉方及其辩护人的法定权利，保障公民对调查活动的知情权。[②] 这些观点一般认为不公开原则使外界难以监督犯罪调查活动，也影响了公民的知情权，却对犯罪调查不公开同样可以保护调查对象等人员的名誉、隐私等权利的价值避而不谈。再者，公民知情权是否在价值层级上就比涉案人员的名誉、隐私等权利更高，加强对犯罪调查监督是否比防止"媒体审判""人

[①] 樊崇义主编：《刑事诉讼法实施问题与对策研究》，中国人民公安大学出版社2001年版，第309—311页。

[②] 韩德明：《适度公开侦查原则论》，载《中国人民公安大学学报》2004年第4期。

民公审"等意义更重要,①恐怕很难通过逻辑论证来得出。无论从世界各地的立法情况来看,还是从犯罪调查不公开对保护涉案人员个人权利、保证案件公正审判、满足犯罪调查工作规律的基本要求等方面来说,犯罪调查程序坚持以不公开为原则都是一种综合平衡多种价值选择后的合理原则。②当然,犯罪调查程序不公开,不意味着剥夺调查对象等程序参与者对程序事项的知情权,以及社会公众对查办犯罪案件数据等信息部分的知情权,调查人员应当依法告知调查对象相关的程序权利和事项,并在可控的范围内向社会发布案件查办信息,使社会大众能够及时了解国家查办腐败犯罪的进展情况。

第二,程序参与原则。坚持犯罪调查不公开的基本原则绝不意味着将调查程序打造成绝对封闭的模式,也不意味着剥夺被调查对象及其他程序参与者依法享有的程序性权利。与其极力在犯罪调查公开或适度公开这样的逻辑悖论中寻找答案,不如转向程序参与这个更具可行性的原则方案。程序参与原则原本也是存在于审判程序中的一个原则,后来越来越多的人认为这个原则可以贯穿于犯罪追诉的整个程序流程中。其主要含义是"程序所涉及其利益的人或者他们的代表,能够参加诉讼,对与自己的人身、财产等权利相关的事项,有知悉权和发表意见权,国家有义务保障当事人的程序参与权"③。

从权利属性的角度看,程序参与本身属于程序性权利,且主要是针对调查对象而言。不过,从解决程序不公开可能引发的监督困难、影响公民知情等问题的角度出发,可以适当扩大程序参与的对象范围:一是调查对象的程序参与。调查对象作为程序主体之一,其参与调查程序的各项权利必

---

① 近年来,个别媒体在犯罪调查阶段获得案件部分信息后,进行的夸大或歪曲的报道,最终影响了社会舆论的导向,对法院独立公正审判造成了重大压力,造成了舆论审判的不良后果。比如著名的药家鑫案,在该案被告人被执行死刑、舆论平息之后,媒体调查发现当初传播的各类关于药家鑫家庭背景等信息均不属实,但这些虚假信息是激起社会舆论不满的主要因素。
② 不少学者提出犯罪调查适度公开原则,但是这种适度公开也同样面临着难以界定的问题。适度如何界定、如何操作、什么是适度的标准,这种设定在实践中会带来更多复杂的问题。黄豹:《侦查构造论》,中国政法大学 2006 年博士学位论文。
③ 宋英辉:《刑事诉讼原理(第二版)》,法律出版社 2007 年版,第 102 页。

须得到优先保障,比如调查对象有权获知自己涉嫌的罪名、调查所处的阶段、调查处理结果等影响自己切身利益的信息,并在调查机关处置自己人身、财产权益时当场参与。二是其他程序参与者的程序参与。除了调查对象之外,调查程序中的其他程序参与者也会以各种形式参与程序运行,比如律师、证人、见证人、鉴定人等,这些程序参与者有权依法参与调查程序的某个环节,调查机关应当充分尊重这些参与者的参与权,防止故意对这些程序参与者设置障碍的现象出现。三是社会媒体。政府信息公开是现代政府运行的一个重要原则,这对于保障公众知情权和监督政府行为有重要作用。对于犯罪调查这个特殊的国家行为来说,自然不能完全隔绝公众的知情权。然而,必须注意的是,调查机关在犯罪调查阶段不宜向社会公布过多的案件细节,这也需要通过国家立法对犯罪新闻发布进行明确的规范。①

第三,程序效率原则。这个原则对犯罪调查工作来说有着特别的意义,高效率的犯罪调查才能及时收集证据、抓捕涉案对象、防止证人等随着时间流逝而记忆淡忘,并减少调查中的无效劳动。② 犯罪调查的这些特性决定了它比审查起诉、审判等程序追求更高的效率,这也是调查不公开原则所要达到的目的之一,所以对犯罪调查基本原则的理解必须考虑到效率这个核心的价值追求。对于实现程序效率原则的要求,一方面程序内容应体现效率原则,立法者在设计调查程序时,必须考虑到犯罪调查效率的基本要求,在保障基本人权和法治标准前提下,应尽量使程序环节简明流畅,程序内容具备可操作性,避免为了程序而程序性地制造过多烦琐环节,影响程序运行效率;另一方面程序运行应得到充分保障,程序运行涉及程序主体、调查权力、调查措施、程序保障等多重因素,这需要在立法层面为程序运行配置足够有力的调查权力和措施,也需要在实践层面建立人员充足、

---

① 这方面做得比较规范的是我国台湾地区,我国台湾地区针对犯罪新闻发布制定了多部信息发布要点,既肯定了公众对犯罪信息的知情权,又对政府如何发布犯罪新闻,以及媒体如何报道犯罪新闻进行了具体的指导和规范。
② 卞建林、张可:《侦查权运行规律初探》,载《中国刑事法杂志》2017 年第 1 期。

组织规范和专业性的调查力量。

第四,程序人权原则。"一个独立、理性、正当的程序,既应包含犯罪控制内容,更重要的是不失人权保障的价值。"①人权是近代社会以来得到公认的一个价值追求目标,也是现代社会的一项基本法治原则,倘若过去尚对人权的提法遮遮掩掩,或是抛出资本主义人权这类提法来割裂人权概念,那么现在绝大多数人已经逐步接受了这个价值理念。人权即"作为人应当享有的权利"②,其思想内核之一是人的尊严。人在社会上应得到尊重而不是被贬抑。在犯罪调查过程中,调查对象因为涉嫌犯罪而直接面对国家权力对个人权利的干涉,其个人权利受到不当侵害的风险最大,因此也是保障人权需要重点关注的对象。调查程序对调查对象人权的保护,一方面在程序设计过程中,程序要充分体现人权原则,程序内容中要包含保护人权的基本条款,通过法律条文明确调查对象所享有的人身、财产等基本权利;③另一方面,在调查程序运行过程中,调查机关需要将法律规定的人权内容落实于实践,要制定更细致的人权保护细则,并在办案过程中严格贯彻人权原则,避免出现为了追求办案效率而侵犯人权的现象出现。除此之外,其他参与调查程序的人,包括调查人员、鉴定人、见证人等群体的个人权利也应得到充分的保护,从这个层面来看,程序人权原则适用于所有的调查程序参与者。

第五,程序监督原则。"控制国家权力、防止国家权力滥用无疑是法治最根本的要义之一,法治建立的关键在于形成一个有效的权力控制体

---

① 马静华:《侦查到案阶段的人权保障制度研究——实证与比较法上的考察》,载《比较法研究》2011年第4期。
② 葛洪义主编:《法理学教程》,中国政法大学出版社2004年版,第23页。
③ 个人的名誉、隐私等人格权在调查程序中得到充分保护是没有疑问的,但对调查对象获得律师帮助的权利,存在不同的观点,许多学者主张获得律师帮助可以更好地保护调查对象的权利,防止调查机关恣意侵害调查对象人权,并对调查活动有监督的效果。但也有纪检监察机关的人认为律师介入会影响办案的效率,律师介入侦查的理论不能照搬到监察委办案中来。《监察法》并没有明确规定律师在监察办案中的角色,地方制定的监察细则中规定经过监察委领导批准,调查对象可以会见律师,未来律师在监察办案中的角色和作用仍需要法律层面做出积极回应。

系。"① 在我国的法律传统中,权力监督是控制权力滥用的重要手段,监督包括横向和纵向两个层面,"权力主体在纵向授权后,需要对被授予者的权力行使情况进行监视、督察,如政府内的行政监察、党内的纪律检查都是出于政治领导核心便于统治或管理的需要,专门设置监督职能部门对被领导者的行为进行监控的一种制度安排"。② 犯罪调查阶段是国家权力和公民权利对抗最激烈的阶段,调查主体在该阶段拥有强势地位,配置有强大的调查资源,在力量对比上可以强势压倒调查对象。然而,调查对象在该阶段仅配置了有限的防御性权利,同时要有义务忍受调查机关依法采取强制措施所带来的"伤害"。在这个国家权力主导的程序中,国家犯罪调查权显得十分强大,权力行使稍有不慎或缺乏控制,就极易走向越轨或侵犯公民人权的地步,对犯罪调查权的监督显得极为必要。监察调查程序一方面需要配置足够的程序权力来确保运行流畅,另一方面程序设置中也应包括完善的权力监督内容,建立起包括内部监督和外部监督、平级监督和上级监督等在内的综合性监督体系,充分体现程序对权力的控制功能。

---

① 陈国权、周鲁耀:《制约与监督:两种不同的权力逻辑》,载《浙江大学学报(人文社会科学版)》2013年第6期。
② 陈国权:《政治监督:形态、功能及理论阐释》,载《政治学研究》1998年第4期。

第二章 职务犯罪监察调查程序的形成发展

　　法律程序是立法者针对法律现象或问题做出的具有前瞻性的设计。它绝不是立法者空想设计出来的书面条文，而是存在于特定的时空环境中，根源于特定的政治、经济、历史、文化等社会因素，这些因素决定了法律制度不能超出具体的社会环境而存在。孟德斯鸠在其名著《论法的精神》中指出："人类受多种事务的支配，就是：气候、宗教、法律、施政的准则、先例、风俗、习惯。结果就在这里形成了一种一般的精神。"①他认为法律制度内容受到政体、社会环境以及自然环境的影响，该观点深刻影响了法社会学等学派对法律与社会之间关系的解释。现代社会发展至今日，各类社会现象的复杂程度远超以往，准确理解某一类社会现象，离不开对其他相关社会现象的分析。为了深入解读犯罪调查程序这个法律制度的内容，在从"实然"和"应然"两个角度对其进行解读后，也有必要梳理该程序产生的来龙去脉，还原制度演进的历史过程，对这个制度产生的特殊时空环境因素予以深入剖析。全国人大常委会原副委员长李建国在十三届全国人大一次会议上作关于《中华人民共和国监察法（草案）》的说明时，专门提到监察体制改革"体现了中华民族传统制度文化，是对中国历史上监察制度的一种借鉴，是对当今权力制约形式的一个新探索"②。中央纪委副书记肖培曾指

---

① 〔法〕孟德斯鸠：《论法的精神》，张雁深译，商务印书馆1995年版，第364页。
② 李建国：《关于〈中华人民共和国监察法（草案）〉的说明》，http://www.npc.gov.cn/npc/xinwen/2018-03/14/content_2048551.htm，2018年7月14日访问。

出,监察委员会模式可以追溯至古代的监察制度,监察体制改革"具有坚实的政治基础、理论基础、实践基础和充分的法理支撑"[①]。职务犯罪监察调查程序是监察体制改革中的重要创新之举,该程序的出现也有着特殊的历史、政治和社会现实基础。

第一节　历史传承:监察调查模式的历史演进

中国是世界上最早建立监察制度的国家之一,自秦汉王朝建立正式的监察机关以来,至今已有两千多年的历史。在如此悠久的历史发展中,中国古代的监察制度经历了从萌芽、确立、繁荣到消亡的过程,但根植在权力系统中的深厚监察传统和文化基因得以保存,这些传统制度文化与现代国家的政治制度发生融合,发展出独具中国特色的监察模式,成为世界监察制度发展的一个重要代表。一般来说,监察模式受政治制度变动的影响很大,监察模式的内容在不同历史发展阶段有不少差异,但是这些模式在某些特殊历史时期又有许多共同特征可以探寻。对不同历史时期监察模式及程序特征进行的总结和分析,既可以再现我国监察制度模式的延续过程,又可以从历史传承中发掘出有价值的文化精髓,对我们当前正在推进的监察体制改革也有一定借鉴意义。

从监察模式和监察程序的关系看,程序本身是实现监察模式功能的一个载体,程序设计影响了模式运行方式,监察模式运行和程序运行具有某种同一性,两者具有如影随形的关系。伴随中国监察模式的发展变迁,监察调查程序也处于不断变动中,从监察模式及监察程序的整体特征看,可以将其分为三个主要历史阶段。

一、帝制时代的御史模式

中国的帝制起于秦,终于清,历时两千多年,中间创造了璀璨多样的文

[①] 熊丰:《以赋予监察委员会宪法地位为契机深化监察体制改革——专访中央纪委副书记肖培》,载《中国纪检监察报》2018年3月11日第1版。

明和制度，比较有代表性的就是形成于帝制时代的御史监察制度。御史等监察官员在先秦时期就已出现，先秦时期的御史是承担文书、记史、监督等综合职能的职务，与秦朝以后的御史并非同一概念。① 古代独立的监察制度在秦、汉时期初步成型，在魏晋南北朝时期逐步强化，并在隋、唐、宋三朝发展至成熟，在元代一度没落，在明清经历改造调整后延续至消亡。在这个漫长的历史演进过程中，监察体制的具体内容发生了很多次改变，但御史监察的基本制度框架却一直为历代王朝所继承，可以说贯穿了整个中国帝制时代，并在古代社会政治生态中扮演重要角色，更成为世界古典监察制度的重要代表。

御史制度的最主要功能是监督权力，同时也有调查处理职务犯罪的功能，比如唐朝的御史纠弹就是一种追诉官吏犯罪的程序。"纠弹"为"纠察"和"弹奏"，"纠察"为调查程序，指御史依职权对中央和地方各级官吏的职事进行主动监督，以发现犯罪并进行调查。"弹奏"为控诉程序，指御史将其发现并已核实的案件事实直接向最高统治者提起弹劾。② 在历史上大多数时期，御史职务由士人担任，士人往往不是专业的调查官员，调查专业技能多掌握在低级官吏手中，但在某些特殊的历史时期，比如唐朝武则天时期实行恐怖政治，大量起用非士人出身的低级官员或者庶民担任御史职务，并设立御史管辖的监管机构，组建了强大的犯罪调查组织。

虽然御史调查制度的内容在不同历史时期有所变化，例如机构名称、职权、官员选拔标准等并不完全统一，但御史调查程序的核心特征变化不大。

(一) 程序主体的设置

御史等监察官员是调查程序的唯一主体，调查对象并没有被视作程序

---

① 《文献通考》卷五十三《职官考七》记载："御史之名，《周官》有之，盖掌赞书而授法令，非今任也。战国时亦有御史，秦渑池之会，各命书其事，又淳于髡谓齐王：'御史在后'，则皆记事之职也。"御史出现在秦赵渑池之会中的事迹在《史记·廉颇蔺相如列传》中也有记载，《史记·滑稽列传》也记载了淳于髡害怕在齐王面前酒后失态受到御史惩处的对话。不过，先秦时期的御史虽然有监督职能，但是与秦以后的御史制度并不一样，只能看作是后代御史制度的萌芽。

② 龙大轩、原立荣：《御史纠弹：唐代官吏犯罪的侦控程序考辨》，载《现代法学》2003年第2期。

主体,调查程序中也没有现代法治所谓"法律权利"的概念,御史调查也不是建立在平等的法律主体关系基础之上,而是代表皇权的监察官员对调查对象的单方调查行为。御史是历代王朝重点培植的政治力量,其组织机构设置也做了大量的探索,御史制度中一些重要的组织和程序模式也得到很好的延续。

第一,调查体系在中央和地方分散设置。御史体系是古代权力体制中相对独立的权力体系,但御史体系与行政体系的垂直领导设置不同。古代御史体系的机构设置相对松散,上下级隶属关系也不是太强,中央和地方两个层面的监察体系并没有形成高度一体、上下直属的组织关系。在中央监察体系层面,中央的御史机关更像是身份独立的御史们的一个松散联盟,中央一级的监察机关可以向地方监察区域内派出御史,由这些派出人员行使监察和调查职权。例如,唐朝将全国划分为十五道监察区,由御史台监察御史定期巡按各区;明朝则将全国划分为十二道,分派监察御史巡察监督各州县。① 在地方监察体系层面,古代帝王为了加强对地方势力的监督和控制,也在积极探索建立地方层面的监察体系,这些地方层次的监察官员一般不使用御史的称号,而经常使用刺史、观察使等另外的名称,这些监察官员在地方上有比较固定的组织结构和办公场所,其强大的监督权有时会凌驾在行政权之上,甚至侵蚀行政权而成为地方割据势力。

第二,调查主体具有相当的独立性。御史是帝王控制官员、监督官员不法行为和加强中央集权的重要依靠,为了防止御史在行使职权过程中被其他权力系统干扰,历代皇权多采取各种手段保障御史行使职权的独立性。御史作为调查主体的独立性主要表现在两个方面:一是调查主体对外的独立性。自秦朝建立专门的御史监察机关,汉朝正式将监察机关职能独立化之后,②御史体系在国家权力系统中就开始取得相对独立的地位,并逐步独

---

① 张晋藩主编:《中国近代监察制度与法制研究》,法律出版社2017年版,第10页。
② 秦朝建立中央集权国家后,在中央设立御史大夫作为最高监察机关,但此时的御史大夫兼任副丞相一职,并担任中央行政秘书的职务,并不是专职监察的官员。真正职能独立的监察制度正式建立于汉朝,汉朝时分设御史大夫与御史中丞,御史大夫更名为大司空,御史中丞开始专职负责监察业务,成为独立的监察机关,这种独立职能设置模式为后世延续。

立于行政系统和军事系统,后来魏晋南北朝时期的监察机关逐步被世家大族垄断,御史监察功能也大打折扣,但是隋唐的政权再次恢复了汉制御史模式,之后御史制度在宋朝得到进一步发展,在元朝建立后转为衰弱,又在明朝初期重组为相对独立的都察院体系,并延续到清朝灭亡。① 二是调查主体内部的独立性,御史个人在组织内部也享有高度的独立性,帝制时代监察官员的权力来自帝王授权,最终的负责对象也是帝王本人,帝王为了最大程度发挥监察官员的监督职能,并实现监察官员之间的互相监督,赋予了监察官员独立行使职权的特殊地位。在大多数情况下,御史个人可以独立开展具体的调查工作,调查结束后直接向皇帝汇报工作,弹劾犯罪官员等一般不需要御史机关的首长批准。②

第三,调查官员的选任资格非常严格。监察官员是古代帝王的"治官之官",承担着监督和调查官员违法犯罪行为的重要职责,自身必须具备较高的素养才能胜任。御史职务的重要地位在古代典籍中多有记录,《通典·职官六·御史台》就记载:"故御史为风霜之任,弹纠不法,百僚震恐,官之雄峻,莫之比焉。"历代王朝为了选拔适合担任御史职务的官员,都把候选人的道德品质、业务能力作为考核重点。《册府元龟·宪官部》中就明确指出监察官员"事任尤重""必举贤才"。明朝为了防止年轻御史滥用弹劾来博取名誉,特别强调选拔御史等监察官员时要重视经验和能力,认为御史是"耳目之官,唯老成识治体者可任",明朝正统年间更是禁止新录取的进士担任御史职务,③目的是防止年轻官员功名心太强,急于立功而滥用监察权扰乱正常政治秩序。

(二)程序运行特征

伴随帝制时代中央集权的逐步强化,监察对象和监察权的范围也在不

---

① 黄树标、杨建生:《中国古代监察制度及其历史借鉴》,载《前沿》2005年第10期。
② 《新唐书》中就记载,监察御史萧至忠弹劾凤阁侍郎同凤阁鸾台三品苏味道贪赃受贿,没有汇报御史台长官就直接上报皇帝,御史大夫为此责问萧至忠,萧至忠回复"故事:台中无长官。御史,人君耳目,比肩事主,得各弹事,不相关白。"
③ 曾宪义主编:《法律文化研究(第三辑)》,中国人民大学出版社2007年版,第595页。

断地扩张,从汉朝确定监察范围的"六条",①发展至唐朝监察、司法职权合一的体制,最终发展成为明清比较稳定成熟的监督调查机制,②调查范围一度覆盖官员、百姓和皇族亲贵等广大群体。虽然古代中国形成了大量的成文法,但是监察调查活动却一直缺少比较规范的程序性规定,调查官员的主观随意性缺乏足够制约,调查工作的专业化水平并不高,甚至存在省略调查阶段而直接进入案件处理程序的现象。

第一,缺失调查阶段的风闻言事。古代监察制度的一个比较独特之处就是允许监察官员进行所谓的"风闻弹奏"。"这种风闻监察产生于南北朝时代,当时的御史受命参与'诏狱',并出现所谓的'风闻奏事'。"③其主要特点是监察官员发现官员不法的线索后,不需要进行具体的调查工作,就可以依据传闻进行立案纠劾,弹劾文书不记录信息来源者的姓名,也不需附上证词等证据材料。古代帝王经常把这种风闻弹奏作为打击政敌和广开言路的手段,但也会采取措施对这种监察手段进行控制,避免监察权失控而引发政局混乱。这种风闻监察模式可以鼓励监察官员大胆言事,最大限度提高监察效率,节省调查的成本,保护信息提供者的人身安全。但是该模式也存在极大的弊端,大量案件没有经过调查就进入了司法处理程序,损害了监察办案的严肃性,严厉的违法犯罪处理程序被监察官员肆意启动,帝王可以仅凭风闻就处分官员,或者指示监察官员捏造事实打击政敌,导致监察制度沦为帝王独裁和官员结党倾轧的政治工具。

第二,调查程序控权无力。监察权本身是一个权威、强大的权力,以御史为代表的古代监察官员不仅拥有十分广泛的监察权力,还在监察制度发展过程中逐步获得了司法权等其他职权。比如,御史台在唐朝开始具备司

---

① 《汉书·百官公卿表》记载了"六条"的内容,"六条"是汉武帝时期制定的限定监察官员监察范围的条文,其中一条针对豪强不法行为,其余五条针对二千石官员及其亲属的不法行为,这是最早明文限定监察犯罪的规定,对后世影响很大。

② 清时期的监察官员拥有十分广泛的监察权,包括谏议政事、监察行政、考核官员、弹劾官员、会审重案、检查会计、封驳诏书等权力,执掌范围很大,是君王以上制下的重要凭借。曾宪义主编:《法律文化研究(第三辑)》,中国人民大学出版社2007年版,第603—606页。

③ 王宏治:《唐代御史台司法功能转化探析》,载《中国政法大学学报》2010年第3期。

法机关的职能,逐步获得了调查犯罪、起诉犯罪及审理犯罪的职权,其中审理犯罪的职权主要是指御史台、大理寺与刑部会审重案,这种"三法司会审"的模式为后世所借鉴沿用。① 唐朝的御史台承担司法职能后,权力也开始迅速扩张,甚至设置了多座直属的御史台狱,②专门关押御史台正在调查的案件嫌疑人,并有权"推鞫狱讼"和"纠弹"官员犯罪,成为专业的犯罪调查机关,拥有侦查、审讯、逮捕、审理等多重职权。御史台狱的确立,说明御史台已是受理诉讼、拘捕人犯、审讯罪犯的部门,成为司法系统的一部分。③ 伴随着御史监察权力的扩张,监察官员权力失控在唐朝表现也尤为明显,比如武则天时代的来俊臣在担任侍御史一职后,设立了专门的犯罪调查机关"推事院",任意诬陷抓捕朝廷官员,滥用酷刑审讯,制造了大量冤假错案,他也成为监察官员滥用权力造成恶政的代表。

第三,内外两种程序并行。帝制时代的调查程序运行主要涉及内部的审核程序,以及案件移送处理程序。内部运行程序主要涉及御史个人与御史机关首长之间的关系。御史在某些历史时期可以不经过御史台首长而直接向皇帝汇报案件,但在其他时期则要求御史调查结束后,先向御史大夫、中丞"关白",御史大夫、中丞在进状上"押奏",才能正式实施弹劾。④ 这种弹劾前先向御史首长报告的关白制度,赋予御史首长对案件的内部审核权。监察调查程序的外部运行则比较复杂,一方面御史等监察官员可以根据风闻等,直接将线索上报给帝王,帝王再决定是直接处分或是移交相应职权部门进行调查处理;另一方面,御史等监察官员先行对案件进行调查后,根据案件的性质不同,可以采取不同的处理方式,如果是普通的违法犯

---

① 古代御史在执法中常被称为法吏,唐朝确立的三法司会审制度在后世得到继承,明清时御史台改为都察院,三法司也调整为都察院、大理寺和刑部。清朝规定凡犯罪至死的重狱,必定要下三法司会同复核。曾宪义主编:《法律文化研究(第三辑)》,中国人民大学出版社2007年版,第605页。

② 唐太宗之前的御史台并没有设置监狱的权力,唐太宗时的御史中丞认为御史台与大理寺交接犯人容易造成泄密,且大理寺经常将御史台移交的案件判决无罪,于是御史台在皇帝首可下建立了独立的台狱进行审讯。

③ 王宏治:《唐代御史台司法功能转化探析》,载《中国政法大学学报》2010年第3期。

④ 同上。

罪案件则移交刑部等司法机关进行审理,如果是重罪案件则启动三法司会审程序,由于御史自身也是重罪案件的审理主体之一,这时就会出现御史自侦、自审的特殊司法现象。

(三)程序运行评析

古代监察制度是中华政治文明的一项伟大创举,通过设立专门的监察官员充当帝王耳目,可以监督调查官员不法行为,对于巩固皇权、维护中央集权国家的政治稳定、打击腐败犯罪等方面有非常积极的作用。但这种监察调查制度是适应帝王集权而生的,自身存在许多弊端,最终因落后于时代而淘汰。

首先,监察调查在本质上服务于帝王集权。从形式上看,帝制时代监察官员拥有相对独立的权力地位,专门承担监督公权力的职责,这与先秦时代及近现代的监察官员职能似乎相差不大。但从制度本质上看,帝制时代监察制度与现代监察制度有着根本不同,帝制时代的监察官员是皇帝的"耳目之官",充当皇帝的"爪牙",[①]监察权来源于至尊皇权,监察官员开展调查违法犯罪、监督不法官员等业务活动的根本目的是维护帝王集权,监察制度是作为服务于帝王的政治工具而存在的。

现代监察制度中的监察官同样承担监督公权力的职责,但其行使权力的核心内核是保护人权和制衡其他权力,并防止行政机关等滥用权力,其最终目标是保护广大民众的人权。一个服务于皇权,一个专注保护人权,这也是帝制时代监察制度与现代监察制度最大的区别。中国帝制时代从秦朝开始,中央集权不断强化,帝王权力最终在明清走向顶峰。钱穆在《中国历代政治得失》中指出,中国的皇权与相权由相对分立,逐步走向皇权吞噬相权的局面,最终演化成绝对皇权的"一维空间",御史制度沦为帝王御下工具。[②]帝制时代监察制度在皇权"一维空间"中缺乏进化为现代监察制度的可能。在特定历史时期,某些帝王为加强中央集权,鼓励监察官员滥用

---

① 王宏治:《唐代御史台司法功能转化探析》,载《中国政法大学学报》2010年第3期。
② 转引自赵贵龙:《中国历代监察制度》,法律出版社2010年版,第2页。

调查权力、打击异己势力、制造大量冤案，与现代监察制度的精神大相径庭。

其次，监察调查制度最终落后于时代。帝制时代监察制度在创立早期确实发挥了监督不法官员和谏正帝王的重大作用，对于维护国家政治稳定有积极意义，但其无法跳出皇权逐步强化带来的桎梏，只能定位为帝王集权工具，御史在帝制时代后期监督功能逐渐偏离原来方向，成为政治斗争的工具。近代学者何炳棣认为御史监察制度的功能被后世夸大了，大多数时期它都是文人政治家们互相攻击的工具。尤其到了中国近代，西方国家纷纷开始建立现代监察制度，犯罪调查领域也日趋专业化，中国古代的监察制度及其调查模式已经远远落后于世界先进国家。清朝末期，来自西方更先进的思想和制度对国内造成了严重冲击，在急需快速吸收先进文明成果，加快推进各项改革之际，御史等监察官员却成为当时最保守的群体之一，尤其是滥用风闻上奏和监察调查权力打击政敌，阻碍了国家的政治和经济的近代化改革。①

再次，监察调查程序缺乏规范性。御史等监察官员本质上是作为帝王爪牙而存在的，帝王设置监察制度的出发点也是最大限度发挥其监督职能，因此不仅没有为监察程序运行设立较为固定和规范的程序，反而赋予了监察官员仅凭道听途说就启动监察程序的权力，甚至可以不经调查就直接以风闻弹劾政府官员。调查不是监察处置的必须环节，监察官员操作监察业务的随意性太强，缺乏有效的规范和限制，损害了监察程序的严肃性。另外，受制于监察制度的历史局限性，古代监察调查制度没有建立起详细的立案标准、调查程序、监督程序等规范程序，很多时候御史等监察官员须按皇帝的意志进行调查和弹劾，让弹劾谁就弹劾谁，不让弹劾的就不能弹劾。②

---

① 清末洋务运动的积极倡导者李鸿章大力推动实业建设，受到御史们的激烈弹劾，他曾悲愤地说："言官制度，最足坏事，故明之亡，即亡于言官。此辈皆少年新进，毫不更事，亦不考究事实得失、国家利害，但随便寻个题目，信口开河，畅发一篇议论，借此以出露头角，而国家大事，已为之阻挠不少。"梁启超：《李鸿章传》，百花文艺出版社2008年版，第175页。

② 王宏治：《唐代御史台司法功能转化探析》，载《中国政法大学学报》2010年第3期。

最后，监察调查专业化水平很低。中国古代一直没有形成规范的权力分立体制，从中央到地方呈现出行政权统领其他权力的局面，这对帝制时代的监察制度也有很大的影响，帝制时代的监察官员大都承担着多项性质不同的职能。监察官员的这种多重角色身份也影响了监察调查工作的专业化建设，监察官员更倾向于行使其他能带来政治利益的职权，[①]例如审判、行政管理等职权，调查反而成为末端业务，只有某些酷吏可能借助调查犯罪来实现政治目的。除此之外，古代监察官员多是科举出身，所受教育基本都是儒家文学知识，犯罪调查、讯问和法医等知识被认为是不入流的学问，知识分子不屑于学习这类杂学，调查的专业知识掌握在一些低级官吏手中，但这些低级官吏的整体素质并不高。监察官员大多不懂侦查业务和缺乏侦查人才的状况导致调查工作的专业化水平很低，这也为调查人员滥用刑讯逼供埋下了隐患。

二、民国时代的监察调查模式

民国时代在中国历史上具有非常特殊的地位，它的存续时间只有数十年，却经历了各类政治力量、思想和文化的激烈碰撞，这是一个承上启下的时代，国家命运面临多种不同的走向，但最终由中国共产党领导人民开创了新的时代。北洋政府、国民政府和中国共产党是民国时代探索国家发展道路的三个主要力量，这些政治力量在各自制度建设过程中，对监察制度进行了创新性探索，[②]这种探索既受到了外来制度文化的影响，又结合了中国的政治传统和国情，对后世的监察制度建设有重要影响。

---

① 许多朝代的地方常设监察官员在行使监察权的同时，也借机干预地方行政事务，并逐步将行政事务作为主要业务。例如，汉代的刺史原来只是设置在地方的监察官员，后来开始凭借其特殊身份干涉地方行政，并逐步凌驾于地方政府之上，成为实际上的地方最高长官。

② 民国时期各方政治力量对监察制度和调查模式的探索有很大创新，但是不稳定的政治环境导致监察制度变化比较大，比较固定的监察调查模式基本没有成型，因此本节主要对民国时期监察制度的探索进行宏观的分析，以期从历史脉络上理清监察制度及调查模式演变的过程。

（一）北洋政府平政院模式

1912年，中华民国临时政府成立之后，很快就被以袁世凯为首的北洋军阀势力控制，此后一直到1928年北洋政府垮台，这段时间的中央政府被称作北洋政府或北京政府。北洋政府期间，对监察制度最大的探索是结合西方现代政治制度模式，对清朝的御史监察制度进行了继承和改造，其中最大的成果是建立了平政院及其下属肃政厅。平政院根据1914年北洋政府制定的《平政院编制令》成立，①该机构直属于民国总统，实际上是一个行政审判机构，承担了过去清朝都察院的部分司法职能。② 根据《平政院编制令》的规定，平政院内部设有一个肃政厅，肃政厅名义上附属于平政院，但是实际上直属于总统，独立行使职权，专门负责纠弹和监察业务，③在法律定位上属于国家监察机关。

肃政厅监察模式在很大程度上借鉴了前代御史监察制度，④但是在制度设计上又有明显的近现代色彩，其程序运行模式主要包括以下特点：

第一，调查组织机构比较完善。《平政院编制令》规定，肃政厅设于平政院内部，厅内设有肃政史负责纠弹官员，厅长官为都肃政史，所有肃政史均由总统任命，肃政史的任命程序、职级、职务保障、惩戒等均由法律明确规定。⑤ 肃政厅内部还设有记录、文牍、会计、庶务四个科室，并以总会议的形式讨论决定重大事项，⑥这种科室组织比较符合现代政府机关的设置标准

---

① 1912年临时政府成立之初，法制局局长宋教仁起草的《中华民国临时政府组织法草案》就提到了设立平政院负责行政审判事务，但是该草案没有通过。后来临时政府通过的《中华民国临时约法》中规定了平政院作为行政审判机关存在。张国福：《民国宪法史》，华文出版社1991年版，第436页。
② 赵贵龙：《中国历代监察制度》，法律出版社2010年版，第125页。
③ 李唯一：《民初平政院行使行政监察职能的制度尝试论》，载《郑州大学学报（哲学社会科学版）》2006年第3期。
④ 肃政厅模式是袁世凯鉴于新政府官员违法滥权现象日益严重，而全力推动建立的，袁世凯在对平政院官员训词中称平政院略同于清朝的都察院，一般学者也认为肃政厅是对古代御史制度的继承和发展。张晋藩主编：《中国近代监察制度与法制研究》，法律出版社2017年版，第109页。
⑤ 同上。
⑥ 蔡云：《平政院与北洋时期的行政诉讼制度》，载《民国档案》2008年第2期。

和模式。

第二,监察调查程序设计较为规范。北洋政府为了健全肃政厅的程序运行流程,先后制定了《纠弹法》《纠弹条例》和《纠弹事件审理执行令》。这些规定明确了肃政厅的监察范围,设置了肃政史主动监察、受理举报和总统交办三类监察程序启动方式,规范了监察案件在肃政厅内部进行调查流转的程序,并对监察案件接受总统外部审批及移送审理程序进行了规定,基本上建立了一套较为规范的监察工作程序。相比古代监察程序粗陋和不规范,肃政厅办案程序的规范化设计使其更多地具备了现代政治色彩。

第三,总统对调查工作拥有较强控制力。肃政史作为负责监督国家官员的机构,其监督范围也受到一些限制,它只能监督总统以下的官员,而总统有权直接任命所有的肃政史,可以直接将案件交给肃政厅查办,肃政史调查完毕后必须请示总统后才能提起弹劾,所以肃政厅只能独立于总统以外的其他机关行使职权,在总统面前无法独立行使职权。①

北洋政府借鉴御史制度和西方政治制度的优点,设立平政院及其附属机构肃政厅作为专门的监察机构,这是中国监察制度近代化转型的创新之举,进一步推动了监察制度从古代模式向近代模式的转变。这次改革在组织设置、程序设计、办案流程等方面都进行了积极有益的探索,整个制度运行模式体现出融合中、西方制度文明的趋势,是依法治吏的一种全新尝试,也为之后国民政府建立更完善的行政诉讼和监察制度奠定了根基。② 但是由于政局不稳,肃政厅在1916年被裁撤,随后《纠弹法》也被废止,北洋政府的监察探索逐步陷入停滞。③

(二)南京国民政府监察院模式

1928年,南京国民政府在形式上统一中国,此后一直到1949年国民党

---

① 李唯一:《民初平政院行使行政监察职能的制度尝试论》,载《郑州大学学报(哲学社会科学版)》2006年第3期。
② 黄源盛纂辑:《平政院裁决录存》,五南图书出版股份有限公司2007年版,第97页。
③ 李唯一:《民国初年平政院职能论析(1914—1916)》,载《江苏警官学院学报》2006年第6期。

政权败亡,这段时间的中央政府都是由国民党控制,因此又被称作南京国民政府。在这段历史时期,国民党掌握国家政权后致力于加强对全国的管控,并积极开展新政权的制度建设工作,其中最具代表性的制度创举是以孙中山的五权宪法思想为指导,①初步建立的五权宪政体制,监察院就是这次政治制度改革中的产物。孙中山在辛亥革命之前就对如何建立监察制度进行过思考,他一方面认可前代御史监察的优点,另一方面也批判性地借鉴了西方的分权思想,最终提出建立独立监察机关的方案,国民政府的监察院模式也是中国首次在成熟的监察理论和思想指导下进行制度探索。

1928年南京国民政府成立后,先后经历了训政和"宪政"两个阶段,与之相应的监察制度也经历了两个阶段的发展:

第一阶段:训政时期。从1928年开始,国民党宣布结束军政,并推出了训政时代制度建设的一系列举措,先后颁布了《中华民国国民政府组织法》《中华民国监察院组织法》《中华民国监察院调查规则》等多部涉及监察制度的法律文件,并逐步开展监察院的组建工作,最终将监察院从制度思想落实到制度实践。国民政府在该阶段确定了监察院的组织结构、领导模式、监察委员选任资格、职务保障、职权、分区巡察等内容。②监察院的调查工作机制基本确定下来,这些设计后来一直延续了下去。

第二阶段:"宪政"时期。1946年,抗日战争胜利后不久,国民政府制定公布了一部较受争议的宪法《中华民国宪法》,正式开启了建设宪政时期。1948年的《中华民国监察法》对监察院的调查权、调查程序等进行了详细规范。1948年,第一届监察委员选举产生,"集体领导、个人负责"的调查工作

---

① 孙中山本人受到中国传统政治思想的影响很深,在革命期间又接受了西方民主思想洗礼,特别推崇西方民主制度的价值,也认识到西方民主中的议会专制等问题,于是结合中西政治思想创造性地提出了五权宪法思想。

② 国民政府《监察院组织法》规定中央监察机关可以向地方派出监察使署,开展巡回监察,监察使署的长官为监察使。当时国民政府把全国划分为16个监察区,这种模式与明清道御史等古代监察派驻模式比较类似。聂鑫:《中西之间的民国监察院》,载《清华法学》2009年第5期。

模式正式运行,但调查工作专业化水平一直不高。①

国民政府监察院的创立在中国监察史上具有十分重要的意义,它建立在革命先贤对西方政治思想和中国政治传统的深入思考基础上,可以说是中国首次出现比较成熟的现代监察思想体系,以此思想为指导建立的监察制度在世界监察领域具有重要地位。然而,虽然国民党标榜实行训政和宪政,但实质上仍然是实行个人独裁和军事统治,整个社会缺乏监察院有效行使职权的条件,监察机关在这种特殊环境下也无法取得特别好的监察效果。

(三) 中国共产党地方政权的党政监察模式

自1921年中国共产党成立之后,党组织迅速组建和壮大起来,并逐渐掌握了军事力量,在全国许多地方先后建立起了地方政权,其间也出现部分党员干部贪污腐化和官僚主义等问题,因此中国共产党开始借鉴苏联监察经验,结合中国政治制度传统,摸索出了以党的领导为核心,党内监察和政府行政监察并存的党政监察程序模式。

在革命和战争的特殊环境下,构建监察调查制度的努力主要从党中央和中国共产党地方政权两个层面进行。

第一个层面是中国共产党内部对监察制度的探索。中共在成立早期就非常重视对党员干部的管理,并在1926年发布了《中央扩大会议通告——关于坚决清洗贪污腐化分子》,要求各地党组织清查党内投机腐败分子,这是中共最早的关于反腐败的专门文件。1927年,中共五大选举产生了中共中央监察委员会,这是中国共产党的第一个党内监察机构,同年中共中央通过的《中国共产党第三次修正章程决案》中专设监察委员会一章,明确了监察委员会的组成和审查程序。但随后在1928年的中共六大又修改党章

---

① 按照国民政府《监察院组织法》等法律的内容,法律条文并没有把调查权归入弹劾、审计等相同的层次,很多学者也只是认为调查权是监察院行使其他权力的保障,其本身与弹劾等不属于同一个层次。监察院成立后侧重行使弹劾、同意、审计等职权,并没有争取更多的调查权限,也没有在调查力量组建上投入过多资源。

并取消了监察委员会,取而代之是设立级别较低的中共中央审查委员会,由其负责监督党内财务和行政工作。1945年,中共七大修改党章,取消了中共中央审查委员会,再次规定建立监察机关,确立了党委领导下的中央和地方监察委员会体制,监察委员会负责审查和处分党员。这次机构改革对中华人民共和国成立后的中央纪律检查委员会体制也有重要影响。①

第二个层面是中国共产党地方政权对监察制度的探索。南昌起义后,中共开始掌握武装力量,并逐步在全国许多地方建立起共产党政权,这些政权在不同时期有不同的称号,比如革命根据地、抗日根据地、解放区等。这些地方政权建立之后,中国共产党一方面努力扩大政权控制领域,另一方面在政权制度建设方面做了大量探索,其中对监察制度的探索也卓有成效,先后建立了一些比较有代表性的监察机关,比如中央苏区的工农检察机关、抗日根据地的参议会、解放区的华北人民监察院等。

中国共产党对监察制度探索的最大特色是以马列主义思想为指导,从无到有构建社会主义监察体制,并在构建过程中学习了苏联建设监察制度的经验,也在某种程度吸收了国民政府监察制度的一些内容。②经过反复的改革尝试,最终逐步确立了党领导监察工作,以"党内监察为主体、党内监察和行政监察并存"的监察体系。中共在革命时期一直面对着各种巨大的挑战,各项工作最大的目标是争取革命胜利,一切工作都服务于革命斗争,所以组织军队建设处于优先地位,再加上中共缺乏监察制度建设经验,监察机关随着革命形势变化调整频繁,监察制度的发展一直缺乏连续性。③在这种特殊的外部环境下,各地区的监察制度和调查工作差异较大,监察机关的法制建设比较缓慢,监察立法比较粗糙且不完备,调查工作没有比

---

① 姜芦洋:《新民主主义革命时期党内监察机构建设发展历程》,载《理论界》2015年第1期。
② 陕甘宁边区政府曾借鉴国民政府的行政督察专员公署制度,建立了边区督察专员公署,负责监督和巡察边区各级政府机关。周磊:《新民主主义革命时期行政监察法制的探索与实践》,载《国家行政学院学报》2016年第5期。
③ 在抗日战争最艰苦的时期,陕甘宁边区受到国民党和日军双方的压力,一度在财政、组织和军事上陷入困境,为此边区开始推广精兵简政运动,一些重要的监察机关先后被裁撤。关保英主编:《陕甘宁边区行政法概论》,中国政法大学出版社2010年版,第273页。

较固定和规范的程序，调查方式也比较灵活，也没有定型的模式。

（四）民国时代监察探索的评析

民国是中国近现代史中一个承上启下的时期，虽然整个社会处于反复的动荡之中，国内也存在不同政治力量的发展道路之争，遭受着国外的政治、军事、文化等激烈冲击，但各种政治力量在这段时间的制度探索中仍然取得了重大成就。虽然民国监察制度仍然存在很多缺陷，但这些不同的监察制度和调查模式都是特定历史环境下的产物，并为后世监察体制发展创造了一定基础。

首先，监察模式类型多样且创新性强。民国监察制度的一个显著特点是类型极其多样，在很短时间内出现了多种不同类型和不同性质的监察制度。抛开临时政府等几个存续时间过短政府的监察制度暂且不谈，北洋政府结合古代御史监察和西方行政司法制度，建立了平政院及肃政厅模式；南京国民政府以孙中山五权宪法思想为指导，建立了独立的监察院监察模式；中国共产党以马列主义和苏联监察思想为指导，结合中国革命实践，先后建立了中央监察委员会、中央审查委员会、人民监察院、人民监察委员会等类型多样的监察制度。中国短时间内出现类型如此多样的监察制度模式，根本原因还是受到当时特殊的社会环境影响，当时各方政治力量都在努力寻找中国未来发展之路，国内动荡不安，没有一个统一的政府能够持续、有力地推动全国监察制度的建设，以致出现这种"各自为政"的探索局面。

但不可否认的是，这些类型多样的监察模式具有很强的创新价值，各方政治力量不仅从中国传统中寻找监察制度的宝贵思想，也积极学习国外监察制度的经验，并结合中国实际情况进行了改造和调整，中西政治制度的结合也成为特色。除了大量借鉴国外监察思想和制度经验，革命先哲们也开始发展中国自己的监察思想体系，甚至首创了五权宪法这种设立独立监察机关的思想，这种思想在世界监察制度发展历史中也占有一席之地。总的来说，民国时代的这些探索已经初步具备后世监察制度的雏形，为后来的监察制度建设奠定了基础。①

其次,稳定的政治环境是监察制度得以发展健全的前提。不同于历史上的大一统时代,民国时期的几次"统一"都停留在形式上,中央政府更迭频繁,北洋军阀、国民党先后控制中央政府,在地方上也存在大大小小的独立或半独立政治力量,国内不同的政治力量之间战争频繁,日本侵华更是带来了巨大的混乱。在这种不稳定的政治环境下,任何一方政治力量都无法保证监察制度探索的持续性,也很难发展出比较完备的监察制度和调查模式,比如袁世凯去世后,其创立的肃政厅很快被继任的黎元洪取消。

中国共产党在这个历史时期创立的监察制度也同样缺乏连续性,从时间上看,中共的监察机关时有时无;从空间上看,不同地域的共产党地方政权建立的监察制度也各不相同。这种时断时续的探索方式导致监察制度建设缺乏连贯性和延续性,②也导致监察工作的专业化和法治化水平不高,监察制度的功能很难有效发挥出来。因此,要建立起完善的监察制度,必须建立稳定的国家政权,并且持续投入大量的时间和精力进行探索完善。只有在稳定的政治环境里,才能进化出健全的监察制度。

最后,监察思想理论与制度实践同等重要。一个制度完备、行之有效的监察制度必然以一套成熟的监察理论为支撑。中国共产党在早期的革命探索中受到共产国际的干预,盲目照搬了苏联革命和建设的思想及经验,且强行应用于指导中国革命和建设,由此造成了很大负面后果。直到毛泽东等革命家们开始反思这个问题,并提出了要以中国实践为基础,实现马克思主义中国化,才较好地解决了革命实践中存在的教条主义问题。理论和实践是一种互动的关系,一方面研究者从理论上对监察制度构建进行分析研究,并搭建起监察制度的理论基础,可以对监察实践起到有效、明确的指导作用;另一方面立法者及时对监察实践中反映出来的问题进行反思,可

---

① 中国共产党创立的由中央监察委员会进行党内监督,党内监督和政府内部行政监督并存的监察模式,在中华人民共和国成立后被继承和继续发展。南京国民政府建立的监察院模式,则在我国台湾地区继续沿用和发展。

② 张晋藩主编:《中国近代监察制度与法制研究》,法律出版社2017年版,第305页。

以进一步完善监察理论体系。孙中山提出的监察思想体系及国民政府监察院的探索就是很好的例证,孙中山在理论层面对中西方监察思想和制度进行了剖析,发掘出最有价值的部分并构思为监察院模式,之后国民政府在监察制度实践中以该思想为指导进行制度探索,这是一种比较科学的制度实践道路,只是该制度在南京国民政府政治黑暗的环境下无法充分发挥其功能。[①]

三、新中国的监察调查模式

新中国成立以后,中国共产党的主要任务开始从"以革命为中心"向"以国家建设为中心"转移,在这个探索过程中,有成功的经验,也遇到了许多挫折,甚至整个探索过程一度全面中断,但最终在中国共产党的努力下监察制度重新恢复了探索进程。监察调查模式在这段时期也经历了多次调整,最后形成现在的监察委员会调查模式。

(一) 党政监察组织模式的探索

在解放战争期间,中共七大已经初步设计了一套党内监察和政府行政监察并存的监察模式,新中国在尝试建立社会主义监察制度过程中,基本继承了这种党政双轨的监察模式,并不断对这套双轨体制进行修正和完善。这个过程经历了几个不同的历史阶段:[②]

第一阶段,1949—1959年,党内监察与行政监察并行阶段。在这个阶段,中国共产党开始逐步在全国范围内建立起各级监察制度,其中主要包括两个维度,一个维度是中国共产党党内的监察体系得以恢复,并推广到全国;另一个维度是人民政府内部的监察体系也初步建立起来,逐步形成了上下组织层次清晰的工作体制。总的来说,中共中央在处理两者关系上

[①] 国民政府监察院成立之后,于右任曾经踌躇满志,希望能够借助行使监察权打击政府腐败等问题,既打"苍蝇",又打"老虎",可惜事与愿违,国民政府官员对监察院的工作并不十分配合,国民党高层只是将监察院作为标榜政治清明的招牌,许多监察委员甚至为此怠于履职。聂鑫:《中西之间的民国监察院》,载《清华法学》2009年第5期。

[②] 纪亚光:《我国国家行政监察制度的历史演进》,载《中国党政干部论坛》2017年第2期。

进行了许多有益的探索,比如中央层面多次在会议上强调党内监察和行政监察要密切协作,相互交换信息,必要时组织联合检查组进行联合办案,防止党的监察机关以党代政。① 这些提法在后来的监察体制改革中均有所沿用。

第二阶段,1959—1969年,党内监察继续强化及撤销阶段。1959年,二届全国人大一次会议通过了《关于撤销司法部、监察部的决议》,行政监察体系暂时退出了历史舞台。国务院监察部撤销之后,党内监察系统仍然在进一步完善和发展,甚至一度出现强化的趋势。1962年,党的八届十中全会通过了《关于加强党的监察机关的决定》,进一步完善了监察机关的组织结构,并授权地方监察委员会可以不经地方党委,直接向上级乃至中央反映情况。② 在这次改革之后,各级监察委员会的职能有日益加强的趋势,但是这个过程并没有持续太长时间。1969年,在严重左倾错误思想的干扰下,中共中央通过决议撤销了监察委员会,监察干部队伍被解散。此后的中共九大从党章中删去了设立监察委员会的内容。国家监察体系中仅存的党内监察机关被撤销,这导致全国出现了权力监督真空。

第三阶段,1978—1993年,党内监察和行政监察重建与完善阶段。党和国家的监察组织制度开始进入恢复和重建时期。"文化大革命"结束后,国家秩序重新恢复,党和国家的组织制度开始进入恢复和重建时期,国家监察体系也逐步重建起来。1977年,党的十一大重新在党章内写入设立各级纪委作为监督机构。③ 1978年十一届三中全会选举了陈云等新一届中央纪律检查委员会成员,此后中央纪委先后通过了多部关于组织建设和调查职权的文件规定,党内监察系统逐步恢复并日趋完善起来。与此同时,人民政府内部的监察系统也逐渐得到恢复重建,全国人大常委会在1986年通过了决议,决定设立中华人民共和国监察部,监察部主要负责监督和调

---

① 纪亚光:《我国国家行政监察制度的历史演进》,载《中国党政干部论坛》2017年第2期。
② 唐勤:《中国共产党党内监督制度建设的历史回顾与思考》,载《扬州大学学报(人文社会科学版)》2014年第4期。
③ 同上。

查行政机关内部违反行政纪律的行为,并有权对违反纪律行为进行处分。①此后,地方政府也开始建立起监察机关,自上而下的行政监察体系逐步成型。

第四阶段,1993—2016 年,党内监察和行政监察机构整合重组阶段。由于党内监察和行政监察在业务上存在重复监察、工作交叉、监察漏洞等问题,②党中央和国务院在 1993 年决定让中央纪律检查委员会和监察部合署办公,实行"一套工作机构、两个机关名称",履行党纪监察和行政监察的双重职能。至此,党内监察和行政监察的关系终于确定下来,两者从双轨并行走向了合署办公,机构和职能的日益趋同,进一步强化了党对监察工作的领导力,社会主义监察体系也得到了强化和发展。

第五阶段,2016 年之后,党风廉政和反腐败体系高度融合阶段。自从党内监察体系恢复重建后,纪检监察机关在调查、监督和处分党员违纪行为方面发挥了重大作用,并逐步在纪委内部建立了一套健全的调查工作流程和调查模式。与此同时,人民检察院承担调查职务犯罪的职能,并与纪委在打击职务犯罪方面开展密切的合作,甚至一度出现合作办案的现象,但也随之出现了调查资源分散配置、重复调查等一系列问题。③ 为了加强党对反腐败工作的领导,进一步整合全国的廉政体系和反腐败力量,中共中央于 2016 年底决定在北京、山西和浙江三省市开展监察体制改革,并于 2018 年制定《监察法》,随后在全国建立起了监察委员会,检察机关原来行使的调查、预防职务犯罪的职权转移给了监察委员会。监察委员会和纪委合署办公,有权监督所有行使公权力的人员,调查职务违法、职务犯罪行为,国家监察体系在这次改革中得到重构。

---

① 赵贵龙:《中国历代监察制度》,法律出版社 2010 年版,第 168 页。
② 纪亚光:《我国国家行政监察制度的历史演进》,载《中国党政干部论坛》2017 年第 2 期。
③ 马怀德认为,之前的政府内部行政监察、人大监督、司法监督、舆论监督、法律监督等设置过于分散,反腐败资源很难集中发挥作用,有必要成立党领导下的监察委员会实现反腐资源的集中。马怀德:《国家监察体制改革的重要意义和主要任务》,载《国家行政学院学报》2016 年第 6 期。

（二）职务犯罪调查模式的发展

从历史演进的角度看，与监察体系所经历的历史挫折相似，检察制度在新中国成立之后也经历了多次变迁起伏。最高人民检察署于1949年正式创立，1968年被撤销"打散"，1978年恢复重建。1989年广东建立第一个反贪局，此后全国各地全面建立了以反贪局和反渎局为核心的职务犯罪侦查体系，并逐步发展成为国家侦查职务犯罪的核心力量，最终在2016年监察体制改革中检察机关转交了大多数职务犯罪的管辖权，只保留部分职务犯罪侦查权。在监察委员会调查模式出现之前，职务犯罪调查模式可以归纳为独立办案和联合办案两种程序模式。

第一，独立办案模式。严格意义上说，独立办案模式是检察院反贪局自行开展的职务犯罪侦查活动，检察机关作为法定的职务犯罪侦查机关，依法有权调查国家工作人员涉嫌职务犯罪行为。在大多数情况下，检察机关都是独立开展线索初查以及后续侦查工作。据统计，2008年至2012年的5年间，纪委移送涉嫌犯罪人数为27973人，而检察机关在同时期立案查处的全部人数为190126人，总数几乎达纪委移送数量的7倍。[①] 此外，纪委在从事违纪调查过程中，也会发现涉嫌犯罪的问题，但根据案件分工管辖的要求，需要将案件移送侦查机关进行侦查。尽管如此，纪委在反腐败实践中却一直承担着大量调查职务犯罪的任务，并以违纪调查的形式成为反腐败调查体系中不可或缺的角色，中央纪委更是成为查处高级官员职务犯罪的核心力量。

第二，联合办案模式。纪委在查办违纪案件时会发现大量涉嫌职务犯罪的线索，而且纪委拥有比较强大的"双规"等调查手段，从有利于突破案件的角度出发，纪委和检察机关开始在办案实践中进行大量的合作。随着两个调查机关在反腐败中的合作关系越来越密切，双方逐步形成了一种联合调查的办案模式，主要做法是纪检机关在调查违纪案件中发现了腐败问

[①] 杨秋波：《纪委和检察机关反腐败协作制度研究》，载《中国政法大学学报》2014年第3期。

题,会主动将案件线索信息通报检察院,检察院将启动初查程序,并在人员、技术、场所等方面与纪检机关进行密切协作,甚至派检察院调查人员加入纪检机关的办案组,等到被调查对象的腐败问题查清之后,再由纪委将涉嫌犯罪案件移送检察机关进行立案侦查。

在这种联合调查模式下,检察机关能够提前介入纪检机关的案件调查程序,并全面了解案情,进而为以后的侦查和起诉打好基础。许多地方的检察机关也在积极借助纪检机关的调查手段和程序,充分利用纪检机关的调查时间。由于这对查清嫌疑人犯罪事实非常有帮助,所以对这种模式比较欢迎。① 另外,纪检机关在查办一些高级官员犯罪案件过程中,也会遇到人力不足、手段限制等调查难题,于是,也会积极借助检察机关的侦查力量,以最大程度利用反腐败调查资源和程序优势。②

(三) 新中国探索模式的评析

新中国对于监察制度的探索是一个不断积累经验、不断克服困难、经历多次反复的过程,但最终在马克思主义国家理论的指导下,建立起了中国特色社会主义监察体制。

首先,中国共产党对监察调查工作的领导日趋强化。中国社会主义监察体制的最大特色是党的集中统一领导,这条主线贯穿中国共产党探索社会主义监察制度的始终,是分析中国监察制度时必须正视的现实。党领导监察工作是特定历史和政治环境下的产物。中共在早期的革命实践中建立了动员力非常强的各级党组织,并通过各级党组织领导军队,发动广大人民群众,建设地方根据地政权,最终取得全国革命的胜利。这个成功的经验在新中国成立后得以继续推广,党的领导在国家社会生活各方面都有明确体现,监察制度作为政治制度一部分必然无法脱离党的领导。所以,党

---

① 在办案实践中,这种联合调查模式也有被滥用的现象,部分地区的检察机关为了减轻办案压力,借用纪委的办案时间,主动将自己初查的案件移交给纪委,然后组成联合调查组进行调查,这并不是一种规范的联合调查方式,也损害刑事侦查程序的严肃性和规范性。

② 周长军、纵博:《论纪检监察机关办案方式的调整——以刑事诉讼法的最新修正为背景》,载《政法论丛》2013年第1期。

领导监察调查工作是中国共产党领导革命之初就已经确定的原则。

从社会主义监察制度的建设过程来看，有一个明显的趋势就是党对各项监察工作的领导日益强化。在二十世纪五六十年代，党领导下的党政监察体系一度出现重大改革，主要表现在自上而下地撤销政府行政监察机关，进一步强化党内监察体系的上下领导，增强中央监察委员会对各地监察委员会的直接领导，但这次改革受到"文革"的影响而戛然中断。到了二十世纪九十年代，中央层面开始探索纪委和政府监察机关合署办公新模式，党对国家监察体系的领导进一步强化。在2017年开展的国家监察体制改革中，通过新设立各级监察委员会重组国家权力系统中的监察体制，以及实行纪委和监察委员会合署办公的模式，进一步加强了党对国家监察体制的领导，同时也强化了党对违纪调查和犯罪调查的直接领导能力。

其次，违纪调查和犯罪调查的融合趋势。如何正确处理党内监察系统和国家监察系统之间的关系一直是监察改革的核心议题。中国共产党作为国家的领导者，其党内建有一套针对党员干部的监察系统，而政府也设有针对国家工作人员的监察体系。由于国家工作人员绝大多数是党员干部，这就造成党内监察和国家监察在监察范围上的重合。在党的集中统一领导下，这两类监察体系具有天然的亲近性，并随着党对监察工作领导的强化逐步走向统一。

党对监察体制领导强化的一个重要后果是党内监察系统和国家监察系统逐步统一，导致违纪调查和犯罪调查出现融合的趋势。纪委本质上属于政党内部的纪律惩戒机构，属于党务系统的一个分支，并不属于国家机关的范畴。① 因此党纪调查属于政党内部的纪律调查活动，而犯罪调查传统上属于刑事司法的范畴，一般由侦查机关或检察机关行使侦查权力。这两类权力本身在性质上有很大的差别，但是随着党对监察和反腐败工作领导

---

① 在中国的社会主义政治体制下，党政合署办公是中华人民共和国成立之初就确立的制度。党务机关主要是指在中国共产党内部建立的工作系统，包括宣传部、组织部和纪委等机构，这些机构与政府机关在一起办公，工作人员享受国家公务员的待遇，但这些机构在性质上与政府机关是根本不同的。

的逐步强化，承担国家监察和犯罪调查双重职能的监察委员会应运而生，立法赋予监察调查以独立的地位，这就造成了职务犯罪调查脱离刑事司法领域，违纪调查、职务违法和犯罪调查全部融合到了一个体系中，如何协调好这几类调查活动的关系成为以后的重大课题。

再次，调查工作的专业化水平提高。在新中国早期的监察探索中，由于各项制度初创，且受到各种政治运动的不断干扰，监察调查工作制度和人员变更频繁，许多优秀的监察工作人员被错误地打倒，整个监察体系甚至一度被彻底裁撤，导致改革开放前始终无法形成比较固定和规范的调查工作模式，监察调查水平也一直在较低的层次徘徊。直到十一届三中全会后，各项监察体制恢复重建，尤其是党内重新打造了规格较高、职权强大的监察体系，这使监察机关在稳定的政治环境下进入发展的快车道，并通过行使调查职权查办了许多有重大影响的案件。经过几十年的办案经验积累，监察机关培养了大量专业的调查人才，调查组织的建设也逐步完善起来，并在充足的资源投入下建立起标准的办案场所，各项办案设备也达到了调查犯罪的专业水平，调查工作的专业化水平得到极大的提高。

最后，调查程序规范化和法制化水平提高。得益于近几十年稳定的政治环境，监察制度在一个相对稳定的环境中不断改革和完善，国家层面也出台了数量可观的监察立法，规范了监察调查组织设置、调查职权、调查程序、调查协作等内容，监察调查工作的法制化水平大大提高。在健全的法制保障之下，监察机关逐步建立起规范的工作程序，这也改变了过去调查工作灵活有余而规范不足的问题。

与此同时，监察机关也在积极吸收侦查中的各项体现人权保障的进步做法。尤其是近二十年来，检察机关在调查职务犯罪过程中，开始推广同步录音录像制度，并加强了通知家属、犯罪嫌疑人休息时间和饮食等个人合法权益的保护，侦查规范化水平有了很大提高。纪检机关也在调查工作中逐步吸收了这些好的做法，包括建立同步录音录像制度，保障被调查人员的休息和饮食等，甚至在禁止夜间审讯方面走在了前列，整个监察调查工作进一步走向规范化。

四、历史演进的启示

作为一个拥有悠久监察制度传统的国家,中国历史上对监察制度和监察思想的探索取得了丰富成果,这些传统制度作为历史文化一部分,影响着后续的监察制度发展进程。近代以来,中国的国家发展道路受到外来思想和文化的强烈影响,监察制度以及其他制度建设中都可以找到外国思想和制度的影子。目前正在进行的监察体制改革,也明显受到本国历史传统和外国制度与思想的强烈影响。

（一）现行监察调查模式与历史传统模式的关系

在此次监察体制改革试点之初,许多观察者反复强调一个观点,那就是监察委员会模式有着深厚的历史渊源,这个渊源就是帝制时代的御史监察制度。如果从御史监察制度的历史传承来看,该制度在中国延续了两千多年,在悠长的历史过程中展现出了强大的生命力,其背后的思想价值对后世的监察探索产生了不同程度的影响。御史监察制度在古代政治体制中占有重要地位,在监督官员的不法行为、调查官员腐败犯罪、处理民间申诉等方面发挥了积极作用。该制度蕴含的价值精神对后世具有很强的借鉴意义,比如设立独立的监察机关,保障调查人员独立行使职权,选拔社会精英担任监察官员等对后世影响很大。清朝灭亡之后,北洋政府和南京国民政府进行的监察探索都受到了御史监察制度的影响,袁世凯推动设立的肃政厅本身就是对前朝都察院制度的继承和改良,孙中山所提出的监察独立的理念也是借鉴了御史监察制度,该思想至今仍在我国台湾地区的监察制度中得到遵循和继承,可以说御史监察制度的精神价值在后世中国监察制度中都有不同程度的反映。

至于国内当前进行的监察体制改革是否受到传统监察模式影响,具体影响表现在什么地方,需要针对监察体制改革的内容进行具体分析。中国共产党早期的监察制度探索受到苏联监察制度和思想的影响很大,以苏联模式为蓝本建立的党政监察系统更多地体现了现代政治色彩,这与我国传统的御史监察系统有较大差异。监察委模式与御史模式有着根本不同,前者属于现代监察制度的范畴,后者属于古典监察制度的范畴;两者的权力基础不同,一个来源于人民主权,一个来源于皇权;两个机关的功能价值定位也不同,一个是制约权力和保护人权,一个是维护帝王的中央集权。另外,两类模式在具体的制度构造等方面也存在很多差异。

尽管两类模式存在这么多差异,但是我们依然能够从现行监察委模式中找到许多御史模式的制度印记。从制度内容方面说,监察委模式与古代御史制度有很多相似性:从组织体制上看,监察委是由权力机关产生,向权力机关负责,独立于行政、司法、军事等系统,这种独立性设置与御史模式比较类似。从机关职能上看,监察委是专责行使监察权的国家监察机关,这种独立监察机关的定位也与御史模式较为类似。从程序运行模式上看,监察委调查程序自成体系,体现了程序自治和程序独立的基本要求,这与御史调查不受其他机关干扰也有相通之处。这两类模式之间的相似性,在某种程度上也反映了一种制度精髓的传承,但这种传承不是对过去模式的照搬或抄袭,而是建立在现代社会主义国家制度基础上,是对过去监察制度探索经验的部分借鉴。

(二)现行监察调查模式与域外监察制度及思想的关系

中国共产党是坚持马克思主义、列宁主义等共产主义思想的政党,在早期的民主革命和国家建设过程中,中共受到苏联模式和思想的强烈影响,在构建监察制度时大量借鉴了苏联模式的经验,因此苏联等域外监察制度模式是我国社会主义监察制度最直接的渊源。

第一,在监察思想层面,列宁提出的工农监察思想是社会主义较早的成熟监察思想,该思想不仅指导了苏联监察制度建设,也对包括中国在内的其他社会主义国家共产党产生了重要影响。列宁的监察思想是发挥工农群众的监督作用,[①]建立由人民群众所组成的监察机关,党的监察机构与党的

---

① 列宁最早设想的监督理念是工人监督,他在革命成功后,就立即提出建立工人组成的监察机关。邬思源:《苏联国家监察制度评析》,载《中国延安干部学院学报》2012年第2期。

领导机构之间是平行关系,并由党的中央监察委员会和政府工农检察院共同组成党政监察体系。[①] 列宁所提倡的监察权来源于工农群众的思想,以及建立党内监察体系和政府监察体系的构想,对我国进行的监察制度探索有深远影响。

第二,在监察体系组建方面,苏联在列宁监察思想指导下建立了党内和政府两套监察制度,该模式早期的运行方式是监察机关可以监督从中央到地方的各级党的领导机构,甚至包括党的最高领导层都在监察机关的监督范围内。后来,这个模式被斯大林进行了修改,他推动组建党内监察机关和政府监察机关的联合机关,并缩减监察机关的监督范围,导致监察机关不能从外部对各级领导层进行异体监督,致使苏联的监察体系逐步形同虚设。中国共产党早期也曾借鉴苏联这套监察制度模式,分别组建了党内和政府两套监察系统,但是在如何处理这两类监察体系之间关系上,走向了与苏联不同的道路。这一方面体现在我国的党内监察体系可以对本级政府等权力机关进行外部异体监督,另一方面我国采取了党政监察机关合署办公的模式来协调两类监察系统的关系。我国的做法与苏联逐步弱化监察机关力量的道路不同,中共在监察探索道路上逐步强化了监察机关的力量,并从早期积极引入苏联监察思想和制度经验,转而成为结合中国本土实际情况探索适合中国国情的社会主义监察体制,这个转变也推动中国监察制度的发展进入了一个新时期。

(三)以开放的视角看待职务犯罪调查体制改革

任何事物都不是一成不变的,唯一不变就是变化本身。自秦代建立御史监察制度以来,在中国漫长的帝制时代延续期间,监察制度的核心思想没有发生太大变化,但这个制度在帝制时代的不同时期却在不断调整,不断表现出新的制度形式,在各个朝代出现过多种不同的制度样式和调查模式,这也是各代政权根据具体情况做出的必要调整和探索。帝制时代结束

[①] 赵贵龙:《中国历代监察制度》,法律出版社2010年版,第221页。

后,北洋军阀政府和南京国民政府也根据新的国家形势,设计出肃政厅、监察院这样新的监察机关形式。尽管北洋政府和南京国民政府的存续时间很短,但它们在监察制度方面做出了许多大胆尝试,发展出五权宪法这样成熟的政治和监察思想,如此凝聚前人智慧的成就值得后人的尊敬和肯定。

中国共产党很早就对监察制度进行了积极探索,其中经历无数挫折和挑战,甚至多次出现制度的调整和反复,因此监察制度在工农武装割据时期、抗日战争时期、解放战争时期和新中国成立后都表现出不同的模式。中共早期探索的制度模式存在的时间很短,在革命时代所能发挥的作用也十分有限,但也是共产党人运用自己智慧做出的有价值的探索,对其探索经验和创新精神应予以肯定。新中国成立后的监察制度建设也一度遇到很多挫折,甚至多次被迫裁撤党和国家监察体系,导致党和国家权力的失控,给国家和人民带来了极其严重的灾难,这些探索失败的教训同样提醒现行的改革不能犯同样的错误。

当前我国正在推进的监察体制改革是对监察制度的又一次重大调整,必将是一个影响深远的改革尝试,也需要以开放的心态看待其中获得的经验和教训。监察体制改革不是突发奇想的产物,有必要对历史上的监察制度进行客观、全面的研究,从中发掘监察制度发展演进的规律,以及历史上的经验和教训,为当下的监察体制改革提供一定的借鉴。

第二节 现实选择:职务犯罪监察调查程序的模式承继

监察体制改革作为21世纪之初最大的一次国家体制改革,其影响范围涉及国家政治和社会生活的多个层面,从中央讲话精神和对外公布的文件来看,这次改革被赋予了较高的定位。从国家政治体制层面看,这是权力分工体制的一次重大变革,"一府两院"体制变为"一府一委两院"体制。[①]

[①] 也有观点认为"一府一委两院"模式存在于省级以下的权力体制中,在中央层面则包括国家主席和中央军委两个特别的权力机构。林彦:《从"一府两院"制的四元结构论国家监察体制改革的合宪性路径》,载《法学评论》2017年第3期。

从反腐败体系层面看,党内监察体系和国家监察体系正式走向"两位一体"模式,党的反腐败调查权力和反腐败力量进一步强化。从职务犯罪调查的层面看,犯罪追诉系统的架构也进行了重大调整,犯罪追诉程序在调查环节发生了分野,非国家工作人员的职务犯罪仍然由侦查机关进行侦查,其中检察院仍然负责少数职务犯罪的侦查工作。除此之外的大多数职务犯罪调查则表现为另外的形式,即由监察委在监察程序中以监察调查的形式开展,监察案件在调查终结移送检察院审查起诉时才进入刑事程序。可以说,监察委的职务犯罪调查程序属于犯罪追诉系统中的一个特殊设定,而监察改革采取这种设置模式,既是对传统职务犯罪调查模式弊端的反思,也是针对多年反腐败实践做出的探索性尝试。

现行的职务犯罪监察调查程序并不是凭空想象出来的,其程序内容、运行步骤等具体样式都可以在传统的职务犯罪调查程序中找到渊源,纪委的违纪调查程序和检察院侦查程序是最主要的借鉴对象。监察调查程序在设计过程中,充分吸收了纪委调查程序和检察院职务犯罪侦查程序的某些内容,并在实践探索中又进行了大量制度创新,程序设计符合此次改革强化反腐败调查效率的目标要求。在监察体制改革前,职务犯罪调查体系包括纪委违纪调查和检察院职务犯罪侦查两个主要环节,相应的调查程序也表现为违纪调查—刑事侦查单轨衔接程序模式。在监察体制改革过程中,纪委的调查范围开始逐步局限于违反党纪的案件,监察委成为主要的职务犯罪调查机关,而检察院仍然保留了有限的职务犯罪侦查权,职务犯罪调查程序转变为监察调查—刑事侦查双轨并行程序模式,这个新的职务犯罪调查程序模式与传统调查模式有着千丝万缕的联系,可以说在很多方面继承了传统模式的程序内容。

一、违纪调查—刑事侦查单轨衔接程序模式

(一)单轨衔接程序模式的表现

纪委调查程序和检察院侦查程序都是反腐调查程序的重要组成部分,

两类程序在职务犯罪调查实践中紧密结合在了一起,形成一种程序上前后相继的单轨衔接模式。该模式主要表现为职务犯罪案件先进入纪委违纪调查程序,之后由纪委移送检察院进入刑事侦查程序,纪检调查程序不能直接对接审查起诉程序,违纪调查程序和刑事侦查程序的关系类似流水线上先后相继的两个阶段。这种违纪调查和刑事侦查单轨衔接程序模式主要表现为以下两个特点:

第一,两类程序的单轨运行。这种单轨运行主要是指案件从违纪调查程序流转到刑事侦查程序过程中,流转轨迹表现为单线或流水线的形式。程序流转的模式是先由纪委进行初步的调查,案件在纪委调查程序进入终结阶段后,再移送检察院进行刑事立案审查,检察院会按照刑事立案标准对纪委移交的案件进行审查,检察院决定立案后,案件正式进入刑事司法程序。所以,从两类程序的外在运行形式上来看,两者呈现出前后衔接的关系,纪委调查程序无法直接对接审查起诉程序,必须通过检察院的立案侦查程序才能进入刑事程序。

第二,案件移送的交互性。这种交互性体现为纪委和检察院的两类调查程序并不是完全单向运行的,即仅仅是从纪委调查程序过渡到检察院侦查程序。与之相反,实际运作中的两类调查程序存在双向流转的情况。一方面,纪委调查违纪案件发现涉嫌犯罪的线索,应当直接移送或者经过初步违纪调查后移送检察院进行立案侦查,这是违纪调查程序和刑事侦查程序最普遍的流向。另一方面,如果检察院侦查中发现了违纪线索,或者认为立案侦查的某些案件依法不应进行司法处理,但是应给予涉案人员党纪处分,可以将案件移送给纪委进行调查处理。在各地的办案实践中,纪委和检察院的人员调动交流比较频繁,[①]两机关在职务犯罪调查中建立了良好的合作关系,在线索沟通和联合调查中也建立了固定的工作机制,这些都为两类程序的互相衔接创造了有利条件。

---

① 在地方各级纪委中,有一个普遍的人员流动现象,那就是检察院中大量从事职务犯罪侦查的人员会被调去纪委工作,这些人员拥有丰富的侦查经验和法律知识,成为纪委充实自身调查力量的重要来源。

（二）单轨衔接程序模式形成的基础

两类程序在职务犯罪调查实践中形成单轨衔接模式，受到两机关法律定位、管辖分工、纪法性质区别等因素的影响，这些因素既在程序设计上塑造了单轨模式的雏形，也推动了程序实际运行过程中单轨模式的发展成型。

首先，程序法律定位上的差异。在监察体制改革之前，纪委和检察院已经成为调查腐败犯罪的两大支柱，但两个机关对腐败犯罪的调查分属于不同的权力体系。纪委在性质上属于党的机关，纪委系统在1978年重建之后，就开始逐步承担起调查处理党员违纪的重要职责，并在1994年以党内规定的形式设立了强大的调查措施——"双规"，[①]该措施成为纪委调查违纪行为的强力手段。在强有力的调查手段保障之下，纪委调查党员违纪案件的范围和深度开始扩展，从过去局限在查办党员违纪问题，发展到查办违纪和相关的违法犯罪问题。在过去的几十年里，纪委主导查处了一系列有重大影响的腐败案件，尤其是中央纪委成了调查高级官员职务犯罪的主要力量，纪委在这些案件查处过程中实质上在同时行使违纪调查和犯罪调查的职能。与之相对，检察院在1978年之后恢复重建，《刑事诉讼法》等国家法律赋予其职务犯罪侦查机关的地位，为了积极履行查办职务犯罪的职权，检察院自二十世纪九十年代起组建了自上而下的自侦组织体系，并依法查处了大量的职务犯罪案件，同样为国家反腐败工作做出了重大贡献。

因此，从纪委和检察院俩机关的职能定位和发展历史看，两个机关分属党和国家机关两类权力系统，这两类权力系统性质也影响了两类调查程序的性质，党纪调查属于党内调查程序，纪委调查的案件只有通过进入刑事侦查程序，才能正式进入刑事诉讼程序之中，最终使涉嫌职务犯罪的人员接受司法处理。

[①] "双规"的规范根据来自1994年通过的《中国共产党纪律检查机关案件检查工作条例》。该条例第28条规定："凡是知道案件情况的组织和个人都有提供证据的义务。调查组有权按照规定程序，采取以下措施调查取证，有关组织和个人必须如实提供证据，不得拒绝和阻挠。"其中第3项规定，"要求有关人员在规定时间、地点就案件所涉及的问题作出说明"。刘忠：《读解双规侦查技术视域内的反贪非正式程序》，载《中外法学》2014年第1期。

其次，程序分工的差异。虽然纪委和检察院都属于反腐败调查体系的支柱，但是两者有着不同的管辖范围和分工，两机关的管辖对象分别是中共党员和国家工作人员，两机关管辖的事项分别是党员违纪和国家工作人员犯罪。两机关根据上述管辖分工分别行使违纪调查权和职务犯罪侦查权，而且纪委调查终结的涉嫌职务犯罪案件也只能移送检察院处理。因此，纪委和检察院在长期合作中逐步形成了比较固定的程序衔接机制，也就是纪委在调查违纪案件中发现职务犯罪线索，或者依法对相应的犯罪事实进行初步调查后，应当按照案件管辖分工要求，将案件移送检察院进行刑事立案侦查。这种分工差异使得两机关的调查程序只能是前后相继的关系，也就是分属一条流水线上两个不同的阶段，但两个阶段之间存在节点上的对接和合作。

最后，纪与法的性质差异。中共十八届四中全会做出的《关于全面推进依法治国若干重大问题的决定》指出，"加强党内法规制度建设。党内法规既是管党治党的重要依据，也是建设社会主义法治国家的有力保障"。在社会主义法域下，关于党规与国法关系，许多学者认为"党内法规和国家法律都是党和人民意志的反映，二者在本质上是一致的"[①]。中央纪委反复强调的观点是，党纪严于国法，党纪先于国法，党纪处分要先于司法处理。因此，虽然党纪和国法在社会主义中国具有高度一致性，但也不能忽略两者的差异，两者毕竟属于不同的规范体系，党的规定要通过国家立法程序才能上升到法律规范层面。而且，按照中央纪委提出的党纪处分先于司法处理的基本原则，纪委调查的涉嫌职务犯罪案件，也应先经历违纪处理程序，再进入司法处理程序。纪委调查违纪案件是党内的一种调查处理程序，并不属于刑事程序的范畴，纪委查办的涉嫌职务犯罪的人员必须在进入检察院立案侦查程序之后，才能进入刑事司法处理的程序，这也是纪委和检察院单轨衔接模式形成的一个重要因素。

---

① 王立峰：《党规与国法一致性的证成逻辑——以中国特色社会主义法治为视域》，载《南京社会科学》2015 年第 2 期。

（三）单轨衔接程序模式存在的问题

单轨衔接的程序模式可以很好解决不同性质程序之间的衔接问题，符合基本的程序构造原理，但是在实际运行中却暴露出越来越多的问题，引起各界诸多的不满和批评，这也成为监察体制改革的一个重要原因。

首先，两类程序的边界交叉问题。按照程序分工的基本要求，纪委和检察院两类调查程序应当是有明确界限的，两机关应当在各自管辖范围内履行职权，不可以侵入对方的调查程序，这会造成程序适用方面的混乱。但在两类调查程序实际运行中，却出现了违纪调查程序和刑事侦查程序交融的趋势。在许多职务犯罪案件查处过程中，纪委违纪调查实际上承担了犯罪调查的主要任务，不少地方检察院选择和纪委合作共同调查职务犯罪案件，检察人员有时提前介入纪委调查程序，并且使用检察院调查措施辅助纪委的调查工作。

之所以会出现这种程序交融现象，与两类权力自身的特性以及反腐败调查的客观制约有很大关系：

第一，纪委调查权和检察院侦查权有很强的亲和性。从调查这个更宽泛的概况看，纪委调查和检察院侦查都属于调查范畴，两类调查的手段措施也是非常相似，两类权力在反腐败调查系统内具有很强的亲和性、兼容性和共通性。这就造成两个机关在职务犯罪调查过程中产生了密切合作的空间，这种密切合作甚至有时突破了各自的管辖范围，进而涉入对方的程序运行中。

第二，两类调查活动的对象高度一致。在中国特殊的党政关系体制下，党员和国家工作人员具有高度重合性，普通公务人员中有相当多是中共党员，领导干部中党员的比例更是占了绝对多数，这导致纪委和检察院的调查对象实质上具有高度一致性。这种情况在两类调查程序实际运作中表现为同一个调查对象因为同时涉嫌违纪、违法犯罪，而先后进入两类调查程序中接受调查，这也是两个机关在实践中互相借助彼此程序，开展联合打击腐败犯罪的合作基础。

第三，实际办案模式对程序分工的冲击。纪委和检察院都是承担反腐败调查任务的机关，两者在调查对象上具有高度一致，所行使的权力具有高度亲和性，这些特征影响了两机关的调查工作模式。纪委名义上只负责调查党员违纪，却拥有强度不低于刑事强制措施的调查手段，尤其是"双规"措施更成为突破疑难案件的高效手段。中央纪委层面每年都会查处大批高级干部的腐败犯罪案件，纪委实际上已经成为调查职务犯罪的重要机关。反观检察系统这一方，检察院是法定职务犯罪侦查机关，但是在面临复杂疑难的职务犯罪案件时，经常需要借助纪委的"双规"等调查措施来突破案件，两机关逐步形成了一种合作或联合办案的模式。这种联合办案的模式有以下几种表现形式：

（1）纪委主导调查程序，检察院提前介入违纪调查程序。这是办案实践中最常见的一类合作方式，即纪委和检察院在正式调查开始前进行沟通协商，由纪委启动违纪调查程序，检察院派遣干警参与案件调查取证，在案件调查终结后移送检察院，再由检察院进行刑事立案侦查，然后将之前纪委取得的证据进行转换。

（2）纪委、检察院先后开展调查，互相协助对方的调查工作。这种形式是纪委启动违纪调查程序，检察院启动初查或侦查程序。虽然两机关在启动调查的顺序上有先后，但是两机关在各自调查程序中会互相沟通信息，在分工前提下协助对方进行某些取证工作。①

（3）违纪调查程序和刑事初查程序的互相转换。这类模式是部分地区纪委和检察院在合作办案中采取的办法，即某些案件不符合"双规"的适用条件，就采取由纪委进行 24 小时询问，再移送检察院进行 24 小时询问，之后再移送纪委进行询问，借助彼此的调查措施来反复进行程序转换。纪委和检察院的这些合作办案或联合办案模式严重冲击了各自的案件管辖分工，模糊了违纪调查和刑事侦查程序的界限，导致违纪调查逐步变相成为刑事侦查立案前的必经程序，违纪调查程序开始逐步嵌入刑事侦查程序，

---

① 许晓娟、彭志刚：《中国反腐败调查模式的本土化问题研究》，载《江西社会科学》2016 年第 3 期。

造成两类程序在调查实践中出现不同程度的互相融合。

其次,程序分割对调查效率的影响。在违纪调查和职务犯罪侦查程序分立的前提下,纪委和检察院的调查对象却具有高度重合性,这在实践中容易造成同一个调查对象先后经历纪委调查程序和检察院侦查程序、党纪调查和刑事侦查重复进行的情况,且两类调查的手段措施等十分相似,这在无形中延长了针对调查对象的调查过程。

此外,这种特殊的程序权力分配模式,造成反腐败调查权被分割成两部分,一部分在纪委系统行使,一部分在检察系统行使,两机关的法律定位和工作性质不同,双方在具体办案中的业务协作、法律认识、证据转换等方面也存在许多不顺畅之处。有学者指出,2008年至2012年间,全国纪检监察机关每年立案查处约13万件,移送司法机关处理的有四千余件,不到立案总数4%。这期间,检察机关每年查处职务犯罪案件约五万件,属于纪检监察机关移送的不到10%。[①]当然,对这个数据应辩证地看待,纪检监察机关的工作职责主要是监督党员干部,其工作重心是查办违纪而非犯罪案件,在其每年查处的违纪案件数量中只有部分可能涉及职务犯罪,所以移送司法处理的案件比例不高也是正常现象。另外,检察院是专业化的职务犯罪侦查机关,纪委调查案件更多的是从违反党纪角度进行分析,纪委移送的涉嫌职务犯罪的线索需要经过检察机关法律层面的审查,由检察机关从事实、法律等方面全面分析这些线索是否涉嫌职务犯罪,是否有立案侦查的必要,进而做出是否立案侦查的决定。其中必然有部分纪委移送的线索无法达到刑事立案标准;纪委所有移送的案件线索都可以在检察院立案才是不正常的现象。而且,检察院有依法主动初查发现犯罪线索的职责,检察院每年会自行发现和查处大量的职务犯罪案件,检察院自行发现案件比例高于纪委移送案件比例也符合办案实际情况。但是,从这些数据中也应认识到,违纪和违法犯罪行为具有并发性,国家工作人员在涉嫌犯罪的同时,往往也涉嫌违反党纪政纪。同一个群体同时涉嫌两类行为,最后分别由两

[①] 吴健雄:《论国家监察体制改革的价值基础与制度构建》,载《中共中央党校学报》2017年第2期。

个机关进行重复性调查,确实有造成资源分散使用、降低调查效率的问题。特别是两机关的程序分别属不同的性质,违纪调查获得的证据材料不能直接用于刑事追诉程序也在一定程度上影响了职务犯罪调查效率。

最后,纪委调查犯罪的合法性受到质疑。为了规范纪委和检察院的犯罪调查程序,党和国家为其分别制定了不同的调查程序,纪委需要按照《中国共产党章程》《中国共产党纪律检查机关监督执纪工作规则》《中国共产党问责条例》等文件规定的党内纪律处分程序开展违纪调查,如果发现调查对象涉嫌犯罪应移送侦查机关进行侦查,这些党内规定不具有国家法律的地位,但是纪委却能使用讯问、扣押、"双规"等强制性调查措施。其中"双规"措施可以长时间限制人身自由,这与《立法法》规定的限制人身自由的措施由国家基本法律规范的要求相冲突,引起许多人对纪委"双规"合法性的疑问,以及对纪委"党内公检法"身份的批评。①另外,按照《中国共产党纪律处分条例》等党内文件规定,纪委主要负责调查党员违反党内纪律的行为,其在职能定位上并不是职务犯罪调查机关,但是纪委在多年的反腐败实践中已经开始广泛地参与职务犯罪调查,并成为某些重大案件的主要调查机关,原先的党内文件规范已经滞后于反腐败实践的发展。

二、监察调查—刑事侦查双轨并行程序模式

"问题就是时代的口号,是它表现自己精神状态的最实际的呼声。"②监察体制改革也是呼应当前中国现实问题的应时之举,是为了进一步整合职务犯罪调查力量和权力,建立更加独立权威的职务犯罪调查程序,进而适应反腐败形势而进行的主动调整。"1993年我们党就提出中国的反腐败形势是严峻的,此后一直沿用'依然严峻'的判断。"③"党的十八大以后,党中

---

① 转引自徐惠红、闵昉:《纪检监察视域下的党纪与国法分离思考》,载《人民论坛》2016年第14期。
② 庄德水:《国家监察体制改革的行动逻辑与实践方向》,载《中共中央党校学报》2017年第4期。
③ 谢光辉:《正确认识和把握反腐败斗争形势》,载《中国纪检监察报》2015年2月17日第6版。

央科学判断形势,在1993年党中央做出的'依然严峻'判断基础上,加上了'复杂'两个字,叫'依然严峻复杂'。"①在当前这种严峻复杂的反腐败形势之下,集中反腐败资源,建立更为高效、合理的职务犯罪调查程序,成为此次监察体制改革的目标之一。此次监察体制改革确立监察委作为职务犯罪调查的主要机关,同时保留了检察院部分职务犯罪调查权,这种将职务犯罪调查权在监察委和检察院之间的划分,形成了一种监察调查和刑事侦查双轨并行的程序模式。

（一）双轨调查程序的形成

从程序的外在表现形式上看,这种新型的双轨并行程序模式可以从以下几个层面进行解读:

第一,监察调查程序内部形式上的多轨并行。纪委和监察委通过合署办公模式紧密结合在一起,从某种层面上说,两者是完全一体的存在,很难从组织机构上将两者区分开来,两者的调查程序实际上也是在同一个体系内运作。从纪委、监察委这个统一主体内部看,同时存在着多轨调查体系:一方面,纪委和监察委的调查程序并行不悖,虽然纪委和监察委在组织上是合署办公体制,但从法律规定上看,两者的调查程序却有着不同的性质,纪委的违纪调查权和监察委的调查权是各自独立的权力层次,因而纪委的违纪调查程序和监察委的调查程序在同一个框架内部呈现出并行的状态;另一方面,监察委内部的职务违法和犯罪调查程序同时运行,②这两类调查程序的运行流程基本相同,只是针对不同的对象使用的调查措施存在差异。

根据《监察法》对监察调查工作的程序规定,监察委依法享有开展职务违法调查和职务犯罪调查的职权。这两类调查针对的对象在法律上属于不同的层次,按照明晰权力边界的基本要求,这些调查程序应当有明确的界

---

① 姜洁:《反腐败斗争压倒性态势已经形成》,载《人民日报》2017年1月10日第4版。
② 按照《监察法》对监察调查程序的规定,目前监察委主要是针对职务违法和职务犯罪开展调查工作,也就是说监察调查程序主要包括职务违法调查程序和职务犯罪调查程序,但是《监察法》并未将这两类调查程序分开规范,相反却是将两类调查程序规定在了一套调查程序中。

限,避免程序混杂影响对调查活动的监督,但这两类程序在办案实践中并没有进行明确区分。监察立案是一种概括式立案,比如监察委以职务违法的名义立案后,如果在调查中发现嫌疑人涉嫌职务犯罪,也无需再以职务犯罪的名义立案,调查人员可以在报领导审批后直接采取职务犯罪的调查措施,在移送审理部门审理后,由审理部门根据职务违法或犯罪的不同处理方式做出处理决定,因此职务违法和职务犯罪调查程序在实际运行中是混合在一起的。

监察体制改革之后,纪委的"双规"措施已经不再使用,纪委的案件管辖范围限制在了党员违纪领域,在纪委和监察委合署办公体制下,监察委成为承担职务犯罪调查的真正主体。因此在纪委、监察委内部多轨调查程序并存的外在形式下,监察委的职务犯罪调查程序才是专门针对职务犯罪的程序。

第二,监察委外部的双轨并行调查程序。相对于纪委和监察委内部存在的多轨调查程序体系,监察委在外部层面,主要存在两种性质不同的犯罪调查程序,分别是监察委调查程序和检察院侦查程序。从程序运行的依据看,两类程序分别受《监察法》和《刑事诉讼法》的规范,这也导致两类程序分属于不同的法律体系,监察委的调查程序从属于监察程序,接受《监察法》的调整和约束,并且是绝大多数职务犯罪案件所适用的调查程序,该程序可以直接衔接检察院审查起诉程序。但是,检察院的职务犯罪侦查程序依然属于刑事程序范畴,且只为少部分职务犯罪案件所适用,这个程序与过去检察院自侦程序基本是一样的。

第三,双轨程序分别属于不同的性质。前文曾经提及,监察委的职务犯罪调查程序属于监察程序的内容,根据此次监察改革对监察程序的定性,监察程序与刑事程序有着根本不同,因此职务犯罪监察调查程序也被设定为区别于刑事程序的独立程序。这就造成监察调查程序和职务犯罪侦查程序分别属于不同性质的程序,即前者是监察程序范畴,后者是刑事程序范畴。虽然两程序的性质不同,但是这两类程序都可以直接对接检察院审查起诉程序,所以两类职务犯罪调查程序从运行轨迹来看是并行不悖的,且平行进入审查起诉程序这点与过去传统的单轨衔接程序存在较大的不同。

(二)双轨程序模式的影响因素

职务犯罪双轨调查程序模式反映了党对反腐败调查体制领导的全面强化,这背后反映的是党领导下的党政监察体制的重大调整,这个程序模式的内容也吸收了传统单轨衔接程序的许多要素。

首先,党政关系与反腐败调查体制的变革。党政关系是当代中国最重要的一对政治关系,对党和国家各项制度设计有着根本性影响。对党政关系的理解不能仅停留在字面含义上,党政关系不只是指党和政府的关系,还应包括党与其他权力机关之间的关系。关于党政关系内容的观点,历来众说纷纭,比较有代表性的主要是三种观点:第一种观点认为党政关系包括党与权力机关、行政机关、企事业单位之间的关系,[①] 第二种观点认为党政关系是党与人大、政府、检察院、法院、主席等国家组织之间的关系,[②] 第三种观点认为党政关系中的"政"包括人大、行政机关、司法机关、政协、人民团体和国有企业等广大范围。[③] 第一种观点对"政"这个领域的覆盖范围不够全面,忽视了党与检察院、法院等其他国家机关的关系,第三种观点又将"政"的范围设置得过于宽泛,将各类人民团体和国有企业也涵盖在内,在当下人民团体和国企定性较为复杂的情况下,会造成更模糊党政之间的关系。综合之下,第二种观点将党政关系限制在党与国家机关之间,较易清晰地界定党政关系的内容,也符合我国权力体系的设置模式。

明确党政关系主要是指党与国家机关之间的关系之后,有必要对当前我国的党政关系现状有个初步定位。过去不少研究者从党政合一、党政分开、党政分工等角度来概括我国党政关系的形式,这些概括都无法回避中国共产党作为国家执政党的基本定位。"当代中国的基本特征之一是中国共产党拥有合法的创制性地位,在国家治理中扮演着制度设计者和实践领

---

① 杨百揆:《十一届三中全会以来我国党政关系的改革》,载《政治学研究》1986年第6期。
② 朱光磊:《当代中国政府过程》,天津人民出版社2002年版,第61页。
③ 郝欣富:《从比较研究中看我国的党政关系》,载《中共浙江省委党校学报》2004年第5期。

导者角色。"①这个基本特征决定了中国权力体系构造不同于其他国家,反映在党政关系上是形成了一种典型的"两位一体"模式,即党和国家权力体系之间高度重合。②党政"两位一体"模式使共产党成为国家和社会领域的政治领导力量,作为居于领导地位的执政党,党是最高的政治领导力量,国家政权成为执政党实现自己执政理念的载体。③

在中国特殊的党政"两位一体"模式下,反腐败也成为一种典型的政党行为。在现代政党产生之前,反腐败就是国家机关的一项重要任务,也一直作为国家行为而存在和发展。然而,新中国成立之后,"中国是一个典型的党建国家和党治国家"④,共产党主导了国家和社会生活的各个领域,其中也包括对反腐败工作的领导,虽然反腐败工作仍是国家政府的行为,但开始更多地表现为一种政党行为,政党通过在党员群体之中开展反腐败工作,以及领导政府机关的反腐败工作,成为整个反腐败体系的绝对领导力量,加强党对反腐败工作的领导也成为反腐败工作最重要的原则。⑤在这个基本原则之下,党规划和设计了反腐败的结构体系,一方面将职务犯罪调查权力转移给新设立的监察委行使,并通过纪委和监察委合署办公的形式实现对调查工作的间接领导;另一方面通过对职务犯罪调查组织和程序的重新设计,强化了党在职务犯罪调查中的角色,加强了党对反腐败调查工作的直接领导能力。

---

① 刘杰:《党政关系的历史变迁与国家治理逻辑的变革》,载《社会科学》2011 年第 12 期。
② 这种党政"两位一体"的模式也在随着社会发展而变化,比如改革开放之前,党政"两位一体"表现为党政合一,即党务系统取代政府直接行使政府权力。改革开放之后,党对政府的领导方式发生了变化,不再直接领导各项具体的政府事务,而是转为把握全局和协调各类关系。同上。
③ 许宝友:《转型时期中国党政关系的特点与改革》,载《当代世界与社会主义》2009 年第 2 期。
④ 林尚立:《中国反腐败体系的构建及其框架》,载《河南大学学报(社会科学版)》2010 年第 1 期。
⑤ 中央纪委国家监委网站在监察体制改革试点工作权威答疑中指出,中国特色社会主义的最本质特征是必须坚持中国共产党的领导,任何改革都必须有利于坚持和加强党的领导,完善和发展中国特色社会主义制度。国家监察体制改革是事关全局的重大政治体制改革,根本目的在于加强党对反腐败工作的统一领导。《如何认识深化国家监察体制改革的根本目的在于加强党对反腐败工作的统一领导?》,http://www.ccdi.gov.cn/special/sdjjs/pinglun_sdjxs/201712/t20171211_113566.html,2018 年 5 月 26 日访问。

其次,合署办公体制对职务犯罪双轨程序内容的影响。合署办公的字面意义是多个政府机关在同一个办公场所办公,这种办公模式在古今中外都曾大量存在过。"合署办公分为若干类型。有两个机构合署的,也有多个机构合署的;有固定合署的,也有临时合署的;有对等合署的,也有依附性合署的;有完全合署的,也有部分职能合署的。"①合署办公的目的是多重的,或是为了减少程序环节,提高工作效率;或是为了精简职能相似的机构和人员,降低工作成本;或是为了集中各机关职能和职权,避免职权分割影响工作效果。我国采取纪委和监察委合署办公模式的主要目的是为了加强党的统一领导,集中反腐败力量和资源,形成反腐败的合力。

早在南京国民政府进行省制改革过程中,就"对省政府组织办事制度进行改革,实行省政府合署办公,以提高行政效率,实现政府的意志统一和权力集中"②。中华人民共和国成立后,中国共产党对合署办公的探索不再限于在同一场所办公,而开始尝试机构和职能上的深度整合,这与我国特殊的党政关系设置密不可分。中共中央于1952年2月9日在《关于加强纪律检查工作的指示》中明确指出:"各级党委的纪律检查委员会与各级人民监察委可酌情实行合署办公,分工合作,互相辅助,加强联系,做好工作。"③此后,党政两套监察系统在多次政治运动中反复撤并,在1978年之后又逐步恢复重建,如何处理党政两套监察系统的关系问题再次出现。为此党中央、国务院在1993年发布《关于中央纪委、监察部机关合署办公和机构设置有关问题的请示》,明确指出:"中央纪委、监察部合署办公,实行一套工作机构、两个机关名称的体制。合署后的中央纪委履行党的纪律检查和政府行政监察两项职能,对党中央全面负责。"④2016年监察体制改革启动后,行政系统的监察部门撤销并入监察委,最终建立了监察委和纪委合署

---

① 董凤伍:《合署办公:怎样"合署"才能"办公"》,载《领导科学》2005年第7期。
② 林绪武,奚先来:《南京国民政府的省政府合署办公问题探析》,载《南开学报(哲学社会科学版)》2007年第6期。
③ 傅金鹏:《党政合署:形态变迁与改革策略》,载《天津行政学院学报》2012年第1期。
④ 中共中央纪律检查委员会办公厅编:《中国共产党党风廉政建设文献选编(第八卷)》,中国方正出版社2001年版,第182页。

办公的新体制。

在监察委和纪委合署办公这个新体制中,"一套人马,两块牌子"是对其组织结构的精准概括,①这种合署模式与中央军委的设置模式较为类似。②这种合署不仅是办公场所的合一,更主要的是人员编制、组织体制和机构职能的高度融合,其中一个主要特征是一个机构拥有党政双重身份,同时行使党政两类职权,并以内设部门分工取代外设机关分工:

第一,从人员编制上看,监察委和纪委是同一班工作人员,两个机关内的工作人员具有双重身份并交叉任职,既是纪委工作人员,又是监察委工作人员,只是纪委党组成员和监察委主任、委员可能不完全一致。

第二,从组织体制上看,监察委和纪委同样共享一套组织机构,改革并没有为监察委单独设立新的内设部门,仍由纪委的内设部门来承担监察委的相应职能,即纪委、监察委内部的一套内设机构同时承担两类工作职能。

第三,从机构职能上看,虽然纪委和监察委各自有不同的职能定位和职权,但是合署办公导致这两种职能由同一套人员和机构来执行,从外界角度来看,两个机关并没有什么区别,两种职能本质上附属于纪委和监察委这个不可分的整体之上。这样的设置模式造成的一个结果就是纪委和监察委在一体化过程中,纪委职能开始回归违纪调查领域,监察委承担起职务犯罪调查职能。另外,两个机关密不可分的关系也使得纪委、监察委和检察院之间并没有形成三方关系,而是纪委和监察委合而为一方,是纪委、监察委这个整体与检察院之间的业务关系,职务犯罪调查程序也是以监察委与检察院为主体,相应的职务犯罪调查程序也划分为监察委监察调查程序

---

① 2017年1月9日,时任监察部副部长的肖培在新闻发布会上答记者问指出,国家监察委是中国的反腐败机构,国家监察委和中央纪委合署办公,就是"一套人马,两块牌子",这是对纪委和监察委关系的官方表述。李源、高雷:《肖培诠释国家监察委与中纪委关系:"一套人马,两块牌子"》, http://fanfu.people.com.cn/n1/2017/0109/c64371-29009575.html,2018年5月25日访问。

② 《宪法》规定,中央军事委员会是一个重要的国家机关,负责领导全国武装力量。同时《国防法》《中国共产党章程》等规定,中国共产党是人民解放军和其他人民武装力量的领导者,中央军事委员会也是中国共产党领导军队的机构。由此可见,中央军事委员会也是一个比较典型的党政高度合一的机关。秦前红、石泽华:《目的、原则与规则:监察委员会调查活动法律规制体系初构》,载《求是学刊》2017年第5期。

和检察院职务犯罪侦查程序。

最后,对单轨衔接模式的反思和继承。这种职务犯罪双轨调查模式的形成,一方面是改革领导层针对实际需求所进行的创新性设计,另一方面也是对过去纪委调查程序和检察院侦查程序的内容借鉴。这种借鉴在当前监察委职务犯罪调查程序的特征上表现比较明显:其一,程序运行流程高度一致。在纪委和监察委合署办公影响之下,两个机关的组织体制、人员等完全一致,工作程序也具有高度一致性。过去纪委内部设置的案件调查室、审理室、案件监督管理室等组织架构基本未发生变化,监察委同样也是以这些组织科室作为程序运转的依靠,监察调查程序也表现为初核、立案、调查、审理和移送处理这几个核心环节,这些流程环节与过去纪委的调查程序完全一致。另外,监察委内部的案件审批模式、集体讨论方式等也是基本上沿袭了纪委的原先的做法。其二,调查措施的相似性。除了监察委调查程序与纪委调查程序高度一致之外,监察委调查程序也大量借鉴了检察院职务犯罪侦查程序的一些内容。其中最具有代表性的是监察委的部分调查措施与检察院侦查措施比较类似,监察委的一些重要的犯罪调查手段,比如讯问、勘验检查、搜查、鉴定、扣押等运行模式基本与检察院侦查手段类似,甚至监察委试点改革期间的很多调查文书都是直接借鉴了检察院的法律文书。可以说,监察委的职务犯罪调查程序与纪委违纪调查程序、检察院职务犯罪侦查程序都有很深的渊源,这既是一线改革试点地区充分借鉴这两类程序的优点,并有针对性结合改革的现实需要做出的创新设计,又是中央立法层面在充分尊重一线改革试点的成果和经验基础上,在综合考虑全国职务犯罪侦查的客观情况后,所进行的较为合理的一种选择。

第三章　职务犯罪监察调查程序域外比较

现代监察制度起源于北欧国家瑞典,瑞典在1809年建立现代意义的议会监察专员制度后,其价值理念和制度模式逐渐被世界各国(地区)所接受,并先后扩散到欧洲、美洲、亚洲等地,进而在全球形成一股建立监察制度的浪潮。域外国家(地区)在政治、经济和文化等领域存在较大差异,各国(地区)在对监察制度的探索过程中,受到国(地区)情、历史传统、现实政治需要等因素的影响,先后发展出各具特色的监察制度。我国的监察委制度与域外国家(地区)的监察制度既有相似之处,也有较大的区别。对不同模式下监察调查程序进行比较,既可以加深我们对域外国家(地区)监察调查制度的认识,又能为完善我们当前的监察调查程序提供一定的借鉴经验。

第一节　域外监察调查模式的分类

一、域外监察制度的发展演变

古代世界监察制度的历史发展有几条不同的脉络,包括东亚中华文化圈内以中国为代表的御史监察制度、[1]古希腊的监察官制度、[2]古罗马护民

---

[1] 古代朝鲜和日本都受到古代中国政治制度的影响从而发展出了自己的监察制度,比如朝鲜王朝建立的司谏院、司宪府、都观察黜陟使等监察机构,日本借鉴唐朝御史台制度建立了检非违使与弹正台等监察机关。叶青、王小光:《域外监察制度发展评述》,载《法律科学(西北政法大学学报)》2017年第6期。

[2] 古希腊城邦国家斯巴达曾设立了一种监察官,负责代表平民对国王进行监督,并行使部分军事指挥权。祝宏俊:《斯巴达的"监察官"》,载《历史研究》2005年第5期。

官制度、①伊斯兰国家带有宗教色彩的监察制度，②以及北欧、南亚、东南亚等地的监察制度。不过，古代的监察官员多数依附于皇权存在并充当帝王的耳目，监察机关也不具备足够的独立性，大多出现监察机关身兼司法、行政等多重角色的现象，③这些古老的监察制度多数已经消失在历史长河之中。

国际公认的现代监察制度诞生于瑞典王国，瑞典王国在欧洲拿破仑战争时期先后被法国和俄国击败，国王权威不复以往，于是瑞典议会趁机在1809年通过《政府组织法》建立起君主立宪政体，随后建立议会监察专员来监督中央行政机关，正式确立了现代意义上的监察制度。1919年，芬兰从沙俄独立后也模仿瑞典建立起议会监察专员制度，芬兰、瑞典的议会监察专员模式侧重于监督司法权，而随后丹麦也建立议会监察专员制度，丹麦模式以监督行政权为重心，此后丹麦模式成为世界各国广为效仿的对象。20世纪60年代，现代监察制度走出北欧，先是在西欧、南欧国家扩散，之后于20世纪80年代在亚洲、非洲、拉丁美洲、东欧国家落地生根，90年代出现建立现代监察制度的高峰。根据世界银行的统计，2013年世界各国（地区）监察机构数量是1980年的4倍多（图3-1）。一些国际性和区域性的监察组织也纷纷建立起来，成为国际监察交流的重要平台。

世界各国监察机关的设立，既受到本国历史文化传统的制约，也受到各国政治制度和施政理念的影响，同时也不可避免地借鉴了其他国家监察制度的探索经验。总体上看，各国监察制度的类型模式有一定的规律可循，可以根据不同的标准进行分类，比较有代表性的是以下几种分类：

一是罗伊·格雷戈里和菲利普·吉丁斯根据监察机关职能范围、地域

---

① 古罗马很大程度上继承了古希腊文明，罗马共和国时期建立了相互制衡的国家机构体系，为人类政治文明做出重大贡献，其创立的护民官功能之一就是保护平民不受执政官治权的侵害。吴玄：《古罗马保民官制度研究》，华东政法大学2013年博士学位论文。

② 古代西亚地区国家曾建立了行政法庭性质的申诉委员会（Diwan-al-Mazalim），由宗教人士担任裁判官处理各类行政纠纷，并监督行政机关的行政活动。Cyril Chern, *The Law of Construction Disputes* (*Construction Practice Series*), Informa Law from Routledge, 2016.

③ 中国古代监察机关的性质比较复杂，监察机关时常扮演帝王耳目的角色，而且部分朝代的监察机关与行政机关合一，或者监察机关兼行司法职权，与现代监察制度的思想内核有天壤之别。

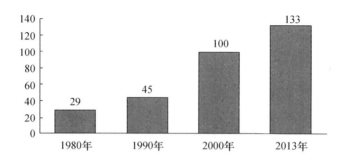

图 3-1 1980 年至 2013 年全球监察机构数量增长情况

数据来源：Elin Bergman, Ombudsman Institutions, http://web.worldbank.org/, Jan. 18, 2018。

和是否有人权管辖职责将世界各国监察机关分为：早期对行政行为具有一般管辖权的政府型监察专员、单一职能的政府型专业监察专员、国际或超国家的监察专员、人权监察专员、政府内部的类监察专员机构和私人领域的监察专员。①

二是玲达·C.里夫将世界各国监察机关分为公、私两个范畴，然后将公共权力领域的监察专员分为六类，分别是立法型、行政型、混合型、人权型、行政申诉型、专业型监察专员，私权力领域的监察专员分别为行业监察专员、企业内部监察专员、国际组织监察专员和跨国级监察专员。②

三是李文郎博士根据多种不同的标准对世界监察模式进行了分类，具体包括：根据监察机关与其他权力机关的关系，把监察制度划分为国会监察专员制度（瑞典、芬兰等欧洲国家的国会监察专员），③独立设置的监察制度（中国台湾地区"监察院"）、行政体系内部监察制度（日本行政评价局）、

---

① 沈跃东：《宪法上的监察专员研究》，法律出版社 2014 年版，第 24 页。
② Linda C. Reif, *The Ombudsman, Good Governance and the International Human Rights System*, Marter Nijhoff Publishers, 2004.
③ Ombudsma 在瑞典语中有代表的意思，瑞典王国建立 Ombudsma 的最初模式是直接听命于国王的皇家监督特使，中国台湾地区对 Ombudsman 的翻译取其制度初创时的原始含义，将该外来词汇翻译为"监察使"。中国内地和香港地区一般多翻译为监察专员。

以色列的审计长兼公共申诉监督长模式、混合式监察制度;①根据管辖范围,把监察制度分为国际或超国家级监察制度(欧盟监察专员)、国家层级监察制度(澳大利亚联邦监察专员)、次国家级监察制度(澳大利亚新南威尔士州监察专员);根据权力属性分为隶属公共权力部门监察制度(又细分为一般目的监察专员和特别监察专员)和私权利部门的监察制度;根据组织方式,把监察制度分为个人制(丹麦国会监察专员)和委员会制(中国台湾地区"监察院")。②

四是周阳山等人提出的一种以监察制度发展历史和制度内容为标准的划分,将世界监察制度大致划分为三类:一类是北欧古典模式,即欧洲、大洋洲等地的议会监察专员模式;第二类是法国模式,即在法国及其原殖民地国家实行的调解官模式;第三类是拉美模式,即在西班牙及南美洲比较盛行的护民官或人权保护监察模式,这类监察官员的名称中多有本地语言中的人权一词。③

五是根据其他标准进行的划分,不少学者从监察制度的功能、监察专员的产生方式、决策方式等对世界监察制度进行划分,因为多数划分不具有代表性,在此不一一列举。

域外监察制度在发展演变中形成了多种多样的模式,有的国家甚至同时拥有多种监察制度模式,上述对域外监察制度的分类并不能涵盖所有类型,只能帮助我们一窥世界各地监察制度的面貌而已。④ 与监察制度模式的发展和演变相对应的是,监察制度的功能也在发生变迁。早期的监察制度主要承载监督公权力和调解纠纷的功能,之后人权保障成为监察制度的

---

① 以监察机关与其他机关关系为标准,又可以将监察制度在宏观上分为两类:外部型,即监察机关独立于行政机关,从外部监督行政机关;内部型,即监察机关隶属于行政机关,从行政机关内部进行监督。
② 李文郎:《修宪后"我国"监察制度与芬兰国会监察使制度之比较分析》,台湾政治大学2005年博士学位论文。
③ 周阳山、王增华:《监察权、监察使与"监察院"——监察功能的跨国分析》,载《展望与探索》2015年第1期。
④ 叶青、王小光:《域外监察制度发展评述》,载《法律科学(西北政法大学学报)》2017年第6期。

核心功能之一,一些新兴国家(地区)为了控制腐败而赋予监察机关打击腐败的职责,总之监察制度功能将会随着社会发展而继续变革。①

二、域外监察调查模式的分类

前文根据不同标准对监察制度所做的分类,都试图借助一个或几个宏观的标准将世界监察制度分为几个大类,然后将某个国家和地区的制度对号入座,最终试图绘制出一幅监察制度的准确图表。可是,各国监察制度差异确实太大,一个国家的监察制度可能同时符合几个标准特征,这样的划分很难保证精确性,这对我们从微观角度认识监察制度运行情况的意义十分有限。为了更清晰地认识监察制度的微观运行流程,全面发掘域外监察制度运行中的利弊,可以考虑以监察调查制度内容作为介入点,从调查权性质、调查权强制性、调查权内容组合三个角度对世界各国的监察制度进行比较分类。

(一)以监察调查权的性质为标准

监察机关启动行使职权主要通过两种方式进行,一是受理民众的各类投诉后决定启动程序,二是监察机关主动发现问题后自行启动程序。不同国家(地区)的监察机关在性质定位上存在差异,相应的监察权的定性也有所不同。监察调查权的性质影响调查程序的运行模式,以调查权的性质为标准,可以将监察调查制度分为以下五类:

第一,议会调查模式。当前世界比较具有代表性的监察制度是源自北欧的议会监察专员模式,该模式中的议会监察专员是一个相对独立的机关,监察专员由议会选举产生,监察专员的权力本质上是来自议会,是分割自原属议会的权力。早期实行议会监察专员制度的国家,比如瑞典和芬兰两国的议会监察专员本身也是议员,监察专员附属于议会,代表议会对公

---

① 国家监察专员协会认为,判断一个国家的机构是否属于现代监察机构,不是看其名称是否冠以监察专员、调解官、护民官、人权检察官等称号,而是看其功能和定位是否符合特定标准,这个标准的两个核心要素是监督公共权力和保护人权。

权力进行监督,后来为了保证监察专员能够进行公正中立的监督,又通过立法将监察专员和议会的关系进行了适当分离,确保监察专员能够独立行使职权。在建立议会监察专员制度的国家,监察专员所行使的受理申诉、弹劾、建议和调查等职权,都可以纳入广义上议会调查的范畴,其调查权属于议会调查的性质。

第二,司法调查模式。大多数情况下,监察机关主要从事监督公权力和保护人权的工作,一般只能进行调查核实争议问题的相关内容,并不拥有对涉嫌犯罪的案件进行调查的权力。不过,一些亚洲的国家和地区长期面临严重的腐败等社会问题,为了加强对公权力的监督和遏制腐败,立法者赋予了监察机关调查犯罪的职权,形成比较特殊的"反腐监察"模式,比如新加坡和中国澳门地区。这些反腐监察模式中的监察机关既负有监督公权力机关的职责,又是调查贪污腐败犯罪的专门机关,在行使调查犯罪职权时具有司法警察机关的身份,调查活动受到刑事程序法的约束和规范。

第三,行政调查模式。世界各地在建立独立的监察机关的同时,也在行政系统内部建立了监督机制,这属于自律性、自上而下进行的监督,存在许多监督上的盲区和漏洞,但是也不失为一个有效的监督模式。这种模式下的监察机关主要在行政系统内部行使职权,并有权对系统内部公务人员违反纪律、行政不当等行为进行调查处理,调查需要遵守行政程序法的规定,调查处理结果一般是追究相关人员的行政责任。如美国自20世纪60年代开始,在联邦政府内部设立监察长办公室,监察长由总统任命,在参议院通过后正式任职,对总统和参议院负责并汇报工作,[①] 监察长在联邦系统内进行的监督调查就属于行政调查模式。

第四,独立监察调查模式。权力分立是现代国家普遍奉行的政治制度建构原则,其中比较主流的是立法、司法和行政三权分立学说,但是也有人

[①] 石俊超、刘彦伟编:《比较监察制度》,中州古籍出版社1991年版,第28页。

提出了三权之外的第四权、第五权的概念,①并在世界某些地方的权力系统中得到体现,比如我国台湾地区的"监察院"。这类调查模式的主要特点是调查主体是独立设置的监察机关,该监察机关独立于立法、行政、司法等权力系统,在组织、性质、职权等方面都享有高度独立性,其调查活动具有行使公权力的性质,但与最高权力机关、司法机关、行政机关的调查活动在性质上存在差异,从本质上看是一类完全独立的调查模式。

第五,私人调查模式。随着社会分工越来越细,政府权力领域也在不断扩张,一些国家为了加强对某个行业领域的监督,成立了许多官方性质的专业监察专员,比如加拿大设立的语言监察专员和监狱监察专员,以及芬兰的少数族裔监察专员。目前,各国(地区)监察制度在性质上主要属于国家政治制度层面,监察机关和人员一般拥有公务员身份,开展监察调查工作也是在行使公权力。目前,一些发达国家的公司企业和社会组织也会借鉴国家监察制度,在行业领域内设立非国家权力部门性质的监察专员,比如新加坡银行业系统的银行监察专员、瑞典媒体行业的媒体监察专员、芬兰民间组织性质的儿童监察专员。这些民间性质的监察专员所进行的调查不具有官方性质,仅仅是民间私人层面的调查。

(二)以监察调查权的强制程度为标准

监察制度的多样性也决定了各地监察调查权的强制程度有所差异,有些国家(地区)的监察机关拥有十分强大调查权,且这些调查权行使具有很强的强制力,但另外多数国家(地区)监察机关的调查权缺乏足够的强制力,行使权力更多依赖被调查机关的配合。按照调查权的强制性,可以将监察调查模式划分为两类:

---

① 虽然不少人提出第四权或第五权的概念,但是对第四权或第五权的内容并未达成一致意见,有人认为第四权是来自最高权力机关的监督权,也有人认为是媒体的新闻自由权。孙中山提出的观点则是在立法、行政、司法外加入监察和考试两项独立权力,主要是借鉴了中国古代的御史制度和科举考试制度。叶青、王小光:《域外监察制度发展评述》,载《法律科学(西北政法大学学报)》2017年第6期。

第一,强制调查模式。强制调查模式下的监察机关拥有多种强制性调查手段,这些调查手段会对被调查对象的个人隐私、自由等人身权利进行限制和干涉,行使不当会有侵犯人权的风险,所以这些调查手段也受到刑事程序法等法律制度的规范。比如中国澳门地区将廉政公署同时作为特别监察机关和专门反腐机关,在调查职务犯罪时可以采取卧底、监听、授权假装犯罪、逮捕、搜查等强制性调查手段,被调查对象有法定的配合义务,无正当理由拒绝配合将承担刑罚处罚的后果。国际上实行这种强制调查模式的国家(地区)比较少,除中国澳门地区外,主要还有新加坡、蒙古①和中国香港地区。

第二,任意调查模式。大多数国家(地区)的监察机关并没有强制调查的权力,一般只有询问、调阅资料、现场检查和委托鉴定等非强制性的权力,调查工作需要得到被调查对象的配合,调查结果需要被调查对象接受才能发挥作用。当然,大多数国家(地区)的监察机关虽然没有强制调查手段,但是其本身具有极高的政治地位,在社会上的声望也比较高,所以调查对象一般会配合监察机关的调查工作,并尊重监察机关的建议和处理结果,否则监察机关会求助最高领袖或媒体,借助外界压力促使被调查机关接受相应的监察建议。如果被调查机关没有接受监察机关的建议,导致监察机关向最高权力机关、元首或媒体寻求解决路径,被调查机关的首长将会面临严重的政治后果。

(三)以监察调查权的内容组合为标准

各国(地区)监察机关大多以承担监督公权力和保护人权的职能为主,监察调查权一般服务于监督,并为了监督的目的进行调查工作。但也有一些地方将犯罪调查权赋予监察机关,监察机关同时行使监督权和犯罪调查权,这与中国正在组建的监察委员会比较相似。按监察调查权的内容组合

---

① 蒙古国在2006年设立的国家反贪局除了查处官员腐败犯罪之外,还负责监督政府官员,对政府高级官员的财产申报进行审查并做出结论。

可以把监察调查模式分为两类：

第一类是监督权和犯罪调查权合一模式，即由同一机关行使监察和调查腐败犯罪两项职能。比如新加坡贪污调查局就是比较典型的承担监督和调查双重职责的机构，贪污调查局同时承担本国（地区）主要的监察和反贪职能，既可以对公权力机关进行监督，又拥有完整的贪渎犯罪调查权。另外，蒙古反贪局、中国澳门地区和香港地区的廉政公署也属于这种"反腐监察"模式。

第二类是监督权和犯罪调查职权分离模式。除了少数地方的监察机关实行监察和反贪职权合一模式，大多数地方的监察机关实行的是监察和反贪职能分离配置模式，即监察职能和反贪职能分别配置给不同的机关，这些地方设立的独立监察机关并没有对违法犯罪的调查权，而是由其他机关行使贪污腐败调查权。这种模式下的监察机关只能对行政违法、失当等行为进行调查，如果在调查中发现被调查对象涉嫌职务犯罪，应将案件移交专门的犯罪调查机关负责后续的犯罪调查，但是某些国家赋予其监察机关跟进监督移送案件调查情况的权力。

第二节　监察权与犯罪调查权混合模式

一、新加坡贪污调查局

新加坡贪污调查局负责调查公务人员涉嫌贪污腐败及舞弊的行为，该机构代表新加坡加入了国际监察协会，也是国际认可的符合通行标准的监察机关。从该机构的权力配置来看，贪污调查局同时行使反贪和监察两项职权。[①] 新加坡是世界范围内少数能够成功控制腐败问题的国家之一，根

---

① 新加坡承担反贪和监察职能的主要是贪污调查局，另外新加坡总理办公室下设公共服务部负责推动行政机关廉洁效率的提升，但该部既无调查权，也不符合国际通行的监察机关定义，所承担的监察职能极为有限，更多的是承担人力资源管理和公共服务性职能。

据国际透明组织公布的全球清廉指数排名,①新加坡在近七年以来一直位列全球前十名,这些成就与新加坡贪污调查局的贡献密不可分。

(一) 贪污调查局的组织与职权

1. 贪污调查局的机构设置

新加坡是一院议会内阁制国家,国家机构设置遵循三权分立原则,总统是国家元首,但主要权力集中于内阁总理。贪污调查局的前身是英国殖民政府设立的警察局反贪污科,新加坡独立后于1952年制定了《防止贪污法》,并以该法为依据创立了独立于警察机关的贪污调查局,之后通过多次修法使调查局的组织和运行逐步规范化。目前,贪污调查局直属于总理办公室,独立于警察等机关,局长由总统任命,只向总理负责,②局长全面负责调查局工作,调查局内部下设调查部门、管理部门和后勤支援部门三个主要的部门:③

一是调查部门。调查部门是贪污调查局的主要职能部门,具体包括七个分支部门,分别负责不同的调查业务。这些分支部门包括:特别调查组(政府),负责调查公共领域的重大腐败犯罪;特别调查组(企业),负责调查私营经济领域的重大腐败犯罪;金融调查组,负责调查洗钱犯罪和跨国腐败犯罪;综合调查组,负责调查日常受理的普通违法犯罪案件;调查政策处,负责分析犯罪趋势,督促发生腐败案件的机关弥补管理漏洞;调查训练处,负责为调查人员制定和安排培训课程,提高调查人员业务水平。

二是行动支援部门。行动支援部门负责为调查行动提供信息和技术支

---

① 全球清廉指数(Corruption Perceptions Index,CPI),又称腐败感知指数、清廉印象指数等,是国际透明组织自1995年起每年针对世界各国(地区)清廉程度发布的评估,主要是就各地民众对当地腐败的感知程度进行评估,指数评分越高,代表民众对腐败感知程度越低。该指数的评估数据来自各国(地区)商人、民众、专业研究者,是目前国际公认的较具权威的国家清廉程度评估。新加坡在2016年得分高达84分,位列全球第7位,是亚洲排名最高的国家(地区)。

② 从性质上看,新加坡贪污调查局属于行政系统,又是执法机关。同时,贪污调查局只向总理负责,不受其他机关的干预,也无需向国会就预算等事宜接受质询,目前尚无国会主动要求贪污调查局汇报工作的先例。

③ 新加坡贪污调查局官网,https://www.cpib.gov.sg/about-us/our-work/organisational-structure,2018年2月1日访问。

持,主要包括两个分支部门:情报部门,负责收集和整理腐败犯罪情报信息,为调查部门提供信息服务;行动管理和支援部门,负责为调查部门提供行动支援,具体包括协助执行逮捕和护送任务,协助抓捕犯罪嫌疑人、检查文件资料、测谎和进行电脑技术鉴定。

三是事务管理部门。事务管理部门负责调查局日常的行政管理事务,具体包括四个分支部门:财务管理处,负责调查局的预算、采购和财产管理事务,为其他部门提供行政服务,确保调查局基础设施正常运行;人事管理和发展处,设计和执行调查局的人力资源发展战略,支持个人能力提升,满足调查局人力资源需求;政策规划和合作关系处,负责制定调查局的廉政计划和管理方案,联系其他机关共同落实反腐败宣传和培训等反腐败计划;信息技术处,负责调查局内部的信息技术服务,确保调查局各项职能在信息技术支持下顺利开展。

2. 贪污调查局的职责权限

根据新加坡的《防止贪污法》《贪污利益没收法》等法律,贪污调查局负责调查公务人员的失当、渎职行为,以及公共和私营领域发生的腐败、渎职犯罪及不当行政行为,并监督检查政府机关的行政活动和程序,督促政府机关改进程序以预防贪腐犯罪,开展反腐败宣传和教育培训。为了实现贪污调查局上述职能,新加坡通过立法授予其异常强大的权力,主要包括以下几项权力:

一是司法警察权。《防止贪污法》第17条授权调查局可以在没有检察官指示的情况下,调查《刑法》和《防止贪污法》所规定的职务犯罪及与之相关的其他犯罪,此时调查人员有权行使《刑事诉讼法》授予司法警察的一切调查权力。

二是搜查权。《防止贪污法》授权调查人员可以在治安法官或调查局局长批准之后,搜查可能藏匿罪证的地方,并有权扣押与犯罪相关的文件、物品和资料。另外,调查局经过检察官授权可以搜查涉嫌犯罪人员的金融账户,并要求相关人员提供信息,拒不提供即构成犯罪,将处罚款或徒刑。

三是无证逮捕权。《防止贪污法》第15条授权调查局局长、副局长、首席特别调查员或特别调查员可以在没有逮捕令的情况下,直接逮捕可能涉嫌腐败犯罪的人,调查员在此过程中有权对被逮捕对象进行搜查。

四是秘密调查权。新加坡法律授予贪污调查局类似情报部门秘密调查的特权,即调查人员在没有明确怀疑对象的情况下,有权对任何公务人员的日常工作和生活进行跟踪监视,并针对可疑情况通过卧底调查、诱惑调查、窃听、录音、秘密拍摄、录像等方式收集证据。①

五是其他特殊权力。根据《防止贪污法》等法律规定,新加坡贪污调查局有权随时调阅法院公证处存放的公务人员的个人财产申报记录,②并要求犯罪嫌疑人宣誓说明不相称收入的来源,不能说明合法来源者将构成犯罪。任何被调查局约谈的人都有义务如实提供信息,提供虚假信息将构成犯罪。另外,新加坡法律特别规定贪污犯罪的举证责任由被控告人承担。③

(二)贪污调查程序运行

贪污腐败案件的调查运行既涉及调查局内部各部门之间的程序衔接,同时也涉及调查局与检察机关、法院之间的程序流转。总体上看,贪污调查局的调查程序运行简明高效且内外监督有力(图3-2),这与新加坡政府的高效运行十分类似。

第一阶段,投诉检举。贪污调查局为了扩大线索来源,方便广大民众检举腐败线索,建立了多种十分便捷的案件举报通道,民众可以通过亲临现场、电话、官网投诉、传真、电子邮件等多种不同的方式提交投诉或进行检举。根据贪污调查局对2016年受理投诉情况的分析,全部受理的投诉中

---

① 刘守芬、李淳主编:《新加坡廉政法律制度研究》,北京大学出版社2003年版,第161—162页。

② 新加坡《公务员行为准则》等法律规定,除了国家元首之外,其他公务员需要依法申报财产,申报程序是先开具财产清单,然后到法院公证处接受审查,并由宣誓官签名以示公证,公证处的正本须交由工作人员所属机关之人事单位保管,副本则由法院公证处保管。贪污调查局可以随时查阅这些申报记录,其他机关也可以主动向贪污调查局提交申报记录。曹云华:《亚洲的瑞士——新加坡启示录》,中国对外经济贸易出版社1997年版,第63页。

③ 新加坡法律规定了贪污腐败犯罪的举证责任倒置原则,并否定了犯罪嫌疑人在调查阶段的沉默权,但是《刑事诉讼法》又同时赋予了犯罪嫌疑人在法庭上的沉默权,这使得司法实践中犯罪嫌疑人的权利得到了一定保护,但也让举证责任倒置的反贪效果十分有限。

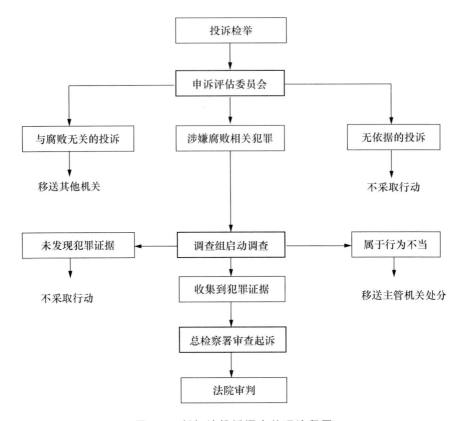

图 3-2　新加坡投诉调查处理流程图
数据来源：新加坡贪污调查局官网。

传真和信件投诉的占比为 35%，调查局官网投诉的占比为 34%，电子邮件投诉的占比为 11%，电话投诉的占比 10%，现场投诉的占比 7%，其他部门转交的占比 3%，其中调查局举报专线有工作人员 24 小时值班接受举报。①另外，《防止贪污法》明确规定对恶意举报者处以一年以下有期徒刑或一万新元罚金，以防止有人通过恶意举报扰乱政府正常工作。

第二阶段，受理审查。腐败犯罪线索汇集到调查局之后，并不直接移送到调查科室进行调查，而是移交给调查局内部设立的申诉评估委员会

---

① 《新加坡贪污调查局 2016 年年度报告》，https://www.cpib.gov.sg/research-room/publications/annual-reports，2018 年 1 月 3 日访问。

（Complaints Evaluation Committee，CEC）进行评估审查。申诉评估委员会由贪污调查局的主要局领导组成，委员会将对举报线索进行审查评估，以确定具体的线索是否属于调查局的管辖范围，以及线索提供的信息是否具有调查价值，是否需要立即采取其他后续行动。具体来说，委员会接受申诉后要在 14 天内做出以下决定：一是对于审查后认为属于调查局管辖范围的线索，应作出决定受理申诉，并将线索移交调查部门进行调查；二是审查后认为线索无调查价值，则决定不予受理，也不启动任何调查程序；三是审查后发现无管辖权，则移送其他有权管辖机关进行处理。

第三阶段，全面调查。申诉评估委员会决定受理线索并启动调查程序后，将根据线索涉嫌的犯罪类型将案件移送具体调查科室进行调查，具体而言，这些案件线索将由调查系统的特殊调查组（政府）、特殊调查组（企业）、金融调查组、综合调查组开展调查，[①]其他支援和辅助科室将为调查提供技术等支持。调查人员对贪渎案件的调查与司法警察的犯罪调查均属于同一性质，这两类调查活动都受到《刑事诉讼法》等程序规范的约束，调查局在调查中要形成工作记录，这些工作记录为体现调查细节的工作日志，[②]调查人员在调查结束后要制作调查报告等材料。调查人员在调查结束后发现被调查对象涉嫌腐败犯罪，且已经收集到足够证据，则将案件移送新加坡总检察署审查决定是否移送起诉；如果发现被调查对象的行为不构成犯罪，但是属于行政行为不当或违反纪律，则将该调查对象移送给主管机关给予行政处分。

第四阶段，总检察署审查起诉。新加坡实行检察官起诉独占主义，所以贪污调查局调查结束后无权决定移送法院起诉，而是要移交总检察署进行审查决定是否起诉至法院。"新加坡只设一个检察机关，对应三级法院（初

[①] 近三年来，在新加坡贪污调查局调查的案件总数中，私营经济领域的案件数量超过 70％，其中 2016 年调查的私营经济领域腐败犯罪案件数量达到 75％，起诉至法院的犯罪嫌疑人数量达到 96％。

[②] 该工作日志是新加坡《刑事诉讼法》要求实施调查的警察必须制作的程序进展日志，具体描述收到调查命令的时间、调查开始和结束的时间、调查的过程和具体发现等。《世界各国刑事诉讼法》编辑委员会编译：《世界各国刑事诉讼法（亚洲卷）》，中国检察出版社 2016 年版，第 578 页。

级法庭、高级法院和最高法院)的三审制,三审开庭均由他们出庭应诉,指控犯罪。新加坡的检察机关只承担公诉职能,而没有职务犯罪侦查等职能;它只接受侦查机关(包括刑事调查局、中央肃毒局、贪污调查局、移民局、关税局、商业事务局等)移送过来的提请起诉的案件。"①总检察署收到调查局移送的案件后将指派检察官进行审查,经过审查后决定是否移送有管辖权的法院进行起诉。

第五阶段,检察官起诉和法院判决。总检察署在对贪污调查局移送的案件进行审查后,如果认为可能构成犯罪,符合起诉条件,将向有管辖权的法院进行起诉。根据新加坡《刑事诉讼法》等法律的规定,如果贪污调查局收集到的证据资料充分,则被调查对象将被逮捕并移送法院,对于调查局申请逮捕的案件则需要在 48 小时内移送法院。司法实践中,检察官有时为继续收集资料或防止被调查对象逃匿,会向法院申请延长羁押期限,但一般会在几周内提起公诉,否则应向法院申请对该被告人撤回起诉。新加坡反贪体制一直处于高效运转状态,贪污调查局、总检察署和法院都保持较高的办案效率,腐败犯罪的定罪率一直非常高(表 3-1)。

表 3-1　新加坡腐败调查结案率和定罪率(2012—2016)

年度	贪污调查局结案率	法院审判定罪率
2016 年	80%	100%
2015 年	86%	97%
2014 年	77%	96%
2013 年	67%	97%
2012 年	76%	98%

数据来源:新加坡贪污调查局官网。

---

① 樊崇义、刘文化:《广泛与独立:新加坡检察制度的公权特色》,载《检察日报》2015 年 7 月 28 日第 3 版。

（三）调查程序运行的监督

贪污调查局只向总理负责，机构定位上兼具政府机构和执法机关的双重性质，机构设置上却独立于行政、司法和立法等机关之外。新加坡法律授予调查局极其强大的调查权力，首任总理李光耀就曾提出要授予调查局"极权"来反贪，新加坡对调查局的权力配置也基本遵循了李光耀早期的理念。但是，贪污调查局拥有类似情报部门的秘密侦查权，如果调查人员对该权力运用不当，很容易产生侵犯人权和破坏法治的问题。不过，有权力就有监督，贪污调查局多年来一直保持清廉规范运作，这与新加坡建立了有效的监督机制有很大关系，具体包括以下几个层面监督：

一是总统和总理的监督。新加坡总统有权提名和任命贪污调查局局长，局长被任命之后向总理负责，接受总理的领导。总统可以直接命令贪污调查局局长调查政府部长涉嫌贪污的案件，另外也可以通过人事任免、制定反腐败政策等方式，对贪污调查局的调查活动进行间接监督，以防止调查人员滥用调查权。

二是司法机关的监督。新加坡奉行权力分立原则，法院系统的独立地位受到充分保障，法院可以从诉讼程序上对贪污调查活动进行监督。贪污调查局只负责调查犯罪，如果需要长期羁押犯罪嫌疑人，需要取得法官签发的令状，且调查期间逮捕犯罪嫌疑人后应在48小时内移送法院，贪污调查局无权干涉法院的决定，并接受法官对其调查活动的司法审查。

三是行政机关的监督。新加坡总检察署属于内政部下的一个行政机关，但享有相对独立的地位，负责起诉所有的刑事案件，可以通过业务活动对贪污调查局的调查活动进行监督。贪污调查人员如果要查询犯罪嫌疑人及相关人员的金融账户等，需要得到检察官的授权，案件调查终结将移送总检察署进行审查。另外，总理办公室下属的公共服务部门负责公务员的人事、纪律等事项管理，他们也有权对贪污调查局工作人员的不当行为进行处分。①

四是社会力量监督。新加坡的媒体受到政府一定程度的管制,但是媒体在社会生活和政治活动中发挥的作用也在逐年增大,媒体对一些重大案件的跟踪报道可以起到监督调查活动的作用。社会大众也可以通过多种渠道对贪污调查局的调查活动进行监督,并提出投诉或检举不法行为。另外,被调查对象根据刑事诉讼法等法律规定,有权在诉讼程序中聘请律师,律师也可以通过介入调查活动,帮助被调查对象行使权利来发挥监督调查活动的作用。

二、中国澳门特别行政区廉政公署

中华人民共和国澳门特别行政区廉政公署承担着监察和腐败犯罪调查的双重职能,廉政公署的前身是1992年设立的反贪污暨反行政违法性高级专员公署,1999年澳门主权回归中华人民共和国之后,该高级专员公署在一国两制框架下进一步重组为廉政公署。根据《中华人民共和国澳门特别行政区基本法》的规定,廉政公署是一个独立运行的公共机关,廉政专员只需向特区行政长官负政治责任,在开展具体业务时具有高度独立的地位。

(一)廉政公署的职责与机构设置

廉政公署作为澳门特别行政区的专业反贪机构和行政申诉机关,同时承担反贪和监察两项职能,在机构设置和程序运行中体现出典型的"一个机关,两种职能"的特色。② 这种双重角色的定位也影响了廉政公署的机构设置和程序运行模式。

---

① 如果贪污调查局内部人员涉嫌贪腐犯罪,案件仍由贪污调查局负责调查,但是涉嫌犯罪官员必须停职,局长涉嫌犯罪也是如此。中央党校第23期一年制中青班赴新加坡考察团:《新加坡的反贪机制》,载《学习时报》2008年1月30日第2版。
② 澳门地区廉政公署是典型的反贪和监察(又称行政申诉)两项独立职能合一的机构,一方面《澳门刑事诉讼法典》第1条第1款授予其"刑事警察机关"的地位,廉政公署享有刑事警察的所有侦查权;另一方面廉政公署同时也是澳门地区的行政申诉机关,负有保护人权和监督公权力行使的职责,但不处理澳门特区政府的具体行政事务,故有学者认为其虽然接受行政长官领导,但不属于行政系统。杨静辉、李祥琴:《港澳基本法比较研究》,澳门基金会1996年版,第240页。

1. 廉政公署的机构设置

澳门廉政公署的所有权力归廉政专员享有,廉政专员可以授权助理专员及其他辅助人员行使权力,廉政专员由行政长官提名并由中央人民政府任命。廉政公署享有高度的独立性,在财政、人事、程序运行等方面高度自主,行政长官也不能干涉其具体业务。廉政公署的内设部门包括廉政专员办公室、反贪局、行政申诉局三个系统,另设有直属廉政专员的情报处。[①]具体机构设置如下:[②]

一是廉政专员办公室。廉政专员办公室是廉政公署内部的行政综合事务部门,下设综合关系处、社区关系处、资讯处、研究组织部。办公室负责拟定公署的工作计划和报告,组织针对公署内部人员的培训交流,管理公署内部的财务、人事、对外联系、宣传教育等具体业务,进而保障整个廉署日常工作正常运行。

二是反贪局。反贪局承担主要的反腐败调查职能,负责组织人员对贪污腐败犯罪进行调查,并管理公务人员的财产申报工作。反贪局之下设立了调查一厅、调查二厅、调查三厅、技术支援厅、财务及咨讯调查厅、财产及利益申报处。调查厅下面可以设立调查小组,这些调查小组负责具体的犯罪调查工作。技术支援厅负责管理案件卷宗等资料,并为调查工作提供信息支持,同时协助做好公务人员财产及利益申报工作。

三是行政申诉局。行政申诉局下设行政申诉厅和审查研究厅两个部门,主要负责接受投诉、纠正违法和不公正的行政行为,并对具体的申诉进行调查取证,进而根据调查结论做出相应的处理意见。其中,审查研究厅有权对其他机关的现行法律制度、政府工作程序的漏洞和问题进行研究,并向有关机关提出改进的法律意见。另外,行政申诉局设立了一个技术审议委员会,负责对各类投诉调查及审查结论提出无约束力的专业意见,委

[①] 廉政专员本身也可以被看作一个独立的机关,廉政公署是具体执行廉政专员权力的机构,根据澳门特别行政区修改《廉政公署部门的组织及运作》的规定,廉政专员办公室、反贪局、行政申诉局是廉政公署这个机关的内设机构,而情报处则直属廉政专员。

[②] 澳门廉政公署官网,http://www.ccac.org.mo/index.php/zh-mo/about/functions-n-organisation-structure,2018年1月6日访问。

员会成员主要为廉政公署内部的部门领导。

四是情报处。情报处接受廉政专员的直接领导,负责收集、研究及处理对预防及调查犯罪有用的必要信息情报,并完成廉政专员特别指派的其他任务,其工作内容有一定的灵活性。

2. 廉政公署的职责权限

《澳门特别行政区廉政公署组织法》等法律对廉政公署的任务和职责进行了明确规定,公署的工作范围涵盖了对贪污腐败的调查和预防、反腐败宣传,以及接受民众控诉、监督公权力运行等多项内容。[①] 具体如下:

一是调查和预防贪污腐败犯罪。廉政公署有权对发生在公共部门和私营部门的贪污犯罪及相关的欺诈犯罪进行调查和侦查,同时也有权对发生在信用机构[②]以及选民登记和选举过程中的贪污犯罪及相关欺诈犯罪进行调查和侦查。廉政公署在调查贪污腐败犯罪时具有刑事警察机关的法律地位,所以可以行使《刑事诉讼法典》授予警察机关的一切侦查权限,并且可以灵活使用专案调查、全面调查等不同的调查方式,调查人员配置有辅助执法的警用武器等警具,甚至拥有以"核准假装犯罪"的方式进行诱惑侦查的权力。廉政公署除了拥有上述调查权力,还可以要求任何人到场陈述,如果对方拒绝则构成违令罪,并有加重处罚情节,且不免除民事和行政责任。[③] 此外,廉政公署一直把预防腐败作为重点工作,通过编写廉洁教材、进行社区推广、对政府和企业人员进行廉洁教育等多种方式,积极预防公私部门中腐败犯罪的发生。

二是开展行政申诉工作。廉政公署的行政申诉部门可以受理关于滥用

---

① 根据《澳门特别行政区廉政公署组织法》及《澳门特别行政区基本法》第 50 条可知,廉政专员与廉政公署在具体权限上有所不同,廉政专员是廉政公署所有权力的拥有者,廉政公署实质上是廉政专员的权力执行机构,廉政专员自身也可被认为是一个独立机关,但是通常将廉政专员和廉政公署看作一体进行讨论。

② 澳门特别行政区《金融体系法律制度》第 1 条 b 项规定信用机构的业务包括接受公众之存款或其他应偿还款项,以及以自负风险及为自己之方式批给贷款之企业。

③ 《澳门特别行政区廉政公署组织法》第 14 条规定,被要求做出陈述但拒绝做出,并因而被当面通知或经其他适当方法被通知做出陈述,但仍无理不到场或拒绝做出陈述,受相当于违令罪的刑罚。如果出现被调查对象故意阻挠调查工作等情况,则加重处罚。

职权、行政失当等行为的举报,并在调查和审查后做出纪律处分决定。廉政公署也可以主动对行政失当行为进行调查,有权监督针对公共财产的处分行为,审查行政机关的工作制度,在审查结束后可以直接劝喻行政机关纠正不当行为,也可以将调查结论向行政长官汇报,建议修订相关法律,要求公共机关改善服务。

三是管理公务人员财产及利益申报。廉政公署也负责部分公务人员的财产申报工作,通过管理部分财产审查工作行使对公务人员的财产利益监督权。澳门地区在1998年就建立了公务人员财产申报制度。《澳门特别行政区财产及利益申报法律制度》规定,申报责任主体是公务人员及其配偶,申报内容包括各种收入、存款、债务、动产及不动产等。澳门的财产申报制度由终审法院和廉政公署共同负责落实,其中终审法院办事处管理行政长官、主要官员、立法会议员、行政会成员、公共职位据位人的财产申报,其余公务人员的财产申报均由廉政公署负责。

(二)廉政公署调查程序运行

"一个机构,两种职能"的定位既影响了廉政公署内部的机构设置,也导致廉政公署的调查程序成为典型的反贪、监察二元模式,即反贪部门和行政申诉部门分别主导各自业务范围内的调查程序(具体廉政公署调查程序流程可见图3-3)。双方除了业务上进行协调之外,互不干涉对方的调查工作。廉政公署的犯罪调查程序主要包括以下几个阶段:

1. 线索受理

廉政公署为了扩大线索来源,方便民众快速提交举报材料,开通了灵活多样的举报通道。民众可以通过官网留言、拨打举报电话、邮寄信件、现场投诉、电子邮件、传真等多种方式进行举报。廉政公署设立了举报中心,专门负责受理民众的投诉和举报,接受其他机关移交的线索,并对这些线索进行登记和整理,然后向廉政公署领导汇报。

2. 初步分析

投诉中心接收各类举报或投诉后,并不会直接转交给反贪局或行政申

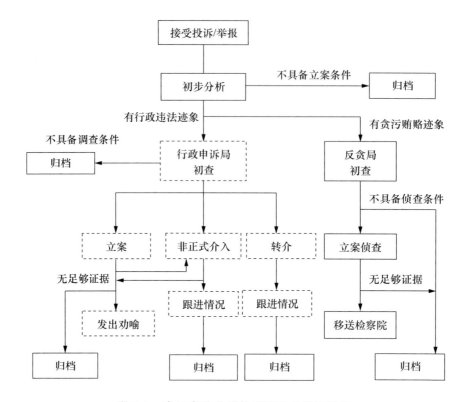

图 3-3 澳门廉政公署投诉调查处理流程图
资料来源:根据澳门廉政公署 2012 年年度报告制作。
注:实线框为调查腐败犯罪的流程,虚线框为行政申诉的流程。

诉局进行调查,而是会移交给廉政公署专员进行审查,审查和分配办案任务是廉政专员的特有权力。在廉政公署内部,由廉政专员会同两名助理专员、①廉政专员办公室主任对具体线索进行审核,经过对案件线索的审查讨论,如果认为线索涉嫌贪污腐败犯罪,则将线索移交反贪局处理;如果认为线索涉及行政违法,则将线索移交行政申诉局调查处理。程序分流之后的调查程序分为反贪、行政申诉两条支线展开,这种做法可以避免某些针对

---

① 《澳门特别行政区廉政公署组织法》第 24 条规定,廉政公署助理专员享受部分局长的权利和优惠。一般情况下,助理专员本身兼任反贪局或行政申诉局的局长,如果投诉是针对某个助理专员的,该助理专员应回避,由其他助理专员接管该投诉的处理程序。

廉政专员或助理专员的投诉线索不能得到公正的处理。

3. 反贪调查程序

调查程序分流之后，涉嫌贪污腐败的线索将移交给反贪局进行调查，反贪局内部各个科室根据各自职责开展具体的调查及后勤支援业务，具体的反贪案件调查程序流转如下：

第一，初查。廉政公署反贪调查程序中设有独立的初查程序，初查的目的是在刑事立案前对线索进行进一步核实，并收集初步的证据材料。反贪局长有权将案件指定给具体的调查厅进行初查，如果初查之后发现没有必要进行立案侦查，则将案件归档；如果发现案件有进行正式立案侦查的必要，则进行刑事立案后转入刑事侦查程序。

第二，立案侦查。反贪局内设的各部门分别承担着不同的调查任务。其中，调查一厅、二厅负责调查发生在公共机关及选举过程中的贪污腐败犯罪和欺诈犯罪；调查三厅负责调查发生在私营部门的贪污腐败犯罪及欺诈犯罪；技术支援厅负责提供技术支持，管理武器、证物和档案资料；财务及资讯调查厅负责为调查及侦查提供资讯辅助。正式立案侦查开始后，这些科室就按照各自职责开展侦查工作，并严格遵照刑事诉讼法等法律规定进行活动，有权行使各类刑事侦查权和反贪特权，但在采取强制措施、扣押、拘留等措施时需要经过预审法官的审查。① 调查人员在侦查终结后如果未收集到足够证据，则将案件归档；如果收集到足够证据，则移送检察院进行审查。

第三，移送检察院提起控诉。调查人员在经过侦查收集到足够的犯罪证据后，可以终结侦查，并将案件移送检察院审查。根据《澳门特别行政区基本法》和《司法组织纲要法》的规定，澳门地区检察院属于独立行使检察权的司法机关，检察院除了行使领导侦查的职权外，也负责对侦查终结的案件进行审查，决定是否向法院提起控诉。澳门地区检察院的刑事诉讼办事处负责对廉政公署移送的案件材料进行审查，如果发现有充分迹象显示

---

① 《澳门特别行政区刑事诉讼法典》规定，检察机关是侦查权的拥有者，也是侦查活动的领导者。但是廉政公署的调查及侦查活动独立性强，拥有完全的程序自主权。

犯罪发生,并且已查明作案者身份,应当向法院提起控诉。

第四,预审。刑事预审是在侦查终结后、正式审判之前的一个阶段,由独立的刑事预审法官主持,只能在刑事预审法庭进行。《司法组织纲要法》第29条规定,刑事起诉法庭的职权主要有两项:一是在刑事诉讼程序中行使侦查方面的审判职能、进行预审以及针对是否起诉做出裁判;二是对徒刑及收容保安处分行使管辖权,如给予废止假释、重新审查、复查及延长收容等。预审由犯罪嫌疑人或辅助人申请启动,预审法官收到案件后会首先组织进行调查和收集证据,然后进行预审辩论,如果认为嫌疑人将被处以刑罚或保安处分,将做出起诉的决定,随后由法院安排审理日期。

4. 行政申诉调查程序

行政申诉调查是针对公共部门的行政违法或失当所进行的调查,调查活动要遵守《澳门特别行政区廉政公署组织法》《行政程序法典》等相关法律规定的程序,调查结束后的处理方式也比较灵活,可以有劝喻、转介、非正式介入等多种形式,该部门在监督公共权力运行方面发挥着重大作用。一般来说,行政申诉局的调查程序按照以下步骤流转:

一是初查。廉政专员移交线索到行政申诉局后,行政申诉局将先组织调查人员进行初查,调查人员可以向相关人员了解情况、检查和查验资料、进行鉴定,初查过程中一般会举行听证,投诉人和被投诉人都可以到场陈述意见,初查结束后形成报告材料,并由申诉局领导审查决定是立案、转介、进行非正式介入还是直接归档。

二是初查后转介。行政申诉局进行初查后,如果认为投诉的问题应由被投诉部门先行处理,或者被投诉部门尚在处理过程中,则从高效解决争端的角度出发,在征得投诉人同意后,将问题转入相关部门处理。[1] 此后,廉政公署将继续跟进问题的处理情况,如果投诉问题得到合法、恰当解决,则直接予以结案。假如廉政公署认为被投诉部门解决问题不当,则转入正

---

[1] 廉政公署在工作中发现许多被投诉部门本身设置了投诉解决机制,廉政公署对所有案件进行立案调查并非最有效率的解决途径,有些问题交给被投诉部门自行处理可以给予其改进工作的机会,也可以减少多次投诉带来的资源浪费问题。澳门二十一世纪法律研究会:《探索澳门行政申诉制度发展路向——亚洲行政申诉制度的研究比较》,澳门廉政公署、澳门基金会2009年版,第107页。

式立案程序,在正式调查后向被调查部门发出劝喻。

三是初查后进行非正式介入。行政申诉局初查后发现被投诉的行政行为尚未发生效力或程序仍未完成,可以采取非正式介入的方式解决问题。此时,廉政公署将出面与被投诉部门进行非正式商谈,具体可以以电话或非正式会议的形式,这样可以通过最快捷的方式解决争端,也能节省政府资源。对于某些有明显行政违法或违法迹象的行为,以及进入司法程序的行政违法行为,如果仍有介入条件的,申诉局也可以使用非正式介入的方式。

四是正式立案调查。行政申诉局初查后认为行政行为违法或失当的程度严重,涉及面较广,将启动正式的立案调查程序。调查人员可以使用《澳门特别行政区廉政公署组织法》《行政程序法典》等相关法律授予的调查权力,在调查收集到证据材料证实行政行为违法或存在不当等问题后,廉政公署会向行政长官或被投诉部门发出纠正的劝喻,①建议被投诉部门采取具体的整改方法,改进工作方式和程序。被投诉部门一般会接受劝喻,如果不接受则应在 90 日内向公署提交附理由的答复,公署可以视情况向行政长官或被投诉部门上级机关申明立场,并有权将调查报告向社会公开。另外,行政申诉局正式立案调查后,如果认为采取非正式介入更为合适的,仍然可以转入非正式介入程序。

5. 归档后处理

廉政公署在初步分析、初查、调查及侦查过程中,如果发现线索或案件不具备调查条件,没有调查必要,或者未发现违法犯罪的迹象,可以决定将案件暂时归档。假如在以后的工作中发现归档案件涉及违法犯罪,具备可查条件,可以重开案卷,再次启动相应的调查程序。

(三)调查活动运行的监督

廉政公署掌握反贪和监察两项强大的权力,既可以行使《刑事诉讼法

---

① 针对立法会立法权限的行为不当或违法问题,廉政公署无权直接向立法会提出,而应制作正式的报告书,向行政长官提出。澳门二十一世纪法律研究会:《探索澳门行政申诉制度发展路向——亚洲行政申诉制度的研究比较》,澳门廉政公署、澳门基金会 2009 年版,第 53 页。

典》授予的侦查权对贪污贿赂犯罪进行调查，又可以按照《行政程序法典》等规定监督公共权力运行，这引起了外界对其滥用职权的担忧。为此，澳门特别行政区政府针对廉政公署的调查活动，设计了健全的监督机制，防止调查权力被滥用。

第一，行政长官的监督。行政长官是澳门特区的最高政治代表和行政首长，与廉政公署的组织和运行相关的法律规定多以行政法规的方式公布，均需行政长官的审查和批准。廉政公署针对行政违法行为的调查报告有时需向行政长官汇报，借助行政长官的权威执行下去。行政长官可以通过审查廉政公署的调查报告，①发布有关调查制度的法律文件，对廉政公署的调查活动进行宏观层面的监督。

第二，纪检会的监督。纪检会全称是"廉政公署人员纪律检查委员会"，是根据澳门特区第164/2001号行政长官批示设立的，其主要职责是监督针对廉政公署人员的纪律投诉问题，并制作工作报告向行政长官汇报。纪检会是专门针对廉政公署的监察机关，与廉政专员和廉政公署是平行关系，廉政专员是纪检委的当然成员，另外四人由行政长官指派社会人士充任，并由行政长官从社会人士中指定一人担任主席。纪检会实行合议制，适用《行政程序法典》规定的合议程序，②纪检会举行的会议均在廉政公署进行，在通过对廉署人员的纪律处分意见后，由廉政专员发布命令给予纪律处分。

第三，司法机关监督。澳门地区检察院和法院都定位为司法机关，两者在刑事诉讼程序中都承担重要的职能，检察机关是名义上的侦查活动领导者，有权向刑事起诉法庭建议采取特殊侦查措施，并对侦查终结后移送的案卷进行审查，进而决定是否向法院提起控诉。法院有权对强制措施的适

---

① 根据《澳门特别行政区廉政公署组织法》的规定，廉政公署应最迟于每年3月31日向行政长官提交上年度的工作报告，并将该报告公布于《澳门特别行政区公报》。澳门地区法律并没有要求廉政公署向立法机关提交工作报告。

② 纪检会合议讨论之后，首先进行无记名投票，如果票数相同则立即进行第二次投票，假如票数仍然相同，则在48小时后举行新的投票，此投票实行记名投票。记名投票的票数如果相同，就根据《行政程序法典》的程序要求，由主席发挥投票中的决定作用。

用进行司法审查,并采取必要的侦查措施收集证据。检察院和法院在刑事诉讼程序中都可以对廉政公署的调查活动进行监督,确保公署的调查活动依法进行。

第四,社会力量监督。虽然廉政公署独立行使调查权受到法律的保护,禁止外界人为干预调查程序和调查结果,但是不代表调查活动不受社会舆论的监督。廉政公署本身需要履行的一个重要义务就是向社会公开调查情况,这是为了引起社会各界重视,并收集到更多有价值的信息;还为了教育社会大众,并向涉嫌违法的机关施压,借助舆论施压要求被调查对象纠正违法行为。从这个层面上看,廉政公署接受社会舆论监督,既是被动接受,又是主动为之。另外,当事人在廉政公署的反贪和行政申诉调查程序中均可聘请律师,律师也可以发挥监督作用。①

三、中国香港特别行政区廉政公署

香港特别行政区廉政公署主要负责调查公、私两个领域的贪污贿赂犯罪,同时承担监督检查公共机构的作业程序、督促政府纠正有缺陷的工作程序、开展反腐败宣传和教育等职能。另外,香港地区还设立了一个申诉专员公署来承担监督职能,通过受理民众申诉,调查公共机构行政失当和滥用职权行为,来纠正政府施政错误,保护民众人权。② 总的来说,香港廉

---

① 《刑事诉讼法典》第 51 条规定犯罪嫌疑人可以在诉讼的任何阶段聘请律师,律师可以行使法律赋予嫌疑人的所有权利,可以向调查人员发表意见,并投诉违法调查行为。另外,《行政程序法典》第 54 条规定:"所有私人均有权亲身参与行政程序,或在行政程序中由包括律师或法律代办在内之人代理或辅助。"律师可以在行政申诉调查程序中收集证据,并向调查人员发表意见。

② 申诉专员公署于 1989 年根据《申诉专员条例》创设,是一个拥有独立地位的机关,申诉专员由行政长官任命,下设副申诉专员一人,副申诉专员之下设有两个调查科、一个行政及发展科,以及编译组和评审组各一个,调查科有权采取查阅政府资料、现场检查等调查措施。申诉专员公署的调查一般要经历线索受理、初步审查、初步查讯、全面调查等阶段。具体的投诉调查方式包括:查讯,调查科进行前期调查工作的同时,要求被投诉机构对投诉问题进行调查并回应,同时将回应及时通知投诉人;调解,对于情节比较轻微的个案,以及不涉及行政失当的案件,采取调解这种灵活方式进行解决;全面调查,如果线索性质较为复杂,涉及原则性问题,属于行政严重不公,行政程序存在重大漏洞,则将把线索移交给调查科进行全面调查。香港申诉专员公署官网,http://www.ombudsman.hk,2018 年 1 月 11 日访问。

政公署主要承担调查贪污犯罪职责,同时履行监督公权力的监察职责,与中国内地地区的监察委有些类似,因此本书重点介绍其调查程序。

(一)廉政公署的职能与组织

1. 廉政公署的职能权限

香港廉政公署初创于1974年,前身是警察机关内部的反腐部门,[①]香港回归前称为"总督特派廉政专员公署",该模式对世界反腐制度产生了深远影响。[②] 中国政府对香港恢复行使主权之后,《香港特别行政区基本法》赋予廉政公署独立的地位,廉政公署的长官廉政专员向行政长官负责,除此之外不受其他任何人员和机关的管辖。廉政公署主要负责调查发生在公私机构内部的涉嫌违反《廉政公署条例》《防止贿赂条例》《选举(舞弊及非法行为)条例》的贪污贿赂和与职权相关的勒索犯罪,并有权调查与贪污有关联及纵容贪污的行为,另外承担一些监督公共权力运行的监察职权,比如检查公共机构的业务程序是否有漏洞,并督促这些机构改进工作方式。

廉政公署在调查犯罪过程中可以使用十分强大的调查权。"《廉政公署条例》赋予廉政公署十分广泛的调查权力,具体包括搜查与检取证物、逮捕、扣留和批准保释的权力。"[③]另外,廉政公署也可以采取警察机关等执法机关所拥有的讯问、检查文件等侦查手段,在获得特别授权后可以采取发展线人、进行卧底侦查、对被调查对象使用监听等特殊侦查手段,法律规定任何阻碍其调查或虚假陈述的行为均构成犯罪。

[①] 香港地区在1948年制定《防止贪污条例》,并赋予警务署调查贪污腐败的权限,警务署犯罪侦查处下面设立了反贪污科负责调查腐败犯罪,进而在1970年把反贪污科提升为直属警务署的反贪污办公室。但是香港地区在二十世纪六七十年代的警察腐败非常严重,反腐败工作无法推进,于是在1974年通过《廉政公署条例》,设立直属港英总督的廉政公署,正式建立独立的反贪渎机关。

[②] 香港地区的廉政公署模式取得了巨大的成功,引起国际社会关注,也受到其他国家和地区的效仿,澳门地区廉政公署、澳大利亚联邦执法廉政署及其各州的廉政公署,以及一些非洲国家的廉政公署等都借鉴了香港模式,并且基本都赋予其反腐机构监听、卧底侦查等特殊的侦查手段。

[③] 《廉政公署条例》第9条和第10条规定,廉政专员可以授权调查人员进行无令状的逮捕,也可以进行无令状的搜查,但是逮捕后48小时内应立即带至法官面前,否则应予以保释。

2. 廉政公署的组织结构

廉政公署由廉政专员、副廉政专员及获委任的廉署人员组成,这些人员的人事管理独立,不受香港公务员管理机构的管理。廉政公署成立后,为了履行法律赋予的反贪和监察职能,并高效行使调查权力,在廉政公署内部建立了组织严密的机构体系,主要包括廉政专员办公室、行政总部和执行处、防止贪污处、社会关系处。廉政专员办公室和行政总部主要处理廉署内部的人事、财务等行政事务,主管反贪和监察业务的是执行处、防止贪污处、社会关系处这三个处室,这三个处室的具体设置和功能如下:

一是执行处。执行处负责具体的调查工作,机构编制最为庞大,处长由副廉政专员兼任。执行处下设四个科室,各科室分工明确:"调查科(一)"负责调查公共机构、政府和选举过程中的贪污贿赂犯罪;"调查科(二)"负责调查私营机构的贪污贿赂犯罪;"调查科(三)"负责管理枪械、情报、线人和卧底行动,开展证人保护、跟踪和技术支援;"调查科(四)"设有举报中心、拘留中心、快速反应队等部门,负责进行后勤支援、资料统计分析、技术鉴定、对外联络等工作,其中快速反应队专门负责调查处理简单的案件。另外,执行处下面还设有内部调查组,负责调查廉政公署内部违反纪律的行为。

二是防止贪污处。防止贪污处主要负责开展反贪调研,审查公共机构的工作程序,建议公共机构改进制度以预防腐败,并向私营机构提供防贪的咨询建议。该处下设了两个审查科,审查科下面设有两个审查工作组以及一个私营机构顾问咨询组和管理组,①该处也拥有一定的调查权,审查人员可以要求相关工作人员说明情况,并调阅和复制相关机关的文件资料。

三是社区关系处。社区关系处负责向社会宣传反腐败政策,向民众传播反腐败和预防腐败的知识,争取社会各界对反腐败工作的支持。该处下设两个社区关系科,社区关系一科下设了管理与策略、教育及宣传、新闻、

---

① 近年来,香港特区政府逐步将一些公共服务外包给私营机构负责,私营机构逐渐开始履行公共服务职能,但是私营机关工作人员不受公务员管理法律的约束,这也成为反贪预防的薄弱环节,因此廉政公署也在逐步强化私营机构的反贪和预防职能。

香港和内地关系这四个小组，社区关系二科在香港各区设立了办事处。社区关系处十分重视与媒体的关系，积极利用媒体宣传廉政公署的成果和反贪知识，并借助"廉政之友"吸引民众参与反贪工作。①

（二）调查程序的运行流转

香港廉政公署主要承担调查贪污腐败等犯罪的职能，其调查活动在性质上类似于警察等进行的犯罪侦查，另外公署也承担一些对公共权力机构的监督和检查职能。香港地区公私领域的贪污贿赂犯罪、选举中的舞弊和非法行为、与职权相关的勒索犯罪均由廉政公署负责调查，廉政公署的调查活动受到《廉政公署条例》以及传统判例法的约束，在多年的反贪实践中逐步形成了运行流畅规范的调查程序（图3-4）。

第一，接受举报。廉政公署可以主动发现案件线索并启动调查程序，通过主动出击来打击腐败犯罪。另外，廉政公署执行处"调查科（四）"下设有举报中心，该中心24小时值班接受民众的举报投诉，民众也可以向廉政公署在香港各区的办事处提交举报材料，举报方式灵活多样，可以通过电话、亲临现场、邮件、信件、传真等多种不同的方式进行举报。廉政公署在接到举报后，会在48小时内联系举报人，以了解更多的信息，举报人多数愿意实名举报。

第二，执行处处长级人员审议。执行处举报中心接受案件线索后，并不立即进行线索分流，而是提交给执行处处长级人员审议，由处长级人员审查决定线索最终的处置方式。处长级人员对线索全面审查后，如果认为线索不涉及贪污腐败，或不属于廉政公署管辖范围，就做出决定将线索移交有管辖权机关。如果廉政公署执行处处长级人员认为线索属于廉政公署管辖范围，则又分为两种情况处理：一种是将具有可查价值的线索移交执行处调查科立案调查；另一种是将不具有可查价值的线索移交审查贪污举报咨询委员会审查，最终由该中立委员会决定是否结案。

---

① "廉政之友"于1997年成立，目的是鼓励香港市民透过积极参与倡廉活动，深入认识廉政公署的工作，通过邀请民众加入该组织，共同开展反腐败宣传，协助推广廉洁信息。

第三章　职务犯罪监察调查程序域外比较　129

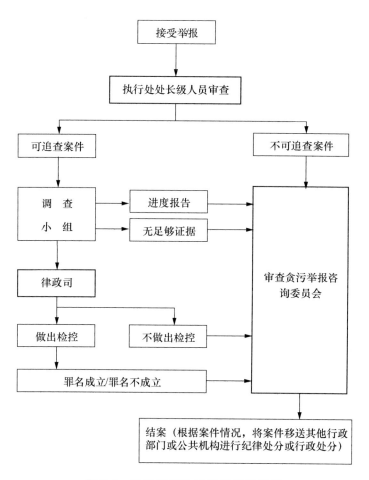

图 3-4　香港廉政公署投诉调查程序
资料来源：香港特别行政区廉政公署官网。

第三，调查小组开展调查。执行处调查科立案后，调查科内部的调查小组根据各自业务分工启动正式的调查工作，得益于调查科内部健全的组织分工体系，调查工作能够保持高效运转状态。调查小组在调查中可以使用搜索、讯问、监听等广泛的调查措施，采取逮捕等限制人身资源措施要接受法官的司法审查，调查活动同时要受到审查贪污举报咨询委员会的监督，调查人员应向该委员会报告调查进度。调查结束后，如果调查小组认为证据不足以认定犯罪，应将材料移交该委员会进行审查，由该委员会决定是否将案件移送其他部门进行纪律或行政处分。如果调查小组调查结束认为证据可以认定犯罪,应移交律政司审查,由律政司审查后决定是否起诉至法院。

第四,律政司审查起诉。律政司是香港特区政府的司法部门,专门负责处理香港特区政府的法律事务,并负责绝大多数案件的刑事检控,具体由律政司下属的刑事检控科负责代表香港特区政府对刑事案件提起检控。廉政公署调查结束的案件移送律政司后,刑事检控科将审查案件证据是否充分、是否有足够理由定罪、是否符合公共利益、被告人精神状况等,然后做出是否检控的决定。如果律政司做出不予检控的决定,应将案件移送审查贪污举报咨询委员会审查,由该委员会决定是否移送其他机关进行处理。

(三)调查活动的监督体系

香港地区的法治建设处于较高的水平,特区政府十分重视通过监督来约束权力,针对反贪和监察调查活动也建立了完备的监督制衡机制,确保调查工作依法规范进行。总的来说,因为廉政公署反贪调查的权力比较大,所以受到的监督制衡力度也比较大。

一是行政长官的监督。香港地区廉政公署在香港权力系统中拥有高度独立的地位,廉政专员只向行政长官负责,接受行政长官的领导。廉政公署需要将每年的贪污贿赂案件调查情况向行政长官汇报,行政长官可以通过事后监督的方式,对廉政公署的调查工作进行间接监督,并对廉政公署的调查工作提出宏观政策上的指导。

二是中立委员会的监督。香港地区针对廉政公署设置的最大特色的监督机制是由体制外人士为主组成中立委员会,由中立委员会对廉政公署工作及调查工作进行全面监督。这些中立委员会成员包括廉政专员、廉政公署执行处首长、行政署长及代表、行政长官指派的社会人士,具体来说中立委员会包括四个委员会:①一是贪污问题咨询委员会,负责全面监督廉政公

---

① 这四个中立委员会与廉政公署并无上下级从属关系,廉政专员、廉政公署执行处首长、行政署长及代表是委员会的当然成员,其他成员由行政长官从社会人士中挑选指派,委员会主席只能由社会人士担任。

署的人事、行政、预算、纪律处分等各项署内业务,并将监督情况向行政长官进行汇报。二是审查贪污举报咨询委员会,负责监督廉政公署线索受理及调查贪污犯罪的全过程,廉政公署受理线索后做出的不追查决定,以及调查小组和律政司的不处理决定都需报给该委员会审查结案。三是防止贪污咨询委员会,负责监督廉政公署对公私机关工作程序的审查情况,并向廉政专员提出意见。四是社区关系市民咨询委员会,负责向廉政公署提出改善与社区民众关系,加强反腐败宣传的各项建议。

另外,香港地区还设立了一个廉政公署事宜投诉委员会,其主要职能是专门监督廉政公署,受理和调查所有针对廉政公署和廉政公署人员的非刑事投诉,该委员会成员由行政长官委任,成员包括立法议员和社会人士,一般不受理事发超过两年的投诉。

三是律政司和法院监督。香港地区的律政司执掌刑事检控职责,廉政公署移送的案件必须接受律政司的全面审查,由律政司审查后做出是否检控的决定,并将案件起诉至法院。另外,廉政公署的犯罪调查必须接受法官的司法审查,调查人员采取搜查、逮捕等措施需要法官签发令状才能执行。律政司和法官可以对调查提出建议和批评,确保廉政公署调查程序规范运行。

四是内部监察。廉政公署内部人员也可能涉嫌贪腐犯罪,为此香港地区政府专门设置了特殊的调查处理途径,即在廉署内部设立内部调查及监察组(通称"L组")专责调查涉及廉署人员的违纪行为和贪污犯罪举报,以及涉及廉署或其职员的非刑事投诉。有关廉政公署人员的所有刑事投诉,不论是否涉及贪污指控,均须通知律政司司长,由律政司司长决定应否由廉政公署或其他执法机构调查,且廉政公署必须就所有调查结果向律政司司长及审查贪污举报咨询委员会提交报告。

五是其他社会力量的监督。香港地区社会力量高度发达,新闻媒体在社会生活中发挥了重要作用,并对权力机关有着强大的监督效果。廉政公署和申诉专员公署都有权就调查工作向社会发布信息,接受媒体监督,同时争取社会舆论支持。另外,被廉政公署调查的犯罪嫌疑人可以申请律师帮助,律师可通过了解案情、发布建议等方式监督廉政公署的调查工作。

第三节　监督权与犯罪调查权分立模式

一、芬兰议会监察专员

芬兰是一个高度清廉的国家,近十年的清廉指数的排名一直稳居全球前列,[①]贪污腐败并不是严重的社会问题。芬兰能够获得如此成功的反腐败成就,得益于其高度发达的经济和社会福利、传统的廉洁文化、健全的法制以及强大的反腐败监督机制。因为全国的腐败案件数量很少,芬兰并没有建立强大专职反贪机关的必要,国家反腐败体系包括议会监察专员、司法总监、政府监察专员、检察机关和警察机关。该体系以议会监察专员和司法总监的监督为核心,[②]司法总监和政府系统内部的监察专员体系主要进行行业内监督,[③]检察机关和警察机关可以对贪污腐败犯罪进行侦查。作为"最高法律监察者"和"人权保障者"的议会监察专员是芬兰最具代表性的反腐败机关。[④]

[①]　根据国际透明组织发布的全球清廉指数排名,芬兰在2020年位居世界第三位,在2002年至2007年期间一直稳居世界第一位。

[②]　芬兰在历史上曾经是瑞典的一部分,受到瑞典政治传统的影响很深,芬兰的司法总监制度沿袭自瑞典模式,此外爱沙尼亚也存在司法总监的设置。司法总监由总统任命,任期无限,其和议会监察专员同为国家最高"法律监督者",司法总监同时担任政府的法律顾问,并有权监督总统、政府、法院等其他机关,司法总监的权力十分强大,有权在调查之后直接向法院起诉。芬兰司法总监官网,https://www.okv.fi/en/chancellor/chancellor-justice/,2018年1月13日访问。

[③]　芬兰国内同时还存在政府系统内部的五个监察专员体系,主要负责监察特别领域内政府行政活动,并保护民众基本人权,具体包括隶属劳工部的少数族裔监察专员、隶属社会事务和健康部的平等监察专员、隶属司法部的资料保护监察专员和破产监察专员、隶属贸易工业部的消费者保护监察专员。芬兰议会监察专员官网,https://www.oikeusasiamies.fi/en/web/guest/complaints-to-the-ombudsman,2018年1月13日访问。

[④]　芬兰司法总监和议会监察专员共同组成了健全的国家监察制度,但是司法总监从性质上说仍然属于政府系统内部的监督,这种内部监察模式缺乏独立性,并不符合国际通行的监察机关的定义。芬兰议会监察专员虽然由议会产生,但是成立后独立于议会开展工作,是典型的外部监察模式,与我国监察委员会的设定比较类似,因此本书只将议会监察专员的调查模式作为分析对象。

(一) 议会监察专员的组织与职权

芬兰在1919年制定的《宪法》中模仿瑞典设立了议会监察专员,早期该职务由议员担任,后来芬兰通过立法禁止议员担任该职务,并逐步厘清了该职位与司法总监之间的职权关系。① 2000年,芬兰的宪法强化了议会权力,②并对议会监察专员职权范围进行了明确。2002年,芬兰通过了《议会监察专员法》,对议会监察专员的调查程序、组织结构等进行了规范,进一步完善了议会监察专员制度。

1. 议会监察专员的组织结构

芬兰实行三权分立体制,议会监察专员由议会产生,行使议会所有的部分监督权,监察专员名义上隶属于芬兰议会,并向议会提交工作报告,但是独立开展各项工作,不受其他机关的外部干涉。芬兰2002年《宪法》规定,议会监察专员包括一个正专员和两个副专员,都由议会通过简单多数票选举产生,但是对其免职需要议会绝对多数票通过。

由于芬兰的腐败控制比较好,针对腐败的投诉量也不大,议会监察专员的业务量并不大,所以并没有建立独立的办公场所,而是选择在芬兰议会大楼中办公。同时,议会监察专员作为一个独立机关,也没有建立复杂的内部组织,而是维持一个精英团队来处理各项业务。在议会监察专员之下设有一个议会监察专员办公室负责处理各项具体的监察业务,在办公室内部有专职和兼职两类工作人员,具体包括秘书长、法律顾问、法制官、调查官、记录专员、档案专员、秘书等。③ 其中法制官负责受理各类民众的投诉,

---

① 根据芬兰《司法总监与议会监察专员职权划分法》以及芬兰《宪法》规定,司法总监主要监督政府和律师,议会监察专员负责监督军营、监狱、精神病院等封闭机构,以及警察执法和法院的司法活动,但两个机关之间不存在互相监督关系。芬兰议会监察专员官网,https://www.oikeusasiamies.fi,2018年1月13日访问。

② 芬兰独立后一直处于苏联等大国威胁之下,早期实行"半总统制",赋予总统较大权力来稳定国家秩序。冷战结束之后外部威胁消除,芬兰开始通过修法限制总统权力,向议会内阁制方向发展。

③ 芬兰议会监察专员官网,https://www.oikeusasiamies.fi/en/web/guest/complaints-to-the-ombudsman,2018年1月13日访问。

并及时向对方进行答复。总体上看,虽然议会监察专员的机构设置比较简单灵活,但工作人员都是有声望的法律从业者,公信力很强,程序运行效率非常高。

2. 议会监察专员的职责权限

议会监察专员作为芬兰最高"法律监督机关",其权力来自议会,代表议会对公共权力运行进行监督,发挥保障人权和反腐败的作用,并有权监督宪法实施。监察专员的监督对象十分广泛,包括总统和内阁部长,从中央到地方的各级政府及官员、各级法院及法官,①所有的公共机构及官员,国有企业以及承担公共服务的私营企业,教会等,但是不能监督议会和议员的公务活动,也不能监督司法总监和私人企业。

为了有效监督上述这些对象,芬兰《宪法》和《议会监察专员法》赋予议会监察专员广泛的权力,监察专员的权力之大,在世界上建立该制度的国家中也十分罕见。这些权力具体包括:一是受理陈诉权,监察专员有权受理民众提交的各类侵犯人权和针对公权力行使违法的投诉;二是主动调查权,监察专员有权主动发现案件线索,启动对行使公权力违法的调查工作,并有权调动警察等侦查力量协助调查,或者要求警察进行初步调查;三是巡察权,监察专员可以对监狱、军营等封闭机构进行巡视检查;四是起诉和命令起诉权,监察专员可以对政府官员的公务违法行为直接起诉,或者要求检察机关进行起诉;②五是弹劾、建议和谴责权,监察专员在对涉嫌公务违法或行使权力不当等行为在调查结束后,可以根据案件严重程度,向相关机关提起弹劾、建议和谴责,相关机关一般会及时整改。

---

① 根据芬兰《强制手段法》和《警察法》的规定,议会监察专员可以监督警察采取的监听、监视、窃听、卧底等特殊侦查活动。芬兰司法部法律检索网站,https://www.finlex.fi/fi/,2018 年 1 月 14 日访问。

② 议会监察专员如果认为总统涉嫌叛国、谋反或侵犯人权,应照会议会,由议会四分之三多数票通过向最高弹劾法院提起控诉。监察专员对于政府内阁成员的公务违法行为,可以在议会同意后,直接起诉至最高弹劾法院。此时议会监察专员的身份相当于特别检察官,可以行使检察官享有的起诉等司法权力,芬兰的司法总监也有类似的权力。可以说芬兰和瑞典的议会监察专员权力十分强大,这与其他实行议会监察专员模式的国家有较大不同,其他国家的议会监察专员多以丹麦模式为蓝本,没有赋予议会监察专员起诉的职权。

（二）议会监察专员的调查程序运行

芬兰政府的运作十分规范,国内的贪腐及行政违法案件数量不多,议会监察专员维持一个小规模精英团队就可以处理业务,同时也被赋予灵活办案的空间。议会监察专员并没有为调查工作设计复杂的运行流程,而是给予调查人员在个案中一定的自由选择空间。

第一,受理申诉控告。法律没有对投诉人进行资格限制,但是要求陈述内容必须包括被投诉官员和机构名称、投诉何种行为、为何投诉、案件是否进入司法程序,以及希望监察专员做什么等内容。① 为方便民众投诉,监察专员办公室设置了灵活多样的投诉渠道,民众可以通过电话、信件、电子邮件、传真等多种形式向监察专员办公室提交投诉。统计显示监察专员在2016年受理了4856起投诉,当年成功解决了4839件投诉案,处理效率非常高。

第二,审查立案。监察专员办公室的法制官负责受理各类民众投诉,并进行初步的审查评估,对于符合受理范围的投诉将转移给监察专员,而那些投诉人知晓侵权超过5年、其他机关正在处理及上诉中的投诉则不在受理范围内。法制官如果认为投诉不在受理范围内,应该及时通知投诉人,或者将投诉移交其他机关,不论什么情况必须在3个月内出具一份正式的说明,告知投诉人关于投诉的处理情况。监察专员收到民众移交的投诉线索后,可以指定办公室人员进行审查,如果认为有全面调查的必要,则立案交由调查官开展调查工作。2016年,芬兰监察专员自行启动的调查和接受投诉后决定调查的案件总量是629件,接近四分之一的投诉会进入调查程序。②

第三,全面调查。调查官是负责调查投诉案件的主要力量,多数调查官

---

① 芬兰议会监察专员官网,https://www.oikeusasiamies.fi/en/web/guest/complaints-to-the-ombudsman,2018年1月13日访问。
② Summary of The Annual Parliamentary Ombudsman of Finland Report 2016,Juvenes Print-Suomen yliopistopaino Oy,Tampere 2017.

具有多年的法律专业学习背景,或者具备特殊的专业技能,也有可能是从业多年的律师,调查官可以行使监察专员授予的广泛调查权力。芬兰《监察专员法》第 6 条至第 9 条规定,监察专员有权要求得到其他政府机关的协助,查阅政府机关的公文资料,调动警察力量辅助调查,[①]要求警察进行调查和初步侦查,相关机关及人员有法定义务配合监察专员的调查工作。监察专员在调查过程中,可以通过听证的形式给予被调查机关发表意见的机会。另外,监察专员不可以直接启动对总统和内阁成员违法行为的调查,而应先向宪法委员会提交报告,由宪法委员会进行调查。

第四,处理程序。调查工作结束后,监察专员将根据调查官员等提交的报告和意见,对案件做出具体的处理决定。决定的类型有很多种,具体来说包括以下形式:一是直接起诉或命令检察官起诉。[②] 这种决定主要针对那些涉嫌严重违法犯罪的对象,但监察专员无权对总统的违法犯罪行为直接进行起诉。二是建议弹劾。监察专员在调查中发现总统和政府内阁成员涉嫌违法犯罪,应向议会报告,并由宪法委员会审查是否进行弹劾或起诉。三是谴责。即向违法的政府机关或官员发出谴责,这在芬兰是非常严重的批评,相关机构或人员将承担非常不利的政治后果。四是提出观点、发表意见或提醒。监察专员可以向违法情节轻微的机关和个人提出改正意见,建议相关机构和人员改进工作方式,完善这些机构的日常工作程序。五是纠正。监察专员如果发现被调查机关存在一些严重的不当行为,可以明确要求其进行纠正,改变错误的做法。[③]

(三)议会监察专员的调查活动监督

议会监察专员在芬兰政治体系中拥有很高地位,又掌握了内容广泛的

[①] 芬兰警察除了处理一般犯罪,也有权调查贪腐犯罪,芬兰内政部下属的中央警察局设立了国家调查局,可以对重大的贪污腐败案件进行调查,但是实践中警察调查的官员腐败案件量非常少。

[②] 芬兰的检察机关具有一定独立性,但是附属于各级法院,检察机关名义上拥有侦查权,可以指挥警察调查重大案件,并审查调查所得证据,决定是否将案件起诉至法院。但是实际上,检察机关很少主动行使侦查权。

[③] 芬兰议会监察专员官网,https://www.oikeusasiamies.fi,2018 年 1 月 13 日访问。

调查权力,其名义上附属于议会,享受议会层面的权力地位,又保有相当大的独立性。芬兰国内的权力监督体系已经非常完备,对监察专员调查工作的监督制衡也十分有力。

一是芬兰议会的监督。1991年东欧剧变之后,芬兰也进行了政治改革,由半总统制向议会内阁制转型,①总统权力被削弱,议会的权力进一步加强。议会是芬兰的最高立法机关,监察专员本身附属于议会,并在议会办公地点开展工作,其权力也是来源于议会,所有监察专员在芬兰国内的政治地位十分超然。芬兰议会对监察专员的监督主要体现在对其职务任免及审查其工作报告上。监察专员需要向议会提交工作报告,议会通过事后审查的方式监督其调查工作。具体来说,附属于议会的宪法委员会发挥对监察专员的监督作用,宪法委员会负责审查监察专员的工作报告,跟进了解监察专员正在调查的案件,有权向议会提议罢免监察专员,就监察专员的违法行为向最高弹劾法院起诉,议会三分之二多数票通过或最高弹劾法院判决有罪,可以解除监察专员的职务。虽然这种情况很难发生,但仍然可以发挥对监察专员调查工作的监督效果。

二是侦查机关的监督。芬兰的检察官承担着指挥侦查和公诉的职能,检察官如果发现监察专员指派的调查人员涉嫌违法犯罪,可以主动启动调查或者指挥警察进行调查,并有权将涉嫌违法犯罪的调查人员起诉至法院。此外,警察也承担调查贪污腐败犯罪的职责,如果发现调查人员在工作中涉嫌贪腐犯罪,他们也可以进行调查,并移送检察机关审查起诉。但是检察官和警察均无权对议会监察专员直接采取调查措施。

三是社会力量监督。芬兰是一个政府信息高度公开的国家,政府机关的社会开放度非常高,民众可以非常方便地获取政府活动信息,并通过获取的信息对政府活动进行监督。芬兰的社会媒体发达,政府对媒体的包容度也比较大,媒体可以对监察专员的调查活动进行全面监督,确保监察调

---

① "半总统制"是法国学者杜瓦杰在1980年提出的一个概念,即总统由人民直选或选举人团间接选举产生,不需要经过国会投票,拥有独立的宪政权力。但是政府总理和内阁却需要向国会负责,兼具总统制和议会内阁制的特征。

查工作规范运行。

二、中国台湾地区"监察院"

中国台湾地区的政府官员腐败和行政不当问题比较突出,但仍属于亚洲相对清廉的地区。为了控制贪污腐败犯罪和监督公权力运行,台湾地区建立了比较复杂的综合性廉政体系,该体系主要包括台湾地区"监察院"、"法务部"下属的"调查局""廉政署"和"检察署"。台湾地区的检察机关是法定的侦查权拥有者,有权领导警察等开展侦查活动,[①]"法务部调查局"承担调查重大犯罪和维护地区安全的职责,[②]"法务部廉政署"是专注于调查贪污腐败犯罪和监督政风的机构,[③]而"监察院"是台湾地区五权宪法体制下行使监察权的独立机关,是台湾地区的最高监察机关,通过行使广泛的监督职权,追究相关人员的行政责任。

台湾廉政体系中各机关的性质有明显差异,"调查局"和"廉政署"都是台湾地区"行政院"之下的三级局,"检察署"虽然也位列"法务部"之下,但是具有很强的独立性,而"监察院"则是与"行政院"平级的一个独立机关。台湾地区有学者对于这种综合型监察和反腐败模式提出了批评,认为监察和反腐败资源配置太过分散,反贪机构缺乏独立性且互相掣肘,监察机关

[①] 台湾地区"法院组织法"第60条规定,检察官负责实施侦查、提起公诉、实行公诉、协助自诉、担当自诉及指挥刑事裁判之执行。检察官是台湾地区法定的侦查权主体,有权指挥警察的侦查活动,但是受制于侦查专业力量薄弱,主要的侦查活动仍然交由警察执行。2006年,台湾地区修改"法院组织法",在台湾地区"最高法院检察署"下设立了特别侦查组,负责调查"总统""副总统""五院院长""部会首长"或"上将"阶级军职人员的贪渎案件。特侦组成立后调查了多起有重大影响力的案件,也受到党派攻击,认为其成为政治斗争工具,于是"立法院"在2016年通过"法院组织法"修正案,废止了特别侦查组。

[②] 台湾地区"法务部调查局"早期是作为特务情报机构存在,后来开始承担调查重大犯罪的职责,2007年的"法务部调查局组织法"规定,"调查局"负责调查贪渎及贿选犯罪,具体调查程序按照"法务部调查局处务章程"进行。"调查局"在调查贪渎及贿选犯罪时视同司法警察机关,可以使用"刑事诉讼法"赋予警察机构的侦查权。

[③] 台湾地区"法务部廉政署"是根据"立法院"于2010年通过的"法务部廉政署组织法"设立的,是台湾地区借鉴香港地区廉政公署成功经验设立的,但是没有香港地区廉政公署的独立地位。"调查局"下属的肃贪组、政风业务组等负责调查贪渎犯罪及相关犯罪,对政府机构进行政风检查,全面执行廉政计划,其内部设有驻署检察官指导调查活动,另设有"廉政审查会"审查监督调查活动。"廉政署"调查贪渎犯罪时视同司法警察机关,并与"调查局"进行合作。

缺乏监督手段,建议将"法务部廉政署"等机构的职权划归"监察院",将"监察院"打造为"最高"反腐机构,但是改革涉及激烈的党派政治角力,并未得到立法部门的积极回应。

台湾地区"监察院"的独立性设置与大陆地区的监察委员会比较相似,但两者的职权差异却比较大,台湾地区"监察院"并没有直接调查违法犯罪的职权,腐败犯罪调查权具体由"法务部"下设的"调查局""廉政署"和"检察署"行使,因此本部分主要介绍台湾地区"监察院"调查一般行政违法或不当行为的程序。

(一) 中国台湾地区"监察院"的组织与职权

中国台湾地区"监察院"是根据孙中山五权宪法思想设立的,该思想既借鉴了欧美三权分立制度,又参考了中国古代的御史监察和科举考试制度。台湾地区"监察院"①经历多次重大修法,其职能和机构人员选拔等都出现了多项调整,直到2002年才确定了现在的模式。

1. 中国台湾地区"监察院"组织结构

根据中国台湾地区现行法律,台湾地区"监察院"的"院长""副院长"和"监察委员"均由"总统"提名,经"立法院"通过后予以任命。"监察院"每月举行一次"院务会议",通过"院务会议"集体领导和管理"监察院"的各项事务,会议由"院长""副院长"和"监察委员"参加,会上集中讨论各"委员会"提交的报告、"委员"提交的事项,以及需要向"立法院"提交的议案等事项。除了"监察院"的上述领导层架构外,"监察院"内部还设有以下机构:

一是"院本部"机构。"院本部"设置"秘书长"和"副秘书长"两个领导岗位,负责领导四个业务处和六个业务室,四个业务处分别是监察业务处、监察调查处、公务人员财产申报处、秘书处,负责进行监察调查工作,履行

---

① 1928年,国民革命政府北伐成功后,开始按照孙中山五权宪法思想改造政府,当时设立了审计院负责行使监察权。1931年,国民政府设立监察院,审计院降格归属于监察院,于右任担任第一任院长。台湾地区部分沿袭了当时的机构设置,所以其监察制度比较特殊,监察机关同时兼任审计机关,审计权是监察权的内容之一,审计系统实行上下直属体制,通过财务审计来监督各级政府。

监察监督职责。六个业务室分别是综合规划室、信息室、会计室、统计室、人事室、政风室,负责处理院内的具体事务工作。

二是"委员会"。包括七个"常设委员会"和八个"特种委员会"及小组。七个"常设委员会"分别是"内政及少数民族委员会""外交及侨政委员会""国防及情报委员会""财政及经济委员会""教育及文化委员会""交通及采购委员会""司法及狱政委员会"。八个"特种委员会"和小组分别是"法规研究委员会""咨询委员会""诉愿审议委员会""廉政委员会""监察委员纪律委员会""预算规划与执行小组""国际事务小组""人权保障委员会",这些"委员会"有权审查讨论调查处提交的调查报告。

三是所属机关。根据"审计部组织法"和"审计处室组织通则",台湾地区"审计部"的整体系统都附属于"监察院",这是唯一隶属于"监察院"的中央政府部门,负责审核台湾地区各机关之财务与总决算。

2. 中国台湾地区"监察院"的职权

中国台湾地区"监察院"作为"最高监察机关"独立行使监察权,通过外部监督的方式促进政府规范行使权力,监督"阳光法案"的执行,[①]防止贪污腐败和渎职等权力腐化问题,保障民众人权。总的来说,"监察院"拥有十分广泛的监督权力,具体来说,包括以下权力:一是收受人民书状,接受民众的投诉和检举;二是调查,"监察委员"可以持"监察证"或派员持"调查证"对各项投诉展开调查;三是纠正,可以根据调查结果向有关机构提出纠正案;四是弹劾权,即根据调查结果向"公务员惩戒委员会"提出弹劾案;[②]五是纠举权,即对公务人员的违法或失职提出书面纠正;六是巡察权,对各级政府机关的权力行使情况进行巡察监督。七是监试权,派员对"考试院"举办的考试进行监督;八是审计权,由各级审计机关对各级政府进行财务

---

① 中国台湾地区为促进政府廉政,防止公务人员贪污腐化,提高政府工作效率,先后制定了"公务人员财产申报法""公务人员利益冲突回避法""政治献金法"等法律,这些法律统称为"阳光法案"。

② 2000 年,台湾地区进一步取消了"监察院"对"最高领导"的弹劾权,对台湾地区"总统""副总统"的弹劾权改由台湾地区"立法院"行使。另外,非公务人员、政府临聘人员等也不在"监察院"监督范围内。

审计监督；九是负责公务人员财产申报及查核、公务人员利益冲突回避报备及调查等其他监督职权。

(二) 中国台湾地区"监察院"的调查程序

调查权是保障监察权有效行使的重要保障,该权力具体是由监察调查处负责执行,监察调查处内设五个小组,分别负责调查不同行业领域内的监察案件,调查处内部配有调查官、调查专员和调查员等工作人员。调查程序按照台湾地区"监察法""监察法实施细则"进行运转,具体分为三种调查类型：一是"院派委员"调查,即通过轮派调查,"院务会议"和"委员会议"决议派员调查,以及组建调查小组的形式进行调查；二是"委员"自行调查,"监察委员"可以自行提起调查,在调查过程中也可以与其他调查并案；三是委托其他机关调查,可以将调查事项全部或部分委托其他调查机关进行调查。① 一般来说,比较典型的调查步骤包括以下内容(图 3-5)。

第一,受理投诉。根据"监察院收受人民书状及处理办法"的规定,民众提交的各类投诉都要汇总到监察业务处,由监察业务处对投诉的情况进行分类整理、登记案号、摘录案由、录入电子系统。监察业务处会初步对各类投诉进行分析,并附上分析意见,最后提交当日值班的"监察委员"。

第二,值日"监察委员"审查。当日值班的"监察委员"收到监察业务处移转的案件线索后,会对这些线索进行审查评估,决定采取哪种可行的处理方式。根据台湾地区"监察法"等法律的规定,值日"监察委员"可以决定派员调查、委托其他机关调查、②存查、移交院内专业委员会处理。值日"监察委员"移交"专业委员会"的案件,"专业委员会"经过讨论后,也可以再次决定启动调查程序。

第三,启动调查。除了上述监察业务处受理投诉后,由"监察委员"审查决定调查的渠道之外,"监察院院务会议"和"监察委员会"也可以主动决议

---

① 李伸一：《监察权之理论与实务》,中国台湾地区"监察院"2005 年版,第 56 页。
② 中国台湾地区"法务部廉政署""法务部调查局"等政府机关都有义务接受"监察院"的委托,对涉嫌职务犯罪的案件进行调查,调查结束后需向"监察院"书面回复。

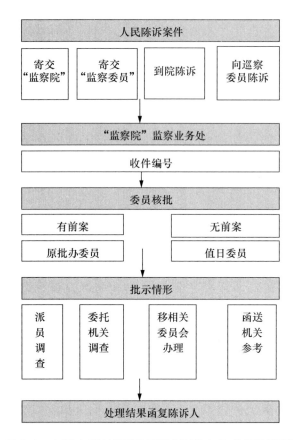

图 3-5　中国台湾地区"监察院"处理人民书状流程图

资料来源：李伸一：《监察权之理论与实务》，中国台湾地区"监察院"2005年版，第69页。

派员调查涉嫌行政违法或失职的行为，"监察委员"也可以自己决定启动调查程序，此时由"监察委员"亲自负责调查工作。"监察委员"对调查工作的领导实行轮派制，即依照名次轮流承担调查任务，各"委员"无特殊原因不可推辞。

第四，全面调查。"监察委员"自行进行的调查，可以由"监察委员"持"监察证"或派员持"调查证"，赴各机关、部队、公私团体调查档案册籍及其他有关文件，对方不得拒绝，必要时也可以要求对方到指定地点进行询问，询问应当作成笔录，由受询人署名签押。"监察委员"自行组织的调查也可以要求警察等其他机关予以协助。对于"监察委员"委派其他机关进行的调查,其他机关调查结束后应书面回复委派的"监察委员",由"监察委员"决定采取派查、存查或移交"专业委员会"。

第五,调查程序的回转和继续调查。值日"监察委员"如果将案件移交"专业委员会"讨论,"委员会"讨论后可以采取委派"监察委员"调查、存查或交付其他部门审查研究,其他部门审查研究后可以将案件再次提交"专业委员会"讨论,然后再次做出调查、存查或交付其他部门审查研究的决定。另外,委托其他机关调查的"监察委员"审查回复报告后,如果认为案件需要继续调查,可继续派遣"院内"的调查人员进行再次调查,调查不受正在进行的刑事侦查或司法审判的影响。[①]

第六,调查终结后的处理。调查结束后,调查人员会制作案件的调查报告,报告应提交"院长"审核,但是"监察委员"批示调查的案件要先由该"委员"进行审查,"院务会议"批示调查的案件要先提交"院务会议"审查。"院长"对调查报告进行审核后,移交各有关"委员会"进行审查处理。"院长"和各"委员会"根据调查报告做出具体的处理决定,分别移送有关机关进行整改,移送"公务员惩戒委员会"审议,或者移送"司法院"职务法庭审判。

第七、申请复查。台湾地区"监察法实施细则"规定,调查案件经处理后不成立弹劾案、纠举案或纠正案者,原调查人员、原诉人或利害关系人都可以申请复查,申请期限是收到通知文书后三年之内。同一案件的复查,以一次为限。复查"委员"至少二人,原调查"委员"不得参加,但可以提出书面意见。

(三)中国台湾地区"监察院"的调查活动监督

中国台湾地区"监察院"本身是权力系统中的"最高"监察机关,主要职

[①] 中国台湾地区"监察法实施细则"第27条规定,调查案件的被调查人如正在接受刑事侦查或审判,不停止监察调查程序,但在其行政责任应以犯罪成立与否前提的情况下,可以决定停止调查。

责就是监督其他权力机关,又拥有十分强大的监督权力,自身的监督是一个非常大的难题。台湾地区并没有专门建立监督调查活动的机构,对调查活动的监督更多是依赖其他机关对调查人员的监督。

作为"最高"的监察机关,其"院长""副院长"和"监察委员"都是由立法机关选举产生,立法机关可以对这些人员进行监督,如果这些领导层人员在调查中存在贪污腐败或渎职行为,可以通过相应的法律程序予以罢免。此外,台湾地区"法务部调查局"和"法务部廉政署"专门负责调查贪污贿赂和渎职相关的犯罪,如果发现"监察院"的调查人员涉嫌职务犯罪,可以对这些调查人员立案侦查,通过查处犯罪的形式监督调查人员的活动。不过"监察院"自身也设置有"政风室"等监督部门,可以通过内部监督的形式,对调查人员的调查活动进行监督。

台湾地区的媒体十分发达,大多数行政违法或失职行为会受到媒体广泛关注,媒体会不断跟进这类违法行为的调查处理,并时刻关注"监察院"的调查处理情况,调查处理不当将会引起媒体批评,这也对调查人员的调查工作产生有效的监督压力。

三、韩国国民权益委员会

韩国在经济上迈入发达国家行列的同时,也面临严重的官员腐败问题,历届政府先后致力于加强监察和反腐败体系建设,建立起了强有力的反腐败预防和调查体系。韩国政府的监察和反腐败职能分散设置在不同的机构中,检察官有权侦查贪污腐败犯罪,[①]监查院通过审计方式监督各级政府的

[①] 韩国法务部下属检察厅设有专门的犯罪调查部门,检察官是法定的侦查主体,有权对各类犯罪进行侦查,其中包括对贪污腐败等职务犯罪的侦查。Lee, Jung-Soo, The Characteristics of The Korean Prosecution System and The Prosecutor's Direct Investigation, Annual Report of United Nations Asia and Far East Institute for the Prevention of Crime and Treatment of Offenders(UNAFEL)(Japan 1997), pp. 83-102.

财务和行政活动,①国家人权委员会负责处理民众关于侵犯人权的投诉,②国民权益委员会(Anti-Corruption & Civil Rights Commission,简称 ACRC,又译作反腐败和国民权益委员会)主要开展反腐败预防和处理行政申诉,这些机关共同组成韩国的廉政体系。在这个体系中,国民权益委员会受理投诉和调查处理的模式十分新颖,有许多值得借鉴的地方。

(一)国民权益委员会的组织和职能

1. 国民权益委员会的组织结构

2001 年 7 月,韩国通过了一部具有反腐败里程碑意义的《贪污防止法》,之后根据该法的要求将原来直属总统的反贪污特别委员会改组为腐败防止委员会,后又改名为国家清廉委员会。2008 年,国家清廉委员会与韩国监察专员、行政审判委员会合并为国民权益委员会,该委员会直属于国务总理,委员长由总理提请总统予以任命。国民权益委员会在组织上接受总理的直接领导,但是《关于腐败防止与国民权益委员会设立运行法》第16 条又明确规定其可以独立于任命机关开展工作,委员会成员有充分的任职保障,只有在非常严苛的条件下才能免除委员的职务。

国民权益委员会的内部组织结构非常复杂,委员会领导层由 15 名委员组成,其中包括委员长 1 人(部长级),副委员长 3 人(副部长级),常设委员3 人和非常设委员 8 人。委员会领导层下面设有秘书长和副秘书长,秘书长负责领导委员会的行政和业务工作,这些业务工作分别由综合服务处、规划协调室、监察局、反贪局、行政审判局、监查处、上诉中心、反腐败训练处等部门负责;反贪局和行政审判局的工作要同时接受副委员长的指导。

---

① 韩国监查院前身是成立于 1948 年的审计院,监查院直属于总统,院长由总统提名,并经议会同意后任命。监查院虽然直属于总统,但是相关法律保证了其可以独立开展业务,并通过开展审计工作对各级政府的活动进行监督。韩国监查院官网,http://english.bai.go.kr/bai_eng/index.do,2018 年 1 月 17 日访问。
② 韩国国家人权委员会根据 2001 年的韩国《国家人权委员会法》成立,主要任务是受理民众关于侵犯人权的投诉,并独立开展调查,监督政府机关的人权保护情况,是韩国专门的人权保护机构。韩国国家人权委员会官网,https://www.humanrights.go.kr/site/main/index002,2018 年 1 月17 日访问。

另外，委员会还从社会上聘请了许多法律专业人士担任法律顾问，为委员会业务提供法律意见。

2. 国民权益委员会的职能

作为韩国最有代表性的监察机关，国民权益委员会主要承担两项职能，分别是预防腐败职能和行政审判职能，具体来说，这两项职能的内容包括：

第一，预防腐败职能。国民权益委员会有权受理民众投诉，调查各类行政违法及不当行为、制定和协调全国的反腐败政策、在公私部门推行反腐败教育和预防对策、对公共机构进行反腐败评鉴和测试其清廉程度、[①]向公私机构提出反腐败的对策建议、监控全国的腐败预防和调查情况。

第二，行政审判职能。国民权益委员会通过行政审判的方式处理民众投诉，保护民众合法权益得到及时救济。国民权益委员会的前身之一是总理直属的行政审判委员会，国民权益委员会成立后也承担起行政审判委员会原先承担的行政申诉审理职能。韩国民众可以针对行政违法、不当或不作为向国民权益委员会提请审理，国民权益委员会立案后，通过审议的方式进行审理，并做出相应的判决，同时书面通知各方当事人。[②]

(二) 国民权益委员会的调查程序

国民权益委员会并没有直接调查贪污腐败犯罪的职权，对各类投诉也无权使用强制性调查手段，只能在受理关于腐败犯罪的投诉时或者调查中发现腐败犯罪后，将案件移交有犯罪调查权的机关进行调查，并对调查过程进行跟进和监督。

[①] 国民权益委员会对公共机构进行的廉洁测评包括四个部分，分别是机构外部评测（包括腐败指数和腐败风险指数）、内部评测（包括廉洁文化指数和业务廉洁指数）、政策执行评测（腐败控制指数、腐败认识指数、腐败感受指数）、腐败发生情况，通过测评可以发现法律、政策中存在的问题，向相关机关提出预防腐败的建议。Anti-Corruption & Civil Rights Commission 2016 Annual Report，http://english.bai.go.kr/，2018 年 1 月 17 日访问。

[②] 韩国国民权益委员会官网，http://www.acrc.go.kr/，2018 年 1 月 17 日访问。

1. 网络申诉受理系统——"国民申闻鼓"①

国民权益委员会为了方便民众的投诉,让民众有机会从网上随时跟进申诉的处理进度,引入了一套网络投诉及进度跟踪系统,又称"e-people 系统",民众投诉的处理过程和结果可以在该网络系统上查阅,另外委员会也设有110举报中心,可以通过电话受理各类申诉。这套"e-people 系统"从2003年开始运行,并逐步与其他政府机关的投诉系统合并起来,形成一个窗口对外受理申诉的模式,统称为"国民申闻鼓"系统,韩国所有政府机关在2006年已全部接入该系统。这套系统主要由国民权益委员会规划协调处负责对接。网络办公大大缩短了申诉处理时间,节省了大量财政预算,并获得多项关于电子政府的国际大奖。

2. 派员调查

委员会受理民众投诉后,并不是都要一一进行调查,而是主要处理那些从投诉内容看确实存在严重的行政错误、不当或违法的行为,组织调查人员开展相应的调查工作。调查人员在调查过程中,可以要求相关机关提供文件资料和做出说明,要求与被调查事项相关的人员说明情况,现场检查相关的场所设施,并向相关的专家进行咨询。此外,委员会对受理的各类关于贪污腐败的投诉,以及调查中发现的涉嫌贪污腐败犯罪的投诉,一般会移交给有调查权的机关进行处理,并持续跟进对方的调查进展。

3. 委员会审议后做出决议

调查人员调查终结后将制作调查报告,并报委员会进行审查,委员会的各位委员会对调查报告中的处理意见和收集的材料进行审核,根据案件的具体情况做出最合适的处理决定。一般来说,委员会可以根据调查情况就相关法律、制度、政策等问题发表观点,向有关机构提出建议或纠正的要求,或者组织进行调解。委员会的决定将书面通知相关的政府机关,对方

---

① "国民申闻鼓"的名称来源于朝鲜王朝的一个特殊申诉制度。1401年,朝鲜王朝的太宗在宫门外的门楼上悬挂了"申闻鼓",民众可以通过"申闻鼓"直接向义禁府进行投诉,是一种民众向最高权力的直接申诉制度。

应在30天内答复整改情况,对方机关也可以要求委员会进行复议。①

4. 跟进腐败线索的调查进程

国民权益委员会无权直接调查贪污腐败犯罪,但是可以将线索移交检察厅等调查机关,并跟进监督线索的调查过程(图3-6)。调查机关收到委员会移交的线索后,应当在60天内调查完毕,并向委员会报告调查结果,如果有正当理由延长调查期限,应向委员会报告延长的原因。②委员会收到调查机关报告的调查结果后应进行审查,如果认可调查机关的报告,应当制作简要的说明向投诉人进行反馈。如果委员会经过审查后不认可调查结果,可以要求调查机关就调查结果做出进一步说明或进行复查,并在规定的期限内向委员会提交复查获得的新的证据,委员会收到新的说明或证据并审查后,再制作情况说明向投诉人进行反馈。③

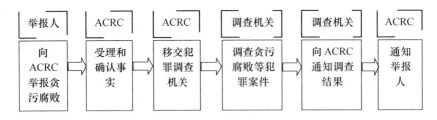

图3-6 韩国国民权益委员会跟进腐败犯罪调查流程步骤

资料来源:Anti-Corruption & Civil Rights Commission(ACRC)Brochure,http://english.bai.go.kr/,Jan.17,2018。

委员会除了对腐败线索的调查过程进行监督,还有权对检察官的起诉活动进行监督。对于犯罪嫌疑人涉嫌刑法规定的高级别公务员腐败犯罪,委员会可以在特定条件下将案件直接移交检察官,由检察官提起指控。对于委员会直接移交检察官审查起诉的案件,如果检察官审查后拒绝起诉,

---

① Anti-Corruption & Civil Rights Commission(ACRC)Brochure,http://english.bai.go.kr/,2018年1月17日访问。
② 韩国国民权益委员会官网,http://www.acrc.go.kr/,2018年1月17日访问。
③ Anti-Corruption & Civil Rights Commission(ACRC)Brochure,http://english.bai.go.kr/,2018年1月17日访问。

委员会可以直接将案件提交高等法院,并由高等法院依法做出判决。[①]

(三)国民权益委员会调查活动的监督

国民权益委员会是韩国重要的反腐败和监察机关,委员会打造的网络在线申诉受理、调查、处理程序十分便捷高效,对公共机构进行的反腐败测评也是一个十分有创新性的监督手段,对调查机关调查程序的跟进监督也很有探索意义。不过,国民权益委员会虽然可以对民众投诉进行调查,但是调查手段并不具有强制性,调查后的处理结果也不具有强制性,仅靠被调查机关自觉履行。正是因为国民权益委员会仅配置了相对有限的调查职权,所以也就没有针对其建立特别专业的监督体系的必要。

总的来说,能够对国民权益委员会进行监督的机关比较多,比如国务总理作为直接领导者可以对委员会的人事等进行监督调整,通过听取工作报告对调查工作进行宏观和事后的监督;监查院可以从审计层面对国民权益委员会的调查工作进行监督;检察官可以调查委员会相关调查人员的贪腐犯罪,也可以在某种程度上发挥监督作用。此外,韩国的媒体自由度很高,媒体等社会力量可以从舆论监督的角度对国民权益委员会的调查活动进行监督。

第四节 域外监察调查程序的评析

监察调查制度本身属于监察制度的一部分,不可避免会受到政治制度、国情、历史文化传统等因素的影响,因此在世界各地会出现各具特色的制度类型,但是各地的特色只是契合当地特殊环境的产物,没有能生硬模仿就见效的固定模板。世界各地的这种差异对我们也是一种提醒,我们既要

[①] 韩国《关于腐败防止与国民权益委员会设立运行法》第61条赋予了国民权益委员会监督检察官指控和起诉的职权,在符合特定的几类条件下,针对那些高级别公务员涉嫌职务犯罪的案件,国民权益委员会可以直接代替检察官提起指控,或者直接将案件移交高等法院,由高等法院做出判决。

审慎地对待各国（地区）优劣并存的监察调查模式，又需要在特色各异的域外监察模式中发现值得借鉴的亮点，为我们当前的监察体制改革提供参考素材。

一、域外监察调查程序的差异

域外监察调查模式根据不同标准可以分为不同的类型，属于同一政治模式中的国家（地区）在监察制度模式上存在相似性，但在具体的制度细节上也存在差异，即使是那些积极模仿中国香港地区廉政公署模式的国家（地区）也会根据自身情况进行改变。对于域外监察调查模式的差异，我们可以从以下几个角度进行认识。

（一）调查主体

世界各地监察机关作为行使调查权的主体，在机关定位、组织结构、决策方式等方面存在很多不同之处，这与监察机关自身的定位和性质有很大关系。新加坡等地监察机关和反贪机关合二为一，监察机关承担监察职能和犯罪调查职能，并在调查犯罪时被视作司法警察机关，这些地方的监察机关往往建立起上下一体、组织严密、分工明确的内部结构体系，并招募和训练了大量具备专业调查犯罪技能的人员，这些机构具有非常强大的调查能力。

与此不同的是，芬兰、韩国等地的监察机关主要在行使监督职能，机构定位与本国（地区）的犯罪调查机关泾渭分明。这些地方的监察机关更偏好精简灵活的内部结构形式，内部组织上较为松散，没有建立高度一体的领导体制，甚至连固定的组织形式也不存在，许多调查工作需要专业调查机关协助，这也影响了其调查工作的专业化建设。比如，芬兰议会监察专员没有独立办公场所，也没有建立专业化调查组织，甚至没有固定的调查工作制度，调查人员可以根据个案差异灵活选择适合的调查方法，调查的专业化建设水平不高。

(二) 调查权内容

虽然各个国家(地区)赋予监察机关的调查权力有所不同,但是大多数地方的监察机关都拥有受理申诉、调查、建议这三项基本权力,监察机关的建议主要包括,"通告性建议、提醒违法者注意、改正性建议、建议主管机关改变决议、纠正错误、指导性建议、要求修改某项法令、立法建议"[①]。不过,多数国家(地区)监察机关的建议权比较"柔性",缺乏足够的强制执行力,能否落实更多地依赖被建议机关的自觉遵守。比如,芬兰议会监察专员向被调查机关发出建议若得不到回应,只能向媒体公布,通过社会舆论迫使被调查机关整改。[②]

对于那些实行反贪和监察职权合一模式的地方,监察机关的调查权则十分强大,它们既有权调查针对行政过失、不当或违法的各类投诉,又可以通过行使司法警察权调查腐败犯罪,甚至可以在调查犯罪过程中使用卧底、线人、监听等特殊的调查手段,被调查对象也被苛以配合调查的义务,调查权的强度甚至超过了普通的司法警察机关。在反贪和监察职权合一模式下,各个国家(地区)监察机关拥有的调查权内容也存在差异,有些国家(地区)拥有的特殊调查权在其他地方却不存在,比如中国澳门地区廉政公署专员可以授权特定情形下的假装犯罪,这种诱惑侦查的手段在新加坡就不被法律允许。

(三) 调查活动性质

采取反贪和监察职权合一模式的国家(地区)的监察机关同时承担两类职能,其中针对民众关于腐败犯罪投诉进行的调查属于刑事侦查的范畴,要受到刑事程序法的规范和约束,这类调查与司法警察等开展的犯罪调查活动性质并无二致。这类模式的监察机关在履行监督职能时,也有权针对

[①] 蔡定剑:《国家监察制度》,中国法制出版社1991年版,第83页。
[②] 大多数这类国家(地区)的权力制衡制度和媒体监督比较完善,监察机关本身地位比较高,被建议的机关绝大多数情况会接受建议,否则会面临重大的政治压力和舆论压力。

民众关于行政违法的投诉开展调查，调查不能使用司法警察的调查手段，调查处理结果一般是由被调查对象承担行政责任，不属于刑事侦查的范畴。例如，中国澳门地区廉政公署内部设有行政申诉局和反贪局，两局分别调查行政申诉和腐败犯罪，出现一个机关同时进行两类性质的调查活动的现象。

在实行反贪和监察职权分离模式的国家（地区），其监察机关一般没有配置调查腐败犯罪的职权，监察调查活动性质往往比较单一，多数情况下调查机关的性质决定了调查活动性质，也较少出现同一机关进行两类调查活动情况。比如，韩国国民权益委员会只能调查行政违法、过失或滥用职权的行为，并不能对腐败犯罪直接进行调查，即使收到民众关于腐败犯罪的投诉，也只能移送给有调查权的调查机关进行调查。

（四）调查处理结果

不同监察调查模式下的调查处理结果也存在差异，这与监察制度本身的定位有很大关系，比如法国原殖民地国家比较流行调解官（Médiateur）监察模式，[1]非洲许多原法国殖民地国家建立了国家调解专员公署，负责调解国家和公民之间的纠纷，调查处理结果一般是提出解决纠纷的建议。现代监察机关往往承担人权保护功能，某种程度上成为特殊的人权保护机关，[2]这类监察机关调查处理的结果往往是纠正违法行政行为，建议采取保护人权的补救措施。而在一些实行议会监察专员制度的地方，监察专员在调查结束后，可以做出建议、弹劾、谴责、发表意见等多种处理结果，相同模式下中的每个国家在调查处理方式上也存在或多或少的差异。

调查结果的差异性在实行反贪和监察职权合一模式的国家（地区）显得

---

[1] 调解官监察模式起源自法国，建立这种模式的国家一般是法国历史上的殖民地，这些地方受到法国政治制度的影响比较大。法国在1973年建立了国家调解专员公署，但是在2008年修宪后将该公署改名为人权保护官署，监察机关的功能开始转向人权保护。

[2] 加拿大亚伯达大学的里夫教授总结出国际社会的人权保护机关包括三类，分别是人权委员会（human rights commission）、传统监察机关（ombudsman）、混合型人权机关（hybrid human rights ombudsman）。人权保护机关和监察机关出现混同的趋势。

更为复杂,一个机关同时行使两类不同的职权,就导致两类调查程序出现不同的处理结果。比如,中国澳门地区廉政公署同时进行行政申诉调查和反贪调查,两类调查程序性质不同,在调查结束后的处理方式也不同,反贪调查结束后如果收集到足够证据则将案件移送到检察机关审查起诉,而行政申诉调查结束则可能采取非正式介入、调解或移送主管机关处分等多元处理方式。

二、域外监察调查程序模式的价值

那些建立现代监察制度的国家(地区)在建立该制度后,往往致力于完善监察机关的组织形式,为监察机关配置有效的职权,建立顺畅的调查工作程序,并在多年的探索中逐渐形成比较高效的工作模式。虽然域外监察调查的模式存在一些差异,但是各类模式中也体现出很多优点,尤其监察和反贪职权合一模式对我们有很强的借鉴意义。

(一)调查工作保障有力

这个优势在监察和反贪职权合一模式中体现尤为明显,该模式下的监察机关配置了十分强大的调查权,拥有类型多样的调查手段,调查人员可以使用警察使用的一切调查措施,还可以经过授权使用监听、卧底、诱惑侦查等特殊调查手段,强大的调查权是调查程序高效运行的基础保障。该模式下的有些监察机关在硬件保障上也十分有力,比如中国香港地区的廉政公署就在廉署内部设立了专门用来执行拘留措施的拘留中心,[①]廉署调查人员配备了手枪等执法武器,这些都有效保障了调查活动的进行。

另外,实行监察和反贪职权合一模式的国家也特别重视调查工作的立法保障,甚至专门通过特别立法的方式来保障反贪调查工作,有些地方的立法机关通过立法对被调查对象苛以特别义务,比如中国香港地区就立法规定被调查人有配合调查的义务,无正当理由拒绝配合廉署调查的人将构

---

① 中国香港地区廉政公署执行处调查科(四)下面设立了拘留中心,廉政公署逮捕犯罪嫌疑人后,可以在拘留中心进行留置,但留置时间一般不超过48小时。

成犯罪。新加坡法律为了加强反腐败效果，提高腐败犯罪的调查效率，明确规定涉嫌腐败犯罪的犯罪嫌疑人要承担举证责任。

（二）程序自主是典型特征

域外监察机关的独立性一般得到法律的充分保障，监察机关往往在权力体系中具有独立的地位，享有人事、财务、管理方面的自主权，调查活动不受其他机关的干涉，程序的独立性和自主性特征十分明显。程序自主是《澳门特别行政区廉政公署组织法》特别授予廉政公署的权利，具体是指廉政公署的工作独立于一切法定的行政申诉途径及司法申诉途径，且不中止或不中断任何性质的期间。该条规定保证了澳门廉政公署的调查活动可以自主开展，且不受到行政或司法程序的影响而中断。

另外，新加坡贪污调查局在新加坡政体中具有独立的地位，除了接受总理的领导外，几乎不受其他机关的干预，也无需向立法机关提交工作报告。这种特殊的独立地位确保了贪污调查局能够在不受其他权力机关干涉的情况下，独立启动和运行调查程序。即使贪污调查局对贪污腐败犯罪的调查受到刑事诉讼法的约束，但仍相对独立于检察机关和警察机关，这种独立设置保证了调查程序独立规范的运转。

（三）程序运行简洁高效

采取监察和反贪职权合一模式的监察机关比较重视专业化建设，执法人员的素质和业务水平普遍较高，大量优秀的专业人才保证了调查活动高效进行。这类模式下的监察机关除了重视专业调查人才的培养，调查程序的设计也较为科学，调查机关受理线索后一般由高层领导进行集中审查，然后将具有可查价值的线索分流到调查部门开展调查，这样就避免无价值线索占用有限调查资源。比如中国香港地区廉政公署没有设计出复杂的调查程序，而是以简洁明了的程序来指导办案，确保调查程序高效灵活运转。

新加坡政府历来以行政高效率闻名，新加坡取得建设成就与其政府高效密不可分。贪污调查局的运作也以效率为基本原则，调查局拥有极为强大的调查权力,机构内部设置了功能分工清晰的调查小组,内部组织结构十分完善,整个调查程序没有烦琐的设计,程序运行更重视调查的效率和程序有效运转,程序按受理、立案、全面调查呈线性快速流转。此外,调查局内部设立了专门进行线索分流的申诉评估委员会,能够在早期对线索进行审查分流,避免调查价值不大的线索占用有限的调查资源,确保贪污腐败犯罪能够得到快速查办。

(四) 调查程序多元化监督

长期以来,采取监察和反贪职权合一模式的监察机关受到外界广泛质疑,认为其过于强大的调查权有侵犯人权的风险,强烈呼吁对调查活动进行有效监督制衡。为了回应外界的质疑,许多国家(地区)围绕制衡调查活动,建立了多元的监督体制,包括在监察机关内部成立专门的监督机构,在外部建立由中立委员会、检察官、法官、律师等不同力量组成的监督体系,力图通过综合性监督体系来防止调查权滥用。以中国澳门地区为例,澳门廉政公署的调查活动受到来自行政长官、纪检会、检察院、法院、律师等社会力量的多元监督,这种多层次的监督减少了调查程序中滥用权力、侵犯人权的风险,保证了调查程序能够依法规范进行,其良好的运转也受到了社会各界的认可。

中国香港地区的监督体制更具特色,香港廉政公署的调查活动受到内外两个层面的全面制衡监督,内部设立有监察组织专门调查内部人员的违纪违法问题,外部的律政司、法官、律师等也对调查活动进行严密的审查。廉政公署外部监督的最大特色是建立了专职监督的独立委员会,其中廉政公署投诉委员会专门负责监督廉政公署人员和工作,审查贪污问题咨询委员会可以对整个调查活动进行全程监督,这是引入社会力量监督调查活动,加强民众参与反腐败的重大创新之举。

(五) 程序转换灵活多样

域外监察机关调查腐败犯罪的程序走向比较清晰,调查结束后要么移送检察机关进行起诉，要么不移送检察机关并存档结案。相比来说，监察机关调查行政违法、行政不当等行为的程序则比较灵活，调查程序的流向相对复杂，调查结束后的处理方式也有多种选择，并以解决问题的"效益"作为基本原则。比如中国澳门地区廉政公署的调查程序就比较科学，当调查程序无法继续流转时，可暂时将案件归档，待具备可查性时重开案卷，再启动新的调查程序，这避免了某些不具备调查可行性的案件过多地占用有限的调查资源。另外，澳门廉政公署在行政申诉调查程序中，设置了转介、非正式处理等灵活的争端解决程序，并且正式立案后仍然可以转入这些灵活程序进行处理，既提高了办案效率，也有利于从根本上解决争端，可以说是"国家—社会协商机制"的典范。[①]

三、监察委调查程序的比较与借鉴

中国的监察体制改革正全面推开，各地监察委在调查主体的组织、调查权力配置、调查程序设计、调查保障等领域的探索中积累了丰富经验，初步在办案中建立起成型的调查模式。根据《监察法》等法律对监察委员会的定位，监察委员会由人民代表大会产生，是"一府一委两院"权力格局中监察权的行使者，是国家最高监察机关，各级监察委员会独立行使职权，这种独立监察机关的定位也使监察委员会的调查活动区别于行政机关和司法机关的调查活动，并带有独立监察调查的色彩。

与此同时，监察委员会可以依法行使谈话、询问、讯问、查询等12项调查措施，这些调查措施中的留置、搜查、技术调查属于强制性调查手段，而谈话、询问则属于任意调查手段，这些调查手段都不属于刑事侦查范畴，不

[①] 一般认为监察制度的价值在于保护人权和监督制约公权力，这个双重价值论是比较主流的观点。近年来，许多研究者认为实现上述价值，需要打造有能力的政府和完善公民社会，监察制度可以发挥沟通国家权力机关和公民关系的桥梁，建立国家—社会协商的机制。庞嘉颖、黎耀祥：《亚洲行政申诉制度比较考察——对澳门、韩国和印度的考察》，澳门特别行政区廉政公署、澳门基金会2009年版，第142页。

受刑事诉讼法规范,这与香港地区和澳门地区的做法有较大差异。① 另外,监察委员会同时行使监督公权力和调查腐败犯罪的职责,也是典型的监察和反贪职权合一的模式,在调查程序运行上与新加坡等地有相似性,但是在调查性质、调查组织等方面存在巨大的差异。当前监察委员会拥有非常强大的调查职权,程序保障机制也在日益完善,除了对国内经验的汇总和提炼,域外监察调查制度中符合现代调查制度建构和人权保护精神的一些做法仍然值得我们参考学习。

(一) 引入社会力量制衡调查权

犯罪调查活动一般遵循不公开进行原则,以便保护被调查人员的名誉,确保调查工作顺利进行,但是该原则并不意味着调查全程以秘密状态进行,形成一个全封闭的调查模式,全封闭模式本身会加大滥用职权和侵犯人权的风险。反腐败工作不是仅凭专业反贪机关之力就能无往而不胜,也需要广大民众的参与和支持,只有凝聚全社会的智力和能量才能真正控制腐败问题。中国香港地区采取引入社会人士组建独立委员会向调查工作提供意见,并全程监督调查工作,制约调查机关的方式,既有效开辟了民众参与反腐的新渠道,促使调查机关及时听取民间的反馈和意见,又通过社会力量制约了调查权,防止调查权的滥用,是香港地区监督调查活动的重大创新之举。

至于中国当前进行的监察体制改革,外界普遍担忧的一个问题是如何制约强大的调查权,防止调查权的不当使用,充分保障被调查对象的合法权利。香港地区廉政公署引入社会力量进行监督的方式不失为一条可行的道路。社会主义国家的核心政治要义是人民当家作主,人民作为国家的主人自然有权监督涉及人民利益的权力活动,通过引入社会力量进入监察体

---

① 中央纪委国家监委网站刊登的《使党的主张成为国家意志》指出:"反腐败针对的职务犯罪区别于一般刑事犯罪,国家监察法也区别于刑事诉讼法;监察机关行使的调查权不同于刑事侦查权,不能简单套用司法机关的强制措施。监察机关调查职务违法和职务犯罪适用国家监察法,案件移送检察机关后适用刑事诉讼法。"监察法等法律也认为监察委调查不属于刑事侦查范畴,不受刑事诉讼法的约束。

系内部,可以打破外界担忧的职务犯罪调查过于神秘、封闭的问题,也为人民大众参与反腐败工作提供有效途径。

(二)建立内、外多元化监督体系

不受监督的权力必然会滥用,这已为古今历史无数先例所证明。效率并不是制度的唯一目标,规范运行才能将制度的最大价值发挥出来。纵观建立监察和反贪职权合一模式的国家(地区),法律既赋予了调查机关非常强大的调查权力,又组建了严密有力的监督体系防止权力滥用。比如,中国香港地区在廉政公署内部设立了专门的监督机构,又在廉政公署外部建立了包括行政长官、律政司、法官、媒体等在内的多元监督体系,这种多元监督体系可以防止某个监督环节的崩坏造成整个监督体系的失灵,进而造成破坏法治和侵犯人权的恶果。

监察委开展办案工作已有一段时间,主要精力放在了机构组建和调查办案方面,至于如何监督调查权还处于探索之中,相对健全和有效的监督体系尚未完全建立起来。一般情况下,内部监督存在许多缺陷,比如人员同质性和部门保护主义会影响监督的力度,因此发挥执政党、人民代表大会及其常委会、检察院、审计部门、媒体等力量的监督作用,建立多元化的内、外监督体系才是比较科学的选择。

(三)保持程序转换和流转的灵活性

现代监察制度发展到今天,监察机关承载的功能也越来越多,从过去传统的监督功能,到现在人权保障、调解、反贪功能,这些功能的类型也影响着调查程序的处理结果。域外许多地方的监察机关十分重视纠纷的彻底解决,在受理民众投诉并调查结束后,并不以处罚违法为唯一的程序结果,而是尽量寻求恰当的途径来解决纠纷。比如,中国澳门地区廉政公署受理关于行政违法的申诉后,可以采取调查、转介、非正式介入等多种灵活方式来处理纠纷,力求快速高效地解决民众反映的问题。

国内的监察委员会调查模式包括两类调查类型,一类是调查严重职务违法和职务犯罪的调查活动,一类是调查普通职务违法和违纪的调查活动,这两类调查活动的程序流转和转换是一个值得重点研究的课题。我们在建构监察委员会调查制度的过程中,也需要谨防把处罚作为唯一的解决问题方式,而应根据民众的申诉类型差异,采取灵活的调查处理模式,发挥监察机关沟通"政府—社会"的桥梁作用。

第四章 内部程序:职务犯罪监察调查内部运行

纪委和监察委分属党务机关和国家机关,在纪委、监察委合署办公体制中,拥有职务犯罪调查权的只能是监察委这个法定调查主体,因此监察委才是主导职务犯罪调查程序的主体。不过,正如前文对现行职务犯罪调查程序模式的解读,职务犯罪监察调查程序本身有一个完整的运转流程链条,又在实际运行中与违纪调查等其他程序发生转换关系,并与外部的审查起诉程序等存在一系列衔接节点。在纪委和监察委合署办公的体制架构之下,两个性质不同的机关在组织结构、领导体制等层面高度融合,并形成了"两位一体"的工作模式,这种模式直接影响了监察调查程序的内部运行方式:一方面,监察委专门负责职务犯罪调查工作,并遵循基本的职务犯罪调查程序,这个程序包括线索处置、初核、立案、调查、审理和移送等环节;另一方面,纪委和监察委的工作人员同时行使党纪调查权、职务违法及犯罪调查权,分别涉及党纪调查程序、职务违法及犯罪调查程序,这就产生了纪委、监察委内部的内部衔接问题。① 另外,监察程序作为一类独立性质的法律程序,在法律定位设置上区别于刑事司法程序,在这个基本的法律设定之下,监察委调查职务犯罪程序也不同于刑事侦查程序,且前者缺失了立案侦查环节,监察委调查的职务犯罪案件先后历经监察程序和刑事程

---

① 此处的衔接属于纪委、监察委内部之间程序衔接,即纪委党纪调查程序、监察委政务调查程序和监察委职务犯罪调查程序之间的衔接。这种衔接发生在纪委、监察委内部,所以属于内部程序衔接的范畴。

序,由此衍生出职务犯罪监察调查程序与刑事程序的外部衔接问题。本章将重点对职务犯罪调查程序的内部流转过程进行分析,并着重对纪委、监察委内部的调查程序衔接,即所谓的"纪法衔接"进行探讨,①以充分发掘程序运行中仍然需要完善的节点。

第一节 犯罪调查程序的内部流转

监察调查程序的运行涉及纪委、监察委两个不同性质的机关,这两个机关在名义上分别行使不同性质的职权,并在不同的调查程序中担当主体角色。其中,纪委是党纪调查程序的主体,监察委是监察调查程序的主体,而党纪调查程序和监察调查程序又可以分别划分为更细的程序层次,比如监察调查程序包括职务违法及犯罪调查程序。在这个多层次的调查程序中,职务犯罪调查程序可以被视作是监察委主导的一类独立程序,这个程序有着系统的程序运转流程或阶段。一般认为,监察立案代表着调查程序的正式启动,不过为了更全面理解调查程序的运行流程,也有必要对立案之前的线索受理、初核这两个阶段予以分析。线索受理是职务犯罪线索处置的第一次分流,初核则对后续的立案环节有直接影响。因此一个完整意义上的职务犯罪监察程序主要包括线索处置、初核、立案、调查和审理这五个环节。值得注意的是,职务犯罪调查是一种包括秘密调查和公开调查的法律活动,受到监察法律规定和内部工作规定的严格规范,此处使用"职务犯罪监察调查内部流程"的称谓,并不代表该调查程序是完全秘密的内部工作程序,而主要是指这些流程是由监察委主导,并在监察委控制下运行。

在对职务犯罪监察调查程序流程进行分析之前,有必要对目前的纪委、监察委内设组织机构及其职能进行初步介绍。按照各地纪委、监察委在改革期间对内部的机构组织改革探索的情况,地方纪委、监察委的内部机构

---

① 从传统上的用语习惯来看,纪委系统习惯于把纪委与检察院等司法机关的关系称作"纪法衔接",在监察委与纪委合署办公模式确定之后,纪委系统依然沿用这种称谓模式,使用"纪法衔接"来指称纪委、监察委与检察院等机关之间的程序衔接关系。

主要包括三类:第一类是综合部门,包括办公室、组织部门、政策研究部门、信访部门、党风政风监督部门、案件监督管理部门、案件审理部门、纪检干部监督部门等;第二类是监督执纪部门,具体负责开展对党员干部及公务人员的日常监督工作;第三类是执纪审查部门,负责调查各类违反党纪、职务违法、职务犯罪线索。北京、浙江、山西等地的监察委均实行监督执纪和执纪审查部门分立的模式,另外其他有些地方还设立了国际追赃追逃部门、信息技术保障部门等特殊科室。① 在上述这些内设机构中,参与职务犯罪调查程序的主要有信访部门、案件监督管理部门、执纪审查部门,其中信访部门负责举报线索的受理,案件监督管理部门负责统一管理案件线索、协调调查程序手续办理、监督调查措施实施和对整个调查过程进行监督管理,执纪审查部门负责调查党员违纪、职务违法和职务犯罪行为。完整的职务犯罪调查程序主要涉及这几个主要部门的工作,这几个部门在分工负责、相互配合、相互制约的基本原则之下,共同将职务犯罪监察调查程序有效运转起来。

一、线索处置阶段

犯罪调查是一个从无到有的过程,需要经历信息收集、分析和整理,这个过程的开端就是对涉嫌犯罪的信息进行研判,进而确定是否有进一步调查的价值,并选择具体适当的调查处理程序。通常来说,这些涉嫌犯罪的信息以案件线索的形式存在,犯罪调查的最初阶段就是对案件线索进行核实,而正式启动核实程序之前还有一个线索处置阶段,线索处置涉及各类线索的受理、分析、研判、统计以及分流,是犯罪调查流程的第一道过滤程序,直接决定了哪些线索可以进入犯罪调查阶段。监察委管辖的职务犯罪线索主要有两个处置程序,一个是信访部门的线索受理程序,一个是案管部门的线索管理程序,线索受理之后会进入案管程序,并以案管部门的线索管理程序为核心,这两个程序共同组成案件线索处理的起始程序。

---

① 本书编写组:《深化国家监察体制改革试点工作百问百答》,中国方正出版社2017年版,第62页。

（一）线索受理程序

由于纪委和监察委实行"一套人马，两块牌子"的办公模式，因此纪委和监察委共享同一套办公机构和人员，纪委的信访部门亦服务于监察委，双方共用同一个信访部门。信访部门属于监察委的对外窗口机构，主要职责是对外接受群众举报或报案，这也是监察机关的基本义务，[1]是监察机关密切联系群众，扩大案件线索来源，保证打击犯罪力度不减的一个重要保障。线索受理阶段主要涉及受理范围、受理原则、受理渠道和受理后分流这几个主要的环节。

第一，受理范围。信访部门负责统一受理纪委、监察委管辖的案件线索。监察委有着特殊的管辖领域，因此通过监察程序处理的线索应符合监察管辖要求，具体包括《监察法》第15条规定的6类国家工作人员涉嫌的职务违法和犯罪线索，针对政务处分等提出的申诉，以及群众提交的对反腐败和廉政建设的建议、批评等。[2]

第二，受理渠道。为了更好地扩大线索来源渠道，方便群众的举报或报案，信访部门开通了灵活多样的受理渠道，分别是：(1) 来信，即通过信件邮寄信访材料到监察机关；(2) 来电，即通过统一举报电话接收各类线索信息；(3) 来访，即通过在单位接访形式接收报案或举报；(4) 网络，即登录纪检监察网及其客户端、微信公众号等进行报案或举报。[3]

第三，受理原则。信访部门受理案件线索要严格遵守信访工作原则：一是归口受理原则，即信访部门统一接收群众举报或报案、上级机关和领导交办或转办、本级其他部门及巡察机关转送、派驻及下级机关报送的线索材料；二是按干部管理权限分级受理，即各级监察机关信访部门只能受理本级党委和本级其他机关管理的公务人员的涉案线索，非受理范围内的线

---

[1] 中共中央纪律检查委员会、中华人民共和国国家监察委员会法规室编：《〈中华人民共和国监察法〉释义》，中国方正出版社2018年版，第175页。

[2] 信访部门并不负责对案件线索进行实质审查，而仅仅是在程序上对各类线索进行初步分类和整理，并分别移交案管或有管辖权机关处理。

[3] 中华人民共和国监察委员会官网，http://www.ccdi.gov.cn，2018年7月23日访问。

索应及时移送相应级别监察委受理。

第四,受理程序。信访部门对线索受理有比较规范的处理程序,具体来说主要包括两个基本的处理阶段:一是受理和登记阶段,信访部门工作人员根据不同的举报方式,有不同的处理流程,具体包括对来信的拆封、装订和分送,网络资料下载,将线索信息输入信访管理系统,并对举报件进行线索登记。二是分流处理阶段,信访机构根据对线索的初步评判,做出具体的处理决定:(1)移送上级信访部门。对属于上级管辖的线索,经监察委领导批阅后移送上级机关;(2)移送本级案管部门。对属于本级管辖的线索,由信访部门负责人审核,经分管委领导审批,移送本委案管部门处理;(3)转送下级信访部门。对属于下级管辖的线索,直接转送下级信访部门;(4)不受理或移送其他机关。对于不属于监察委管辖范围的线索,不予登记录入系统,并可以转送相关职能机关进行处理。上述的工作程序运行要遵循具体的权利告知和时限要求。比如,信访部门接受举报后应告知举报人已接受相关材料,并给予具体的接收材料凭证;信访部门承办人接受举报后应在5日内完成登记录入,并在10日内完成分流移转。

(二)线索处置程序

案件监督管理部门是纪委、监察委内部一个监控调查全过程的部门。《中国共产党纪律检查机关监督执纪工作规则》(简称《监督执纪规则》)第12条规定,纪检机关案件监督管理部门负责对监督执纪工作全过程进行监督管理,履行线索管理、组织协调、监督检查、督促办理、统计分析等职能。在纪委、监察委合署办公体制之下,案管部门的基本职能被移植到监察调查程序中,且该部门职能范围得到了进一步扩大,比如案管部门需要负责管理留置场所、移送案卷材料给检察机关等。作为在调查程序中发挥监督、协调和管理等多种职能的部门,案管部门对调查流程进行管理的第一个环节即线索处置阶段,因此案管部门既成为案件线索的集中管理部门,也成为引导线索处置程序分流的关键部门。

首先是线索的汇总。监察委内部的各类线索都由案管部门统一管理,信访部门受理的线索最终也需要移交案管部门。除了信访部门受理后移交的线索,案管部门接收的线索还有多种不同的来源:(1) 监督部门、调查部门移送的线索,监督部门和调查部门在办案中发现的线索,如果属于本部门管辖,则向案管部门进行备案;如果不属于本部门管辖,则报批后移送案管部门。(2) 其他部门或机关移送的线索,纪委巡察部门、审计机关、行政执法机关、司法机关等在工作中发现的属于纪委、监察委管辖的线索也应移交案管部门。(3) 领导批转、上级机关交办等其他渠道移送的线索,这些上级移交的线索也应直接交案管部门进行管理和分流。

其次是线索管理和分办。《监督执纪工作规则》第 23 条规定,案件监督管理部门对问题线索实行集中管理、动态更新、定期汇总核对,提出分办意见,报纪检监察机关主要负责人批准,按程序移送承办部门。在合署办公体制下,案件监督管理部门的工作同时遵守纪委《监督执纪工作规则》的要求。如果线索属于本级管辖,则组织承办人需对线索进行研判并提出分办处理意见,并报请监察委主要负责人批准,之后线索将进入分办处理程序。分办处理是指将线索交由不同的部门进行处置,一种是领导直接审批决定进入初核程序,此时案件线索将交给执纪审查部门进行初步调查,并将调查情况反馈给案管部门;一种是领导决定将线索移交监督执纪部门进行处置,监督执纪部门将提出处置意见,并报监察委以专题会议的形式讨论确定处置方案,具体处理方式包括:第一种是类似纪委谈话函询的模式,主要是针对那些线索反映问题十分轻微,只需给予政务处分或不予处分的情况;第二种是暂存待查,即认为线索目前不具备调查条件,可以暂时将线索归档,等到具备可查条件时重启调查;第三种是直接予以了结,即分析后认为线索反映问题不实,则直接根据调查情况予以了结处理;第四种是进行初步核实,即处置部门分析后认为线索反映问题可能涉及职务违法或犯罪,且具有可查性,则将线索移交案管部门,再由案管部门移送执纪审查部门进行初核。

最后是线索处置的程序要求。《监察法》《监察法实施条例》及监察委内部工作规定对线索处置设定了明确的程序规范,从线索处置的时限要求来看,监督执纪部门收到案管部门移交的线索后,应当组织承办人进行分析研判,在规定期限内提出处置意见,并明确具体的处置方案。从线索流转过程来看,案管部门向监督执纪部门和审查部门移送线索之前,必须由监察委主要负责人审批,监督执纪部门的处理意见则需要监察委专题会议讨论决定。从线索管理和监督要求来看,具体负责处置的部门应指定承办人负责管理各类线索,进行登记编号,建立线索处理台账和档案,并定期将处置情况报给案管部门。从后续处理程序来看,对于信访部门移送的线索,案管部门应及时将处置意见反馈给信访部门,并答复实名举报人。

二、初步核实阶段

初步核实是监察委调查部门自行发现或收到案管部门移送的线索后,对线索内容进行初步调查核实,目的是进一步收集相关的证据材料,为下一步是否立案提供重要依据。初步核实是正式立案的准备性或检验性工作,一方面调查人员采取各类初核措施,初步查清案件线索涉及的相关问题,检验线索反映的问题是否属实、是否涉嫌职务违法或职务犯罪、是否应追究相关人员的刑事责任、是否具有可查性,这些核查内容将直接影响领导的立案决定;另一方面,调查人员在初核阶段拥有许多有力的调查手段,[①]如果能够有效运用这些调查手段,就可以掌握大量对后续调查有用的证据材料,从这个意义上看,初核也是在为后续的犯罪调查做基本的准备工作。

本书第二章提到在制度变革"路径依赖"的影响之下,监察委调查程序在相当程度上借鉴了纪委调查程序和检察院自侦程序的内容,监察委初步核实模式与纪委初核模式也十分类似,初核的法律定位与检察院自侦程序

---

① 在初核期间,调查人员可以使用谈话、询问等初核措施,也可以使用勘验检查、鉴定、技术调查、限制出境等具有强制性的措施,后者在内容上已经与正式调查措施完全一致,由此可见初核阶段的调查工作依然具有一定的强制性。

的初查十分相近。① 具体来说,该程序的核心内容包括初核组织、初核措施和初核流程三个主要方面。

第一,初核组织。初核组织是指调查部门负责人统筹安排人员分工,指定专门调查人员组成初核组。一般情况下初核组由2名以上调查人员组成,如果案情比较重大复杂,也可以指定多名调查人员组成初核组。调查人员在审阅线索之后,会制定初核方案,层报监察委主要负责人审批。如果初核对象是同级党委管理的干部,监察委主要负责人还应向地方党委负责人汇报初核方案,由党委负责人审批后组织实施初核工作。

第二,初核措施。为了确保初核工作顺利进行,《监察法》《监察法实施条例》以及其他内部法律规定了一系列的初核措施,调查人员在使用这些初核措施时,应严格履行必要的内部审批手续。这些调查措施主要包括谈话、询问、查询、鉴定等。此外,有一点应予以明确,那就是初核应尽量秘密进行,避免暴露线索中的举报人或报案人,一般不采取直接与调查对象谈话的方式取证,②且尽量减小初核过程带来的社会影响,避免引起初核对象过度反应或采取反调查措施。调查人员在调查过程中应定期将初核情况整理汇总,书面向监察委领导汇报进展情况,并将初核调查情况向案管部门备案。

第三,初核流程。调查人员在组成初核组后,需要按照法定的工作程序进行初核。结合初核组织和初核措施的内容,初核的基本流程包括成立初核组、制定初核方案层报审批、核查和收集证据、进度汇报、初核终结。初核终结是指调查人员经过调查核实之后,查清了线索反映的基本问题,可

---

① 初查最早在1985年的全国检察机关信访工作会议上提出,其基本定位是立案前的调查核实活动,但是当时的初核仅仅是信访部门的一种审查性活动。此后,在1990年的全国检察机关反贪工作会议上正式将初查定位为反贪部门在立案前对贪污贿赂线索的初步调查,此时初查已经正式进入自侦部门的工作程序中。1997年,最高人民检察院通过《人民检察院刑事诉讼规则》,将初查纳入立案程序中,在"立案"一章中统一规定了受案、初查和立案三项内容。2012年修订的《刑事诉讼法》将初查从立案环节分离,将其当作一个相对独立的阶段予以规定,一方面解决了初查法律定位长期不明的问题,另一方面赋予了初查相对独立的程序定位,初查变成了立案的一种非必需。

② 一般情况下初核时不宜直接与被调查对象接触,但如果被调查对象主动交代问题,自首投案,或者线索系其他机关移交的并有明确证据证明是违法犯罪事实的,在监察委领导批准之后,可以与被调查对象进行谈话。

以对线索有一个基本的判断,进而综合初核查清的情况撰写初核报告。初核报告包括初核对象情况、涉嫌问题、初核过程、查实情况、处理建议等。根据监察法律规范的内容,调查人员初核结束后,可以具体提出四类处理建议:一是提请立案调查,即调查人员经过初核发现线索涉及职务违法或犯罪问题,需要追究政务或刑事责任,则按照报批程序提请对被调查对象立案调查;二是提请其他处分方式,即调查人员初核后发现涉嫌违纪违法问题,但是情节显著轻微,不需要追究政务或刑事责任,可以采取批评教育、诫勉谈话、责令检查等处理方式;三是提请暂存待查,即调查人员经过初核后发现线索有一定可查性,但是调查条件并不成熟或涉及的法律问题需要进一步研讨,可以提请对线索进行暂存待查;四是提请予以了结,即调查人员初步调查后发现没有违纪违法嫌疑,或者找不到证据可以证明违纪违法嫌疑,可以提请对线索结案。

一般情况下,初核组制作好初核报告后,应签字后提交调查部门负责人进行审查,并层报监察委主要负责人审批,如果初核对象是同级党委管理的干部,监察委负责人应将分类处理建议向同级党委负责人汇报,在同级党委负责人审批同意后,再予以交办执行。

三、正式立案阶段

监察委是国家专责监察机关,同时也是国家反腐败机关,并且被定位为地位超然的政治机关,[①]所有监察委开展的监督、调查等工作具有很强的政治性,调查处理结果不仅仅有政务、法纪方面的影响,也会影响政治领域。因此,监察委在决定对职务违法、职务犯罪等问题进行立案调查时,必须坚持依法、严格、慎重的基本原则,立案调查既不失之于宽,造成放纵违法犯罪的后果,又要避免失之于苛,出现滥用立案调查权,盲目追求办案数量,

---

① 《中国纪检监察报》曾刊文指出监察委的工作都具有非常强的政治性,监察委的业务工作主要包括日常监督、调查职务违法犯罪事实和处置,另外还负责大量思想政治工作,对国家工作人员进行理想信念宗旨教育,最终实现政治效果、法纪效果和社会效果的统一。闫鸣:《监察委员会是政治机关》,载《中国纪检监察报》2018年3月8日第3版。

忽视办案实际效果的问题。从这个层面来说,立案对职务犯罪调查的意义主要有三重:一是作为犯罪调查的控制程序,可以起到筛选案件线索,以及控制案件线索的流向的作用,立法机关设立严格的立案标准可以防止调查机关恣意启动调查程序,避免因强大的调查权被滥用而侵害公民合法权益,最终起到保护调查对象人权的作用。二是作为犯罪调查程序的正式开端,是职务犯罪监察调查程序的正式起始程序,立案程序是否合法、规范进行,直接影响后续犯罪调查程序,乃至刑事诉讼程序的顺利进行。三是作为犯罪调查的必经程序,立案的及时性和准确性直接关系后续犯罪调查工作能否顺利进行,也关系调查人员能否完成职务犯罪追诉的任务。

立案和调查环节一般统称立案调查,正式立案之后,犯罪调查工作就立即开展起来,两者前后衔接十分的紧密,在程序中也可以看作是一体的。然而鉴于立案环节自身的重要意义,以及立案审批并不意味着就一定进入调查环节,也存在立案审批后不进入调查程序的可能性,为了更好地解析立案环节中的程序要素,本书将立案环节与调查环节分开进行讨论,重点研讨立案的条件以及相应的程序流转过程。

第一,立案的条件。立案作为控制犯罪调查程序的起始环节,本身也是一个对违法犯罪线索进行审查的过程。通过这种审查可以将不宜立案调查的线索排除在调查程序之外,进而集中调查资源重点调查那些价值较高的案件。至于如何判断和确定是否应予立案,就涉及立案的标准或条件。根据《监察法》第 39 条的规定,经过初步核实之后,对于监察对象涉嫌职务违法犯罪、需要追究法律责任的,应按照规定的程序和权限办理立案手续。因此,监察立案有两个实质要求:一个是监察对象涉嫌职务违法犯罪。涉嫌违法犯罪主要表现为一种可能性,对于如何界定涉嫌的内容,比如初核要将线索信息查清到什么程度,掌握多少犯罪事实和证据才能达到立案标准,很难非常清晰地客观划定。但比较明确的是,调查人员在立案阶段只能掌握部分而非全部犯罪事实和证据,线索反映的犯罪问题属于监察委管辖范围内,且这部分犯罪事实和证据的内容比较清晰,并明确指向了某个特定的对象,即这种涉嫌犯罪的可能性不是纯粹的猜测,而是有一定证据材料能够证明部分事实情节。二是需要追究法律责任。这就是说调查对象需要符合国家工作人员的主体身份,且涉嫌犯罪的行为应依法追究法律责任,不存在犯罪已过追诉时效、特赦等不需要追究刑事责任的情况。①

另外,需要注意的是,检察机关曾经结合各类职务犯罪的特点和犯罪构成要件,针对职务犯罪立案标准出台过专门的细则,②这些细则针对各类不同的职务犯罪规定了具体的条件和标准,是长期以来支持自侦办案的重要法律依据。在监察体制改革的推进过程中,这些立案规定并没有被立法机关废止,但是否适用于监察委的立案调查环节,则需要中央纪检监察机关、国家监察机关做出进一步的明确规定。

第二,立案的程序。《监察法》第 39 条规定,监察立案要按照规定的权限和程序办理手续,但没有明确说明什么样的权限和程序是符合"规定"的。《〈中华人民共和国监察法〉释义》中对此有所解答。所谓规定的权限和程序是指《中国共产党纪律检查机关监督执纪工作规则》(简称《监督执纪规则》)第 38 条的规定,即对于符合立案条件的,由承办部门起草立案审查呈批报告,经监察机关主要负责人审批后,报同级党委主要负责人批准,正式确定是否立案。有审批权限的人员审批之后,对于符合立案标准的,批准立案;对于不符合立案标准的,不批准立案,并由监察机关做出其他决定,或者退回承办部门进行进一步的调查。③

在这里,需要注意两个问题:一是根据该规则的规定,需要报请同级党委负责人审批的调查对象有明确的范围,这些对象的工作身份属于同级党委的管理之下,比如同级党委委员、候补委员,同级纪委委员,同级党委管

---

① 《刑事诉讼法》中规定了 6 种不追究刑事责任的情况,分别是情节显著轻微,危害不大,不认为是犯罪;犯罪已过追诉时效;经特赦令赦免;依照刑法告诉才处理,没有告诉或撤回告诉的;犯罪嫌疑人、被告人死亡的;其他情况。监察委在立案阶段也需要结合这 6 类情况来对案件进行综合判断,以确定是否有不予追究刑事责任的情况存在。

② 1999 年 8 月 6 日最高人民检察院第九届检察委员会第四十一次会议通过《最高人民检察院关于人民检察院直接受理立案侦查案件立案标准的规定(试行)》,该标准对各类职务犯罪的立案数额、损失后果等具体条件进行了详细规定,是指导检察机关侦查职务犯罪的重要标准。

③ 中共中央纪律检查委员会、中华人民共和国国家监察委员会法规室编:《〈中华人民共和国监察法〉释义》,中国方正出版社 2018 年版,第 187 页。

理的党员干部，以及同级党委工作部门、党委批准设立的党组（党委）成员等，这在中央、地市、县区三级层面表现为不同的设置模式；二是《监察法》对于犯罪调查程序中的某些特殊规定，直接借鉴该规则是否合理，这种类似的借鉴出现在犯罪调查的许多环节中，等于国家法律参照党内规定执行，此问题将在后文进行详细讨论。

立案环节的程序除了审批流程外，还包括一个通知环节。第一种通知对象是上级监察机关，监察委如在对案件线索审查后决定立案，应按照内部工作程序要求，向上级监察委汇报，并向上级监察机关进行备案。第二种通知对象是调查对象及其单位，监察机关做出立案决定后，调查部门应持立案审批材料去案管部门开具《立案决定书》，并向调查对象宣布，同时通知调查对象所在的单位。第三种通知对象是人大常委会，监察机关对人大及其常委会选举或任命的人员进行立案调查，立案后还应该向人大常委会通报。在立案程序中设置这个环节的目的是为了充分保障调查对象及其家属、工作单位、任命机关的知情权，也方便党委、上级机关以及社会力量对立案过程及调查活动进行监督，同时也是一种扩大反腐败宣传效果的有效途径。

四、犯罪调查阶段

职务犯罪案件立案之后，案件随之进入正式的犯罪调查阶段，该阶段是职务犯罪监察调查程序的核心阶段，承载着主要的调查取证任务，调查取证是否顺利直接影响后续的审理、审查起诉等程序进程，也关系到能否完成反腐败的任务。相比于其他阶段的程序内容，犯罪调查阶段呈现出典型的权力—权利互动关系：一是调查人员在这个阶段可以使用类型多样、强有力的调查手段，这些调查措施的数量、强度等是其他阶段无法比拟的；二是调查时限有固定的限制，调查人员需要在调查时限内完成预定的调查取证任务，某些具体的调查措施也受到时间的限制，比如询问、讯问、留置等都有具体的时限要求；三是调查权行使受到严格程序控制，虽然监察机关在该阶段拥有强大的调查权，但这些调查权的行使要受到异常严格的程序规范,《监察法》《监察法实施条例》等法律及内部规范明确了调查取证的人数,以及审批、证据收集、证据保管等程序要求,这在一定程度上可以预防监察调查权的恣意滥用。四是调查对象的权利保障更为充分,由于调查机关的调查权与调查对象的权利在该阶段对抗最激烈,许多强制性调查措施对调查对象人身权利有较多限制,因此立法机关也规定了更多的权利保障措施,调查对象在知情权、人身权利等方面都有相应的保障。

在前文将立案和调查分开进行讨论,并对立案程序进行分析之后,根据职务犯罪调查的主要流程,可以将立案之后的犯罪调查阶段大致分为三项。

(一)调查开始与中止

职务犯罪案件立案后以组织调查组和制定调查方案为开端。犯罪调查是一项组织性、纪律性和规范性很强的活动,并以服从指令和团队合作为工作原则,这也是调查工作成功的重要保障。首先,职务犯罪案件立案之后,按照调查工作程序要求,要组建调查组。一般是由调查部门负责人指派特定的调查人员组成调查组,这些被选定的调查人员共同负责整个案件从立案到调查终结中的制定方案、调查取证、办理手续、整理案卷等工作任务。其次,要制定工作方案。监察委对调查工作坚持集体领导原则,调查中的重大事项均需要监察委领导集体讨论决定。调查组成立之后,应尽快拟定调查取证方案,具体包括需要查明的问题、应采取的调查措施,以及步骤方法、调查时间及注意问题等,这些方案应层报监察委主要负责人,并由监察委负责人召开专题会议进行讨论,最终确定调查方案及相应的调查措施,监察委领导集体讨论通过之后的调查方案对调查人员具有约束力。

另外,调查程序正式启动之后,可能会遇到各类意外或突发情况,导致调查工作不能正常进行下去,此时需要采取必要的措施暂时中止调查程序或转入其他处理程序。通常来说,造成调查程序中止的因素包括调查对象长期潜逃、不能归案,调查对象患有精神病或其他严重疾病,不能接受正常的调查。此时,调查人员需要层报监察委主要负责人审批中止整个调查程序,待相应的程序阻碍因素消失后,再报请监察委主要负责人重启调查程序。

(二) 调查工作开展

在调查组的人员挑选配备完成,且调查方案确定之后,正式的犯罪调查工作将逐步展开。在这个过程中,调查人员需要遵循一些基本的调查程序规范和调查工作要求。

一是调查范围的限制。调查方案制定并层报领导获批之后,调查人员需要严格按照调查方案的内容开展调查工作,不得擅自更改调查方案内容,如果遇到重大事项需要更改调查方案内容,应当报请批准该方案的负责人再次批准。① 由此可见,调查工作上下一体的组织特色比较明显,调查人员在犯罪调查过程中的决策会受到上级决策者的约束,必须要接受来自上级的指令和监督。

二是调查措施的审批。除了调查方案需要监察委领导审批之外,调查人员在采取各类具体的调查措施时,也应事先按照法定程序报批,《监察法》及监察委内部工作规程给这些调查措施设计了不同的报批方式。其中,第一类是监察机关分管负责人审批,有些调查措施对个人权利侵害相对要小,比如谈话、询问、讯问、查询、冻结、调取、查封、扣押、勘验检查、鉴定等,这些措施的审批层次设置是最低的。第二类是要求监察机关主要负责人批准,包括搜查、技术调查、通缉和限制出境措施,这几类措施属于强制性较强的调查措施,审批的层级相对要高。第三类是监察机关、地方党委、上级监察机关同时批准,这主要是针对留置措施而言,留置措施属于强制性调查措施,对人身自由限制时间较长,采取留置措施需要本级监察委领导集体讨论,并由监察委主要负责人审批,并报同级党委负责人审批,同时要报请上级监察委进行批准,这是审批层次要求最高的监察调查措施。

三是程序规范和工作要求。《监察法》规定了调查人员可以在调查中使用谈话、询问、讯问、查询、冻结、调取、查封、扣押、搜查、勘验检查、鉴定、留

---

① 中共中央纪律检查委员会、中华人民共和国国家监察委员会法规室编:《〈中华人民共和国监察法〉释义》,中国方正出版社 2018 年版,第 188 页。

置等措施，比如技术调查只适用于重大贪污贿赂等职务犯罪案件，留置适用于涉嫌严重职务违法或职务犯罪的被调查者及相关人员，其他一些调查措施也有明确的适用对象。这些措施有一些不同的程序规范，比如审批程序、衔接程序等，但是也有共同的程序性要求，主要包括：一是严禁非法取证。《监察法》等法律规定非法取证方式包括刑讯逼供、威胁、引诱、欺骗，同时严禁侮辱、打骂、体罚、虐待或变相体罚被调查人员及其他人员。二是取证的形式要求。调查人员在采取询问、讯问等调查措施时应出示证件及法律文书，由 2 名调查人员及以上进行取证，取证结束要形成笔录等书面材料。另外，在讯问、搜查、扣押等重要的调查取证工作中，还应该对取证全程进行录音录像，录音录像要留存备查。三是取证的时限要求。根据《监察法》及监察工作程序要求，调查取证的最长时间为 3 个月，经上级监察委审批可以再延长 3 个月。① 四是证据材料要求。调查人员在调查过程中，应及时将证据材料装订成卷，保证案卷材料的规范和完整。

四是程序中的权利保障。为了充分保障调查对象在调查过程中的基本人权，防止监察权过度扩张侵害调查对象合法权益，《监察法》等法律对调查对象的程序权利进行了明确规定。比如，对询问和讯问时间有着严格的限制，询问和讯问都不得超过 12 小时，每日 23 时之后不得讯问或询问，保证每天必要的饮食和休息时间，②调查过程中及时向调查对象告知基本的权利和义务，调查对象有权在搜查、扣押时在场，有权对调查人员制作的笔录进行阅读并自主决定是否签字确认，采取留置措施应通知被调查人家属及单位。

（三）程序分流处置

调查工作在法定时限内完成之后，案件将再面临一次程序分流的选择，即

---

① 3 个月的基本调查时间，以及 3 个月的延长时间，是参照监察委留置措施的时间来确定的，监察委采取留置措施的期限是 3 个月，经上级监察委批准后可以延长 3 个月，所以总共有 6 个月的留置时间，而这 6 个月留置时间也是调查工作可以持续的时间。

② 2012 年《刑事诉讼法》修订后规定了侦查讯问过程中应保障犯罪嫌疑人必要休息时间及饮食，此后各地检察机关以内部规范的形式对必要休息时间进行了规定，一般规定是每 24 小时应给予 6 小时休息时间。监察委办案过程中对必要休息时间基本上也是按照 6 小时的标准来执行的，当然各地做法可能有一些差异。

案件是否进入审理程序,或者直接做出相应的处理决定。经过细致的犯罪调查工作,调查人员可能收集到大量关于犯罪事实的证据材料、调查对象自书材料、涉案款物材料、违纪违法事实材料等资料,调查组成员将对收集的案件证据材料进行分析评判,从犯罪事实、法律定性、证据材料内容等方面进行全面分析,并根据评判结论做出相应的处理建议,最终形成书面的调查报告。按照法定的监察调查程序要求,调查人员应将调查报告、涉案款物报告等层报监察委主要负责人审批,并由监察委主要负责人根据具体情况做出处理决定。

一是对于调查对象违纪、违法或犯罪事实清楚,证据确实充分,需要追究政务或犯罪责任的,应移交监察委审理部门进行审理。移送决定做出后,调查部门应在法定期限内将案卷材料等移送审理部门。

二是对于调查对象没有违纪、违法或犯罪问题,但是存在不正确履行职责,被调查对象的单位存在廉政建设缺陷的,需要提出监察建议或问责,并由调查部门移送监察委相应部门做出处理决定。

三是对于调查中未发现违纪、违法或犯罪事实,需要撤销案件的,由调查部门层报监察委主要负责人批准,提请监察委领导集体讨论决定。撤销决定做出后,调查部门应及时办理撤案手续,并通知调查对象及其单位。对于同级党委管理调查对象的撤案,应通报同级党委及上级监察机关。

四是调查中发现调查对象被通缉一年之后死亡或不能到案,并且应当依法追缴违法所得或者涉案财产,此时应当层报监察委主要负责人批准,之后依法启动违法所得没收程序。①

五、案件审理阶段

案件审理阶段的设置模式源自纪委调查程序。《监督执纪规则》第八章

---

① 《刑事诉讼法》规定,对于贪污贿赂犯罪、恐怖活动犯罪等重大犯罪案件,犯罪嫌疑人、被告人逃匿,在通缉1年后不能到案,或者犯罪嫌疑人、被告人死亡,依照刑法规定应当追缴其违法所得及其他涉案财产的,人民检察院可以向人民法院提出没收违法所得的申请。公安机关认为有前款规定情形的,应当写出没收违法所得意见书,移送人民检察院。《监察法》对监察案件也规定可以启动违法所得没收程序,具体操作方案也类似于公安机关的模式,应由监察委写出没收违法所得意见书,并将案件移送检察院。

专门对纪委监督执纪、执纪审查案件中的审理程序作了规定,其中第53条规定,纪检机关案件审理部门应对党组织和党员违反党纪、依照规定应当给予纪律处理或者处分的案件、复议复查案件进行审核处理。在纪委和监察委合署办公机制之下,纪委的审理部门也承担了监察调查案件的审理工作,可以说一个审理部门同时负责党纪调查、职务违法和职务犯罪案件的审理事务。此处的审理程序类似于公安机关内部负责审查移送起诉案件的法制部门,[①]是纪委、监察委内部的一道案件过滤和控制环节,也是监察委调查违法犯罪案件的必经程序和最后环节,所有案件调查终结后都必须移送审理部门进行审理,审理部门不仅会对案件进行形式审查,而且也对案件进行实质内容的审查,并在审查结束后做出具体的处理建议,审理结果直接影响案件后续处理方式,审理部门做出的决定及处理建议在领导审批后,可以直接交由监察委内设部门去落实执行,比如移送司法、政务处分等,审理程序可以说是移送起诉前的一个"内部审判程序"。

监察调查程序是一个衔接紧密、环环相扣的流程体系,审理程序作为调查程序的流程之一,其内部也存在一个前后承继的流程关系,包括提前介入、受理、审理、做出处理决定等程序阶段。

第一,提前介入程序。虽然审理程序也属于监察调查程序的范畴,但是审理阶段与犯罪调查阶段又具有相对独立性,两个阶段存在一种前后相继的关系,一般流转过程是从调查阶段到审理阶段。然而,在某些情况下,审理部门也可以提前介入犯罪调查阶段,并对调查人员的调查取证工作提出指导意见,引导调查人员的取证工作。提前介入有着严格的适用条件和审批程序,需要介入的必须是重大、复杂、疑难的案件,或者调查人员对违纪违法犯罪行为性质认定分歧较大的案件,并且在监察机关的主要负责人审批同意之后,审理部门才可以提前介入犯罪调查阶段。

[①] 根据公安部制定的《公安机关法制部门工作规范》,省级以下的公安机关法制部门负责对犯罪案件进行法律审核。一般来说,公安机关在犯罪侦查终结之后、移送检察机关审查起诉之前,需要将案卷材料送公安机关法制部门进行审核,法制部门会从事实、法律定性、证据材料是否充分等方面对案件进行审查,并提出具体的处理建议。监察委审理部门承担的职责与公安机关法制部门较为类似,只是审理部门还有权做出具体的处理决定,在权力内容方面比公安机关法制部门更多。

第二，受理程序。鉴于调查阶段和审理阶段之间的相对独立性，调查部门调查结束向审理部门移送案卷材料后，审理部门应进行初步审查，决定是否受理该案件。一般情况下，审理部门仅对案卷进行形式审查，如果认为案卷材料形式上符合受理条件，则决定受理。如果认为不符合受理条件，则需要报请监察机关负责人审批，之后通知调查部门及时补充相应材料。

第三，审理案件。审理部门受理调查部门移送的案卷材料后，就开始进入正式的审理环节，这个过程涉及审理人员分工、审理内容、审理方式和审理决定做出等几方面。在审理人员分工方面，审理部门负责人应指派承办人组成审理组，审理组人员配备标准也有专门规定，一定情况下应保证最少 2 人，且参与过先前调查程序的人不可以参与审理程序。在审理内容方面，审理组审理职务犯罪案件与违纪违法案件的标准是一样的，那就是《监督执纪规则》所规定的对案件的事实、证据、定性、处理、程序、手续等进行全面审核，审查的标准是事实清楚、证据确凿、定性准确、处理恰当、手续完备、程序合法，总的来说，这是一个相当严格的判断标准。从审理方式来看，审理人员可以采取与被调查对象谈话、审阅案卷材料等方式，但最终要通过集体民主讨论的方式做出处理意见。从审理时限方面看，审理工作必须严格按照法律规定的期限进行，重大复杂的案件经过监察委主要负责人审批可以适当地延长。①

第四，做出审理决定。审理组对职务犯罪案件审理结束后，应按照规定制作审理报告，审理报告要列明案件基本情况、审理过程、审理结论和处理建议等信息，该报告要在层报监察委主要负责人审批后，提请监察委领导集体讨论决定。监察委领导集体讨论之后，可以根据案件具体情况做出以下的处理决定：一是移送检察机关审查起诉。对于符合移送起诉法定条件的，应做出移送起诉决定，并由调查部门制作起诉意见书，在层报监察委领导审批之后，将案卷材料一并移送到检察机关。二是做出政务处分决定。

---

① 《监督执纪规则》并未明确规定适当延长的时间，但根据一般的立法技术的要求，适当延长时间不宜超过法定的 30 天的审理期限。

如果审理后发现调查对象不构成犯罪,或者构成犯罪却可以不追究刑事责任,①但是应给予政务处分的,由监察机关做出政务处分决定。三是提出监察建议。如果审理后发现被调查对象不构成犯罪,也不需要给予政务处分,但是发现涉案单位存在廉政建设方面的漏洞,可以决定向相关单位提出监察建议。四是涉案款物处理。监察委领导集体讨论决定之后,可以根据情况将涉案款物随案移送司法机关,做出没收、追缴和退赔、依法返还等具体的处理决定。

第二节 纪法内部程序的一体化分析

在纪委、监察委合署办公的特殊组织框架下,纪委和监察委名为两个机关,且拥有两套性质不同的职权、程序和制度规范,但真正的权力执行主体却只有一个,甚至是同一个部门同时运用这些权力。监察程序的实际运行过程主要涉及以下几个复杂的程序法律关系:一是纪委、监察委内部多元程序之间的关系,即纪委、监察委这个统一主体内部存在着党纪调查程序、职务违法和职务犯罪调查程序,这些调查程序有着类似的运作模式,但它们在性质上存在或多或少的差异,甚至可以划入完全不同性质的程序范畴中。如何从理论及程序关系上解释这种特殊体制,是目前学术研究及实务操作中遇到的一个复杂问题。二是纪与法之间的关系,此处的纪指党纪和政务,②法指的是国家法律,纪法关系既存在于纪委、监察委与外部主体之间,也存在于纪委、监察委内部程序运行过程中,纪法关系涉及党规与法

---

① 这种情况主要是指审理时发现依法不需要追究刑事责任的情况,或者调查对象有自首或重大立功,符合法律所规定的减轻或免除处罚的条件,可以不移送司法机关进行处理。

② 传统上的"政纪处分"一词来源于陕甘宁边区时期的行政纪律处分,后来这些纪律处分逐步上升到国家法律层面,在党纪和国家法律之间没有政纪的存在空间。另外,我国的政府不仅指行政机关,而且还涵盖一切行使公权力的机关,是广义层面的政府。监察体制改革之后,监察委监督的对象包括国家机关内部工作人员,也包括受国家机关依法委托管理公共事务的组织中从事公务的人员、国有企业管理人员等。政务主要是指政治方面的事务,也指国家管理工作,政务处分范围比政纪处分更广,使用政务处分更能体现监察委监督的性质和范围。

律、党纪处理与法律处理、党纪程序与法律程序之间的关系。三是纪委、监察委内设部门之间的关系,监察改革对反腐败调查体制进行了重组,过去纪委和检察院的二元主体关系,变成了纪委和监察委内部的多轨程序关系,以及监察委与检察院外部的双轨并行关系。由于纪委和监察委合用一套组织体制,因此纪委、监察委内部的职能部门之间也存在衔接、制约和监督的关系,这种关系非常明显反映在了犯罪调查程序的流转之中。

一、犯罪调查程序的运行特征

前文对职务犯罪监察调查程序的内部运行流程进行了详细剖析,这个新型程序的基本运行模式类似党纪调查程序,同时又融合了刑事侦查中的一些调查措施和程序内容。

第一,程序审批节点多且层次高。在监察体制改革过程中,纪委审批模式直接移植到了监察程序中,纪委传统上的审批程序重视发挥上级领导的决策和监督作用,突出党委对纪检工作的领导,因此纪委审批程序的审批层次较高,需要上级领导审批的环节也很多,最终纪委审批模式的特征也充分反映在了监察调查程序之中。一是审批节点多体现在不仅涉及程序流转的关键节点需要层报领导审批,程序内部操作方案的细节内容也需要领导审批。比如线索处置、初查启动、立案、调查措施、审理结论、程序分流等重大的程序内容,都必须层报监察委主要负责人审批,而初查方案、调查方案、讯问方案等具体的程序操作也需要层报上级领导审批。可以说,监察委的主要领导对整个调查程序的控制力很强,基本上主导了调查程序的流转及处理的全过程,并对调查工作的具体实施有着明确的指导和监督。二是审批层次高主要是指拥有最终审批权的领导层次高。上述监察程序运行的审批节点不仅数量比较多,而且审批等级很高。比如,线索处置阶段就涉及四个需要监察委主要负责人审批的节点,而在调查阶段需要监察委主要负责人审批并集体讨论的节点就更多了。除了许多程序节点要求层报监察委主要负责人,并提请监察委领导集体讨论之外,①有些程序启动和开展还需要同级党委负责人审批,并报请上级监察委批准。比如,针对同级党委管理的干部采取初查、立案、调查及处置等都需要报请同级党委负责人批准,并且需要随时同同级党委负责人汇报调查情况。这种审批程序的设置有利于加强上下一体的监察领导体制,也符合犯罪调查上令下行的工作规律,但是也存在审批环节过多、程序烦琐降低程序效率的风险。

第二,程序分流环节多。纪委、监察委的监督和调查范围十分广泛,基本覆盖了所有行使公权力的人员,且程序处理结果也有多种不同的形式,如移送司法、政务处分、提出监察建议、问责等。这些不同的处理方式按照不同的程序进行流转,整个程序流转中可以分流的环节非常多,且案件或线索在每个环节都有多种不同的走向,这些走向直接影响线索或案件后续的处理方式。从职务犯罪监察调查程序的整个运行流程来看,程序流转存在许多可以分流的环节:在线索处置阶段,信访部门将线索处理意见报监察委主要负责人批准之后,存在着交监督部门和调查部门分办两种处理程序,之后经过监察委专题会议讨论可以采取初步核实、予以了结、暂存待查、谈话函询等不同的分流处置方式;在初步核实程序中,调查部门完成初核工作后,层报监察委主要负责人审批决定,可以采取立案调查、谈话提醒、批评教育、暂存待查、予以了结等分流处置方式;在立案程序中,承办部门根据案件初查情况,层报监察委主要负责人审批后,提交监察机关领导集体研究决定是否立案,只有监察委领导同意立案才正式开启犯罪调查程序;如果监察委领导不同意立案,可以退回承办部门继续调查,或者采取暂存待查、予以了结等其他处理措施;在犯罪调查程序中,调查部门在调查终结后要层报监察委主要负责人审批,这就涉及撤销案件、移送审理部门、提出监察建议、做出问责决定等不同的处理方式;在审理程序中,审理工作完

---

① 监察委内部的集体讨论程序有一套详细的操作规则,一般情况下会议由主任召集并主持,特殊情况委托副主任召集并主持,会议必须有半数以上组成人员到会才能召开,案件审理等重大问题需要三分之二多数到会才能召开,赞成票超过到会人员半数就可以通过,投票方式采取各种灵活多样的形式。

成后可以做出移送起诉、政务处分、撤销案件等处理方式。总之,在监察调查程序中存在相当多的程序分流处理方式,这可以保证程序运行的灵活性和高效性,但可能导致犯罪调查多次遇到程序分流。此外,监察委内部对调查程序是否继续向司法程序流转有较大的自由裁量空间,对分流控制不力可能出现犯罪案件进入其他处理程序的风险。

第三,犯罪调查程序与其他程序一体运行。职务犯罪调查程序的整个运行流程包括线索受理、初核、立案、调查和审理这个五个主要的环节,每个环节内部有更为细密的工作程序,调查程序的运转和操作都有章可循,可以说各地监察委基本建立起一套严密细致的工作程序规范。但是,目前合署办公模式中存在调查人员同一化现象,①这使得同一调查组织同时操作职务违法、职务犯罪调查以及党纪调查程序的情况发生。这种监察程序一体化运行模式可能造成各类调查程序之间的边界难以区分,更使调查人员同时使用上述各类程序中的调查措施,众多强力调查措施集于一个主体身上,程序边界却无法清晰分开,无形中就增加了程序监督的难度,也有造成权力膨胀的风险。

第四,内部形成一个类司法流程。职务犯罪监察调查程序流程包括线索处置、初核、立案、调查、审理这几个主要阶段,这个流转程序基本上与刑事侦查程序类似,只是有一个特殊的内部审理程序,这个审理程序在内容和运行过程中带有一定的司法性质。根据《监察法》对犯罪调查和审理阶段证据标准的规定,调查终结的证据标准是犯罪事实清楚、证据确实充分;审理的证据标准是事实清楚、证据确凿、定性准确、处理恰当、手续完备、程序合法;审理部门负责对案件进行全面审查,审查内容包括案件事实、证据、程序等,审查结果是做出是否移送起诉的决定,或者是政务处分等其他的处理决定。审理部门做出决定过程中比较特殊的一点是,即使调查部门是以涉嫌犯罪名义进行立案调查,审理部门审理后如发现不需要移送起

---

① 按照当前纪委、监察委合署办公的模式,纪委和监察委共享一套组织机构体系,且两机关有着统一的调查机构,即纪委的调查部门同时也是监察委的调查部门,一个调查部门同时负责所有的调查任务。

诉，可以直接做出政务处分等其他的处理决定，这种程序处理方式与人民法院审判案件有些类似。另外，全国一些地方的监察工作细则规定了被调查人自首且犯罪较轻的或者具有重大立功表现的情况，经省级监察机关批准，地方监察机关可以对其做出不予移送检察机关的决定。这类不移送起诉的规定意味着监察委可以根据刑事法律规定，对案件的刑事处理后果进行判断，并做出不起诉这种司法处理层面的判断和决定。监察委通过对被调查人自首或重大立功的审查，直接做出不移送起诉的决定，实质上是对案件行使了一种司法层面的判断权，①审理程序也成为监察体系的一种"内部审判程序"，这个内部审判程序可以对调查部门调查的案件做出带有司法判断性质的决定。

二、纪法调查程序的内部趋同

在监察体制改革之前，纪委和检察院是反腐败调查的两个主要机关，纪委通过查处党员违纪行为参与反腐败工作，检察院通过侦查职务犯罪参与反腐败工作，两者在反腐败过程中的合作是一种典型的纪法衔接关系。监察体制在全国推开之后，新设立的监察委成为主要的职务违法和职务犯罪调查机关，并依照《监察法》等国家法律规范开展调查工作，在纪委和监察委合于一体的特殊模式之中，过去存在于纪委和检察院外部的纪法关系，逐步进化出纪委和监察委内部的纪法衔接关系。除了纪委和监察委在内部进行名义上的业务衔接，监察委自身也存在着纪法衔接关系，这里的"纪"主要是指监察委对国家工作人员履职不当等违反政务纪律行为的调查处理程序，"法"主要是指监察委对国家工作人员职务违法和犯罪的调查处理程序，这两类程序都属于更高层次的监察调查程序的组成部分。无论是纪委和监察委层面的纪法关系，还是监察委内部的纪法关系，在某种程度上都

---

① 一般来说，犯罪调查机关在调查终结后，应对案件事实和证据进行审查判断，对于事实清楚、证据确实充分的案件应移送检察机关审查起诉，否则不移送检察机关审查起诉。对于案件中被告人有重大立功或自首等法定减轻或免除处罚情节的，是否属于犯罪调查机关判断移送起诉的范围，存在一定的争议，但是一般认为这是一种司法判断权，应当由司法机关行使，而非犯罪调查机关做出决定。

体现出了趋同和一体化的现象。

（一）内部程序的流程分析

《监察法》并没有对监察调查程序进行分类规范，而只是对监察调查程序进行了整合式的概括规定，所以立法层面的职务违法和犯罪调查程序的内容基本一致，表现在两类程序的调查流程中都是分为线索受理、初核、立案、调查和审理这几个阶段，程序报批模式也一致，其他的程序流转内容也基本一致。两类程序唯一的区别是强制调查措施的适用范围存在差异，某些调查措施只适用于严重职务违法和职务犯罪调查程序，而不能适用于一般职务违法调查程序，比如留置措施、技术调查措施等就不可以在一般职务违法调查中使用。

在合署办公的组织模式中，纪委和监察委名为两机关，实为一个机关，两者的内设组织机构完全一致，并由一套调查部门承担两类程序中的调查任务，即执纪审查部门既调查违反党纪案件，又调查违反监察法律的案件，党纪调查程序和监察调查程序有彼此融合趋势，在此有必要对党纪调查程序流程进行梳理。一般来说，纪委的调查程序包括以下内容：

一是调查对象。根据《中国共产党纪律处分条例》的规定，纪委管辖的案件是党组织和党员违反党章和其他党内法规，违反国家法律法规，违反党和国家政策，违反社会主义道德，危害党、国家和人民利益的行为。也就是说，任何党组织和党员出现了上述纪律处分条例规定的行为，都有可能受到纪委的调查处理。

二是管辖模式。《监督执纪规则》规定了纪委监督执纪实行分级负责制，①即各级纪委按照干部管理权限对党员干部的违纪行为进行调查处理，上级纪委可以直接管辖下级纪委的案件，也可以将下级纪委管辖的案件指定给其他下级纪委管辖。

---

① 所谓分级负责制，是指根据干部管理权限，纪委只能调查处理同级党委及组织部门管理的党员干部，比如中央纪委主要调查处理中央组织部门管理的干部，省纪委调查处理省组织部门管理的干部，具体的干部管理权限规定由党的组织部门文件确定。

三是领导模式。纪委调查违纪案件需要严格贯彻内部请示报告制度，以及向同级党委的报告制度，立案、调查和处分等重要的调查事项都要逐级上报领导讨论批准。纪委内部对案件调查实行集体领导体制，对于线索处置、谈话函询、初步核实、立案审查、案件审理、处置执行中的重要问题，都应当逐级上报监察委领导集体研究，并由纪检机关主要负责人或相关负责人审批。

四是分工模式。纪委调查违纪案件实行内设部门分工合作模式，建立了监督执纪，执纪审查，案件审理相互协调、相互制约的工作机制。纪委内部的监督执纪部门负责联系本地区和部门的日常监督工作，执纪审查部门负责对违纪行为进行初步核实和立案审查，案件监督管理部门负责办案的综合协调和内部监督管理，案件审理部门负责对违纪案件进行审核把关。

五是调查流程。纪委的党纪调查流程和监察委调查流程较为类似，具体来说，在流程上主要分为以下几个阶段：

（1）线索受理。纪委信访部门负责受理所有信访举报材料，纪委内部执纪审查等部门发现的线索应移交案件监督管理部门备案或管理，其他机关移送的线索也应交由案件监督管理部门进行统一管理。案件监督管理部门对线索进行整理后，会移交承办部门进行处理，承办部门按照谈话函询、初步核实、暂存待查、予以了结这四类方式进行处置。

（2）初步核实。调查部门决定采取初步核实方式处理案件线索的，应拟定工作方案，成立初核组，逐级上报领导审批，并根据干部管理权限报同级党委负责人批准。调查人员可以采取谈话的方式，要求相关人员做出说明，调取个人有关事项报告，查阅复制文件、账目、档案等资料，核查资产情况和有关信息，采取鉴定勘验、技术调查或者限制出境等措施进行调查核实。初核结束后，调查人员应当撰写初核报告，在报告中提出立案审查、予以了结、谈话提醒、暂存待查，或者移送有关党组织处理等处置建议，层报纪委主要负责人批准，必要时要报同级党委负责人审批。

（3）立案审查。初核后发现符合立案条件的，由承办部门起草呈请立案报告，报请纪委主要负责人审批，并在报同级党委主要负责人批准后正式立案。立案之后，由纪委主要负责人召集执纪审查专题会议，讨论具体的审查方案，执纪审查部门应该严格按照审查方案开展调查工作。调查人员可以采取调查谈话，查阅、复制有关文件资料，查询有关信息，暂扣、封存、冻结涉案款物，提请有关机关采取技术调查、限制出境等措施，调查期限是 90 天，经上级纪委批准，可延长一次，最长延长时间为 90 日。调查人员应严格按照《监督执纪规则》中的规定开展执纪审查工作。

（4）案件审理。调查人员完成案件审查工作后，应制作案件审查报告，并层报纪委主要负责人审批，之后移送审理部门进行审理。审理部门接到审查报告后，应组织 2 人以上的审理组，以集体审议的方式开展审理工作，审理标准是案件是否"事实清楚、证据确凿、定性准确、处理恰当、手续完备、程序合规"，案件审理应当在 30 日内结束，重大复杂的案件可以适当延长。审理部门应将审理结果层报纪委主要负责人审批，并由纪委主要负责人提交纪委常委会集体讨论，必要时要报请同级党委负责人审批。

在对纪委党纪调查程序流程进行剖析后，就可以对党纪调查程序和监察调查程序进行比较。两者主要的区别有：一是适用依据不同，党纪调查程序适用《监督执纪规则》等党内程序规定，监察调查程序适用《监察法》等监察法律规定；二是程序性质不同，党纪调查程序属于党员调查处分程序，是党组织内部组织处分程序；监察调查程序是明确的法律程序，是一种对职务违法和职务犯罪的调查程序；三是调查措施存在差异，党纪调查程序和监察调查程序中的调查措施较为类似，但是又不完全相同，比如监察调查程序中有留置等新设立的调查措施，这是党纪调查程序中所没有的；四是调查主体名义不同，党纪调查程序是纪委负责实施的调查程序，而监察调查程序是监察委负责实施的调查程序；五是程序处理结果差异，党纪调查程序最终流向党纪处分程序，而监察调查程序可能流向政务处分、审查起诉等不同的处理程序。以上是党纪调查程序和监察调查程序的主要不同之处，但是两类程序在实际运作中受到合署办公等因素影响，上述差异逐渐弱化，两类调查程序实质上是同一个组织机构在负责实施，两类程序的运行流程也基本一致，这导致两个程序出现了实际上的混同趋势。

（二）内部程序趋同的表现

本书第二章提到监察体制改革对职务犯罪调查程序的模式产生了根本性影响，传统的违纪调查和职务犯罪侦查单轨衔接模式终结，取而代之的是监察调查和职务犯罪侦查双轨并行模式。这种双轨并行模式在外部表现为监察调查程序与职务犯罪侦查程序的并行，在内部则表现为党纪调查程序、职务违法调查和犯罪调查程序并存的多轨程序。在纪委、监察委合署办公模式下，纪委的党纪调查程序和监察委的调查程序都成为同一个机关中的内部程序，这些内部程序受到合署办公模式的影响，在纪委、监察委内部表现出很强的亲和性，因此对于纪委和监察委的内部程序关系来说，这些内部程序可以分为党纪调查程序和监察调查程序两个大类，两类程序分别以《监督执纪规则》和《监察法》为主要依据，两类程序的性质分别属于党和国家两个层面，当然这两类程序也存在很多相通之处，两者在调查组织、调查流程、审批程序等方面基本类似，甚至中央纪委出版的监察法解读材料中也要求监察程序借鉴《监督执纪规则》的内容。

第一，程序中的工作原则类似。纪委是专门调查处理党员违纪问题的党务机关，监察委则定位为党和国家的政治机关，监察工作被赋予党和国家两个层面的属性，并特别突出了党对监察委工作的领导，且考虑到监察委不设党组，而是由纪委党组直接领导监察委工作，因此两个机关实质上都接受党的直接领导。在党的直接领导之下，《监督执纪规则》和《监察法》都明确了党的统一领导、双重领导体制、属人管辖等相似的基本工作原则。

第二，程序流程一致。根据《监督执纪规则》对党纪调查程序的规定，党纪调查程序也分为线索处置、初核、立案调查、审理这几个基础阶段，且党纪调查程序的运行细节和操作规程与监察程序也基本一致，比如两类程序在线索处置时限、退回调查方式等具体的程序内容上基本相同，甚至两者的审理标准和使用的立法语言都是完全一样的，两者的立法内容可以说是高度一致。两类程序主要的区别就是程序性质不同，且两类程序使用的法律文书不同,程序在最后流向上也有差异。①

第三,调查措施类似。纪委在党纪调查程序中可以使用调查谈话,查阅、复制有关文件资料,查询有关信息,暂扣、封存、冻结涉案款物,提请有关机关采取技术调查、限制出境等调查措施,而监察委的调查措施则包括谈话、询问、讯问、查询、冻结、调取、查封、扣押、搜查、勘验检查、鉴定、留置、技术调查、通缉等。监察委使用的一些措施在内容、执行方法等方面与刑事侦查措施基本类似,监察委的调查措施在某种程度上直接借鉴自刑事诉讼中的侦查措施,另外监察委使用的查询、技术调查、复制资料、限制出境等措施均与纪委调查措施基本相同。

第四,程序边界模糊。在合署办公的体制架构下,党纪调查程序和监察调查程序其实都属于同一机关的内部程序,按照机关内部职能分工的要求,最终往往由一个调查部门同时负责所有的调查工作,甚至多数时候是一个调查组在操作这些不同性质的程序。但是,案件线索在初查阶段时通常难以确认其法律属性,这就使得调查组在选择使用哪套工作程序方面存在一些困难。而且,监察程序自身也存在着职务违法和犯罪调查程序的差异,这两类程序在实际运行中同样存在着如何厘清其边界的问题。另外,《监察法》规定的留置可以在严重职务违法和犯罪中适用的条款实际上进一步模糊了职务违法和职务犯罪的调查边界,使得实践中对两类程序的区分变得更为困难。

(三)纪法程序一体化的影响因素

党纪调查程序和监察调查程序的趋同和统一化有一定的立法和理论基础,既受到客观现实办案需求的影响,也是合署办公的特殊组织架构下的可行选择。两类程序基本相似可以减少程序转换和衔接中的障碍,方便调查部门灵活选择最合适的调查程序,对于提高程序运转效率有积极作用。

---

① 在纪委和监察委的实际办案过程中,两机关仍然采取了使用两套法律文书的做法,党纪调查和监察调查的措施也有区别,监察调查可以使用留置等新型调查措施,而纪委的"双规"措施已经停止使用,两类程序对调查对象的处理方式也有所差异。

第一，监察立法未将程序分工明确化。从监察调查程序的内部设计来看，《监察法》并没有对监察调查程序进行更细的划分，立法对监察委调查职务违法和犯罪的程序只是进行了笼统的规定，两者的区别主要是调查对象及使用的调查措施不一样。因此，从监察调查的对象差异来看，可以将监察调查程序从理论层面划分为职务违法调查程序和职务犯罪调查程序。但是在调查实践中，两类调查程序是很难进行明确区分的。

对此，我们可以类比公安机关的违法和犯罪调查程序。公安机关既是国家治安管理机关，承担着调查治安违法行为、维护社会治安的重要职责，同时又是国家法定侦查机关，承担调查和打击犯罪的职责。这个双重职责反映在立法层面是根据调查对象进行了区别立法，即公安机关按照《中华人民共和国治安管理处罚法》的规定调查和处理治安违法行为，同时根据《刑事诉讼法》《公安机关办理刑事案件程序规定》等法律规定调查犯罪行为。因此，公安机关既可以使用治安处罚程序来调查违法行为，又可以使用侦查程序来调查犯罪行为，两套程序并行不悖，程序之间也有着明确的界限。对比当前的监察调查程序，监察委调查职务违法和职务犯罪是依据同一部法律进行的，两者都适用同一套调查程序，程序运行模式几乎完全一致，调查措施内容也基本相同，只是调查处理结果有所差异，这与公安机关的违法调查和犯罪调查区分模式是不同的。

第二，党纪规定和监察立法的趋同。"'党规'是政党按照一定的原则，根据党的性质、纲领、任务和实现党的路线、方针、政策的需要而确立的各种规范的总称，是党的组织和全体党员必须共同遵守的党内行为规范，可以泛指党内一切规范性文件。"[①]党内法规既是管党治党的重要依据，也是建设社会主义法治国家的有力保障。国家法律是国家立法机关制定的各类法律规范，是治理国家的一个重要方式。党纪和国法在外在形式上都以规范形态存在，都表现为对特定主体的权利和义务，并存在一定强制性，但是两者在适用对象、强制力、制定主体等方面存在极大差异。虽然党纪和国

---

① 韩强:《美国主要政党严明党纪的做法》，载《理论视野》2014年第1期。

法存在许多根本性的差异,但是在中国共产党领导下的社会主义国家体制下,党纪和国法又具有一致性。比如,两者在坚持党的领导等基本原则上一致,价值目标基本一致,两者的制度根源一致,在依法治国战略中具有相辅相成的关系。因此在社会主义法域下,"党内法规和国家法律都是党和人民意志的反映,二者在本质上是一致的"①。正是因为党纪和国法在社会主义法域中具有一致性,才减少了监察立法与党内规定之间进行制度借鉴和移植的障碍,也奠定了监察立法从党内规定中吸收部分成熟制度的基础。所以在监察体制改革过程中,监察工作程序规范可以广泛借鉴《监督执纪规则》等党内规范的内容,两类规范体系体现出高度的一致性,在程序流转等方面表现出了较多相似性。

第三,监察改革的一种现实选择。纪委的党纪调查程序已经运行了多年,程序运行机制也较为成熟。在改革开放的数十年中,纪委通过党纪调查程序调查处理了大批腐败分子,并在调查办案中逐步完善程序细节,消除程序运行障碍,增加程序中对人权的保护,强化了调查程序中的监督机制,这些因素都使得纪委调查程序有比较多可借鉴的经验。监察体制改革启动之初,改革任务非常重,除了历史上曾经存在的传统监察模式以及域外监察模式,改革设计者并没有太多现成经验可以借用,于是纪委调查程序成为最主要的经验借鉴对象,纪委调查程序成为监察调查程序设计的重要"模板",监察调查程序的核心架构和诸多操作细节均可以从党纪调查程序中找到出处,《监督执纪规则》也是监察立法的重要制度来源,可以说监察调查程序最直接的渊源就是党纪调查程序,两者在许多方面都呈现出趋同的特点也就不显奇怪。

第四,合署办公体制中内设部门的职责双重性。按照目前监察体制改革实施方案和实践中的具体做法,纪委和监察委两个性质不同的机关实行合署办公,意味着两个机关实质上是"一个机关",只是这个机关在党和国家两个领域各自履行其职责时,分别使用不同的名义,使用不同的措施,依

---

① 王立峰:《党规与国法一致性的证成逻辑——以中国特色社会主义法治为视域》,载《南京社会科学》2015 年第 2 期。

据不同的规定，做出不同的处理结果，但这种差异不能掩盖两机关本质上已经融为一体，在实践运行中也已是一体化运行的事实。纪委、监察委的一体化表现最明显的是两机关的组织架构模式，纪委过去的监督执纪、执纪审查、案件监督管理等组织结构基本没有改变，原有的内部组织框架得以继承，而监察委改革中转隶的检察干警也是分散到纪委各个部门之中，最终监察委和纪委使用相同的内设组织结构。由此，在纪委、监察委内部出现了一种特殊现象，那就是一个部门同时履行两个领域的职责，既是党内系统的一个职能部门，又是实现国家机关职能的一个部门。

一是调查部门承担了纪委和监察委的所有调查任务。监察改革对内设机构的一个重要设置原则是监督和调查部门分设。[①] 采取这种模式的原因是防止监督和调查权力的过分集中，引发权力膨胀和滥用的风险，这也符合监督权和调查权属于不同权力属性的特点，可以防止权力混用带来的运行低效、不规范等问题。改革之后的监督和调查部门分立模式实行的是调查部门承担所有的调查任务，也就是纪委、监察委的同一个调查部门行使所有调查职权，既行使纪委党纪调查权，也行使监察委职务违法和犯罪调查权。

二是监察调查的相关职能部门同样履行双重职责。与调查部门承担所有调查业务的设置模式类似，监督部门、案件监督管理部门、审理部门等也同样承担着双重职责，即这些职能部门在党纪调查程序和监察调查程序中履行相似的职能。比如，案件监督管理部门承担所有调查程序的线索管理、监督管理等职能，审理部门在所有调查程序中承担审理职能。[②]

[①] 传统的纪委内部职能机构设置采取监督和调查合设的模式，也就是纪检监察室既有对领导干部的日常监督权，又有权对自行发现或接收的案件线索进行调查核实，于是这造成纪检监察室权力过大，且权力行使边界不够清晰。在监察体制改革过程中，为了避免出现上述风险，采取了监督部门和调查部门分设的模式，监督部门只负责联系固定地区，并进行日常监督，调查部门不联系固定地区，专门负责调查工作。

[②] 根据《监察法》等监察相关法律法规文件的要求，审理部门承担着审理违纪案件、违法犯罪案件的职责，假如一个案件同时涉及违纪、违法和犯罪问题，审理部门需要实行一并审理的做法，即对案件中所有的违纪、违法和犯罪问题进行审理，但是要分别做出不同的处理决定。

第三节 内部程序的衔接和监督

纪委调查程序和监察调查程序之间是一种"纪"与"法"的关系,监察调查程序内部也存在针对职务违法和职务犯罪的两类调查程序,这些程序在纪委、监察委这个统一整体内部呈现出密不可分的状态,甚至出现一体化趋势。如何实现党纪调查程序和监察调查程序之间流畅衔接,并建立起针对纪委、监察委内部程序的监督制约机制,是规范职务犯罪监察调查程序的一个重要议题。

一、内部程序的衔接机制

职务犯罪监察调查程序内部涉及的流程环节多,参与程序运行的内设部门职责各异,并且同一个主体同时操作纪、法多轨程序,这些因素都增添了内部程序运行的复杂程度。目前,全国各地已初步建立了形式完备的监察程序,并且在办案中大量使用。在具体的办案工作中,除了《监察法》等法律文件对调查工作起着明确的指导作用,监察调查体制内部形成的工作机制、方式和原则等"惯例"也深刻影响着犯罪调查程序的运行,这些"惯例"中最核心的是内部监督、调查、案管、审理等相互协调、相互制约的工作机制。

(一) 分工负责与集体决策的统一

犯罪调查工作的专业性非常强,通过专业分工来厘清部门职责,在专业办案中培育专门人才,并形成行之有效的专业化工作机制,最终提高犯罪调查的工作效率,符合犯罪调查的基本规律。综观新加坡贪污调查局、中国香港廉政公署等著名反腐败机关,都特别强调明确分工和专业化办案,在组织、机制和体制上将犯罪调查、监督、廉政教育等工作内容区分开来,实行不同内设部门各司其职的工作模式。与域外反腐败机关的内部机构设置模式类似,我国组建的监察委员会在内部也建立了分工负责的工作模式,在监察程序中实现监督、调查、案管、审理的相对分离。监督、调查、案管和审理可以说是监察委调查程序中最主要的四项工作,这些工作环节构成了监察工作的主体架构,各环节之间存在着密切衔接的关系,它们共同构成监察程序,并且是不可分割的一个整体。需要注意的是,这些环节是相对分离而不是绝对独立的关系,相对分离是为了满足专业分工的需要,也可以防止权力过于集中或垄断于某个部门,带来职责不清、效率低下和滥用权力等问题。考虑到监察委各个部门之间业务合作非常多,人员之间的轮岗、调动也比较频繁,如果过于强调各程序环节的绝对独立性,要求内设部门按照独立机关之间那种协作模式来工作,可能会提升部门协作的成本,降低程序的整体运行效率。监察委内部衔接中的相对分离主要体现在两个层面:

一是部门工作之间的相对分离,即监督、调查、案管、审理等部门分别负责各自专职工作,互不干涉对方工作,各自做好工作程序之间的衔接。

二是分管领导之间的相对分离,即监督、调查、案管、审理工作分别由不同的党组领导分管,①避免同一个党组领导同时分管上述几个业务部门,否则容易打破各部门之间的业务相对分离机制,产生同一个领导分管的部门之间超越权力边界进行合作。

除了要充分保障监察委各部门相对独立行使职权,各自在职权范围内依法履行职责,保证各部门工作的专业性之外,监察调查工作也要坚持民主集中制的领导原则,按照统分结合的方式来领导监察委内部的各项调查工作。民主集中制是民主基础上的集中和集中指导下的民主相结合的制度,是党的根本组织制度和领导制度,根据党的十八大修订的《中国共产党章程》的规定,党的民主集中制基本内容包括党员个人服从党的组织、少数服从多数、下级组织服从上级组织、全党各个组织和全体党员服从党的全国代表大会和中央委员会。民主集中制的内涵表明了党对国家各项事业的领导权,以及党内集体决策的基本领导形式,这个基本制度在国家各级政

---

① 由于监察委内部不设立党组,纪委党组兼任监察委党组的角色,实现纪委党组统一领导纪委和监察委两个机关,所以纪委的党组成员分别管理各项监察业务。

治组织体制内都有明确体现。

监察委员会作为国家政治机关,在外部领导体制上接受党的直接领导,在内部各项工作开展过程中,则实行集体领导的基本工作方式。监察委职能部门的相对分离体现了内部的民主和自主原则,与之相对应的是监察工作必须坚持集体决策的工作机制,这种决策模式可以充分发挥集体智慧,保证调查工作的决策准确性,并可以监督调查工作,防止调查权力过分集中于某个领导,以致出现权力滥用或行使不当等风险。监察委内部的集体决策体现在监察工作的各个方面,从监察委内部的人事任命、机构规划和工作安排,到具体办案中的各类程序性事项的审批,都体现了集体决策的基本原则。

(二)相互协调、相互制约的业务模式

调查业务实行相互协调、相互制约的工作模式。职务犯罪监察调查程序主要涉及信访、执纪审查、案件监督管理、审理四个部门,这四个部门分别主导了犯罪调查程序的一个或数个阶段。但是,从整个犯罪调查程序的运行流程来看,案管部门是整个程序流传的枢纽,各个环节的流转和协调都是以案管为枢纽开展的。线索受理部门接收的线索只是所有调查线索的来源之一,案管部门才是线索管理的专责部门。案管部门可以从巡察部门、监督部门等其他部门直接接收线索,并且对线索进行集中管理、动态更新、定期汇总核实、提出处置意见,并在层报监察委负责人审批后移送到具体的承办部门进行调查处理。调查部门在初核、立案和调查阶段要开具法律文书、采取具体调查措施等,这些都需要经过案管部门的协调。案管部门具体负责与案件调查相关的所有工作的组织协调,并负责联系同公安、检察等其他机关的协作,同时负责监督留置等调查措施的执行情况,管理留置场所等办案场所,[①]监督党纪调查和监察调查的全部工作过程。所以案管成了整个犯罪调查程序的一个枢纽性部分,也是监察调查程序中各项

[①] 案件监督管理部门也是留置场所的管理部门,负责对留置场所的安全工作及监督工作,还负责联系公安机关、组织留置等具体执行工作。

协调工作的中心环节。

　　监察委各个部门之间协调顺畅是保证程序有效流转的重要条件，相互协调可以沟通各个业务部门，减少业务衔接中的障碍，提高职务犯罪监察调查的工作效率。但是高效不是监察调查程序的唯一价值目标，有效地控制权力，防止调查权力滥用，实现职务犯罪调查的规范化也是极其重要的目标。实现职务犯罪调查规范化的一个重要路径就是建立权力制约机制，目前监察调查程序中的权力制约体现在各业务部门及其内部流程之间。

　　首先体现在流程阶段之间的制约。线索管理、初核、立案调查和审理等调查阶段之间实现了分立设置，各个阶段都有自己特殊的工作任务和目标，每个阶段只能完成某一项任务。这种流程阶段的划分形成了一种权力制约机制，后一阶段可以对前一阶段的工作进行审查，可以监督和纠正前一阶段工作中的不足。

　　其次是调查程序参与部门之间的制约。线索受理、调查、案管和审理这几个部门之间也存在制约关系。案管统一协调犯罪调查程序的运转，并对调查、审理等工作进行监督；审理部门对调查工作成果进行全面审查，具体包括事实、证据、程序等方面，并根据审查结果做出退回调查或移送等处理决定。

　　最后是监察程序中设计的特殊权力制约制度。比如《监察法》第58条规定的回避制度，要求办案人员如果和监察对象或者检举人有亲属等特殊关系，可能影响案件公正办理的，要适用回避制度来保障程序的公正。另外，《监察法》也规定了过问案件办理工作的登记备案制度，力图从制度层面防止监察委内部或外部人员干预正常的犯罪调查工作。

（三）程序衔接中的先纪后法原则

　　"完善和发展中国特色社会主义制度，推进国家治理体系和治理能力的现代化，是全面深化改革的总目标。党和国家治理体系包括两个方面：一是依规治党，坚持纪严于法，纪在法前，实现纪法分开，以党章党规为尺子，靠严明的纪律管全党治全党;二是依法治国,依据宪法法律法规治国理政。"①这段论述将党和国家治理体系分为依规治党和依法治国两个部分,依规治党则坚持纪严于法、纪在法前、纪法分开的基本原则,这个原则也早已得到中央纪委的支持和认可,并在中央纪委的官方文件中多次出现。早在十八届中央纪委六次全会工作报告"五条体会"中,就明确提出"党纪严于国法,必须让纪律成为管党治党的尺子、不可逾越的底线"。② 中央纪委之所以反复强调纪严于法、纪在法前,目的是为了将党员和普通群众区分开来看待。这种区分不是为了制造某种地位上的不平等,而是为了对党员提出高于普通群众的要求。中共党员是来自群众中的积极分子,必须具有较高的政治觉悟和思想素质,法律底线是对普通群众的要求,党纪底线是对党员群体的要求,党纪底线高于法律底线,只有对党员提出更高的纪律和法律层面的要求,才能体现党员群体的先进性。

由此,纪严于法、纪在法前、纪法分开、纪法衔接成为处理纪法关系的重要指导原则,这个原则也反映在了调查程序的运行过程之中,表现为被调查对象同时涉嫌违纪问题和违法犯罪问题时,要优先处理职务违法犯罪背后的违反政治纪律、组织纪律的违纪行为。

首先,党纪调查和监察调查的区分。党纪调查、职务违法调查和职务犯罪调查是性质不同的调查类型,调查部门在开展具体的调查工作时,应当根据这几类调查程序中对象的差异,在调查程序的具体操作中进行适当区别对待。目前在调查阶段,纪委、监察委在内部会根据不同情况采取不同处理方式:第一是案件同时涉及违纪、违法和犯罪的,实行一次立案、两套法律文书的模式,即调查对象同时涉及违反党纪、职务违法和职务犯罪的,由一个调查部门同时立案,分别制作不同的法律文书,同时对这些违纪和违法犯罪行为进行调查;第二是党纪和监察先后立案模式,即调查部门先

---

① 本书编写组:《深化国家监察体制改革试点工作百问百答》,中国方正出版社2017年版,第62页。
② 《纪严于法、纪在法前、纪法分开——深入学习中央纪委六次全会工作报告"五条体会"认识之三》,http://www.ccdi.gov.cn/special/lcqh/jjqh_lcqh/201605/t20160526_79544.html,2018年8月3日访问。

对违反党纪或违法犯罪行为进行立案,如果在调查中发现了其他的违纪或违法犯罪行为,此时对新发现的行为重新立案,但是一并进行调查工作;第三是先由下级监察委优先处理,后由其他纪检组织调查处理。对于上级派驻纪检组发现的问题,如果这些问题不属于上级监察机关的管辖范围,可以由下级监察委优先进行调查,然后由上级派驻纪检组做出处理决定。

其次,审理阶段的纪法分开与衔接。除了立案调查阶段会遇到纪法分开和衔接的问题,审理阶段也会涉及如何对纪法进行分别处理,以及如何有效地实现纪法之间的衔接的问题。按照当前各地监察委审理部门的审理工作方式,调查部门对违纪或违法犯罪案件调查结束后,会制作两套卷宗,一套是违纪案件卷宗,另一套是违法犯罪案件卷宗,这两套卷宗将同时移送审理部门。审理部门收到这些卷宗后,将组织审理组对这两类卷宗分别进行审理,分别提出处理意见,并分别做出具体的处理决定,再层报监察委负责人进行审批。经过审理部门审理之后的案件,在移送司法机关之前,必须坚持纪在法前的基本处理原则,即先做出党纪处分决定,对违反党纪的调查对象进行党纪处分,之后再移送司法机关处理,避免出现所谓"带着党籍蹲监狱"的情况。

最后,审理之后的先处后移原则。① 在监察体制改革之前,许多地方的纪委机关在查处违纪问题过程中,经常出现先移后处、先法后纪、"带着党籍蹲监狱"等突出问题,②这些问题具体表现为纪委在将同时涉嫌违纪和犯罪的党员干部移送司法机关前,没有及时对这些调查对象做出纪律处分决定,以致出现接受司法处理的党员干部仍然保留着党籍,司法处理在前而纪律处分在后的现象。此次监察体制改革的一项重要改变就是对这种现象进行了专门规范。监察委在调查违纪、违法和犯罪问题终结之后,应优先对党员涉嫌违纪的问题做出处理决定,在将涉嫌犯罪的对象移送检察机关之前,应先行做出中止党员权利、开除党籍等纪律处分决定,避免再出现过

---

① 《关于进一步规范对涉嫌违法犯罪党员作出纪律处分工作的意见》对此进行了详细规定。
② 本书编写组:《深化国家监察体制改革试点工作百问百答》,中国方正出版社2017年版,第7页。

去那种接受司法处理的党员干部仍然未接受党员纪律处分的现象。

二、内部程序的监督制约

监察改革正在全国范围内全面推开,各地监察委已经进入了高强度办案的快车道,监察调查程序的内容设计在实践中也在不断地总结和完善,职务犯罪调查程序的基本架构已经成型,全国监察机关使用该程序查办了大批职务犯罪案件。然而,也有不少研究者认为职务犯罪监察调查程序封闭性过强,外界难以窥其一二,内部程序运行面临监督方面的难题。为了回应外界对监察调查的监督问题的关注,监察委在内部建立了一套程序监督和制约机制,力图从内部程序结构上强化程序监督,保障犯罪调查活动规范运行。

(一)内部程序监督制度

自监察体制改革试点启动以来,从各地监察体制建设的实际情况来看,监察机关一直是将强化内部监督作为建构监督体系的重点,并由此建立了一套比较完善的内部监督体系。

这套监督体系主要由案件监督管理部门、干部监督管理部门、监察机关领导三个核心角色组成:

一是案件监督管理部门的监督。案件监督管理部门是犯罪调查程序最直接的监督部门,其监督过程覆盖从线索处置、立案、调查、审理以及移送司法的全过程。案管部门对犯罪调查程序的监督主要从以下几个方面进行:(1)线索管理。按照监察委内设部门的职能分工,案管部门负责所有案件线索的汇总、整理、统计和分析工作,并有权实时跟踪线索的查办情况,进而掌握单位内部所有案件的调查处理进展;[①](2)监督调查措施的实施。案管部门是许多调查措施的直接监督部门,尤其以监督留置措施的实施最

---

① 案件监督管理部门是监察机关内部最大的信息管理中心,所有违纪、职务违法和犯罪案件的调查处理信息都要汇总到案管部门,由案管部门统一整理和分析,并向监察机关领导及上级监察机关进行报告。

为典型,案管部门负责留置场所的安全管理、讯问的监控、对接公安部门执行留置等工作,并会派专人通过视频监控整个审讯过程,对调查工作进行最直接的监督。(3)协调程序审批工作。案管部门是调查程序节点审批的枢纽部门,调查措施的文书流转需要经过案管程序操作,犯罪调查中的层报审批也要经过案管部门进行协调。(4)协助程序的推进。案管部门在调查程序中的另一个重要作用是协助程序推进,尤其是案件在调查流程各阶段之间进行衔接时需经过案管部门的参与和协助,案审部门审理后决定将案件移送司法机关,也需要由案管部门协调检察机关进行案卷移送等工作。

二是上级领导对调查程序的监督。监察调查工作严格落实了程序审批汇报制度,整个调查程序中有非常多的环节要层报监察委领导审批,这种层报审批机制强化了上级对监察工作的领导,同时也实现了自上而下对调查程序的逐级监督。此外,这种设置一方面增加了调查程序参与者数量,另一方面还强化了所有调查程序参与者彼此之间的监督。另外,调查程序中的重大事项会实行监察委主要领导集体讨论的决策方式,集体决策的形式也有助于发挥集体智慧,通过监察委主要领导的集体参与,可以有效防止调查中可能出现的违纪、违法和决策不当等情况,继而影响调查工作,这也是一种内部监督的有效形式。

三是干部监督管理部门的监督。纪委、监察委内部有一个专门针对内部人员的监督科室,也就是原来纪委内部的干部监督管理室。该部门的职责之一就是监督纪检监察干部遵守和执行党章以及其他党内法规,遵守和执行党的路线方针政策和决议、国家法律法规等方面的情况,是内部专门设立以监督纪检工作人员的科室。该部门作为内部专责监督部门,自然有权监督职务犯罪调查程序的所有参与人员,其中包括调查人员,通过监督调查人员是否有违反党纪、廉洁操守、工作纪律、法律法规的行为,间接对犯罪调查程序实行全方位监督。不过,在监察工作实践中,该部门对调查人员的内部监督效果仍有待观察,而且该部门的人员力量配置等方面还有许多不足,承担内部监督工作的能力也需进一步提高,这是未来监察体制改革需要考虑的问题。

（二）程序中的权利救济

为了加强对监察调查程序的监督，除了在监察机关内部设置了有力的监督制约机制外，监察立法也在程序中为调查对象及其关系人设置了权利救济渠道，调查对象及其关系人可以借此对调查程序发挥监督和制约作用，这也符合以法治思维和法治方式开展监察调查工作的要求。[1] 根据《监察法》第60条的规定，被调查人及其近亲属认为调查行为违法或者对处置决定不服的，可以通过申诉等途径寻求救济。该条实际上规定了对两类情况的申诉，一类是调查行为违法，一类是案件处置决定。有权提起申诉的主体则包括被调查人及其近亲属。

第一，被调查对象对违法调查行为的申诉。《监察法》规定被调查人及其近亲属可以对五类调查违法行为提出申诉，这五类行为分别是：留置法定期限届满，不予以解除的；查封、扣押、冻结与案件无关的财物的；应当解除查封、扣押、冻结措施而不解除的；贪污、挪用、私分、调换以及违反规定使用查封、扣押、冻结财物的；其他违反法律法规、侵害被调查人合法权益的行为。被调查人及其近亲属可以就这五类行为向出现违法行为的监察机关提出申诉，受理申诉机关应在1个月内做出决定，申诉人不服可以在收到决定之日起1个月内向上级监察机关申请复查，上级监察机关应在2个月内做出处理决定。

第二，监察对象对监察机关做出的涉及本人的处理决定不服，可以向做出决定的监察机关申请复查。如果申请人对复查决定不服，还可以向上级监察机关申请复核，申请复核期间不影响原处理决定的执行。复核受理机关审查后认定处理决定有错误的，应通知原处理决定做出机关予以纠正，原处理决定机关收到上级监察机关通知后，应当依法予以纠正。[2]

---

[1] 本书编写组：《深化国家监察体制改革试点工作百问百答》，中国方正出版社2017年版，第117页。

[2] 同上书，第117—118页。

第五章　外部衔接：监察程序和刑事程序的对接

监察委调查职务犯罪不是完全封闭的部门内部活动，而是一个多机关群策群力、反腐败体系协同运作的过程，反腐败工作的成败依赖于监察委与其他机关的高效合作。当然这种高效合作也有一定的边界，反腐败合作不是无原则的合作，而是建立在权力分工和制约基础上的合作。监察委与其他机关之间的关系直接反映在犯罪调查程序与其他程序的关系之中，具体来说主要包括三个层面：一是管辖制度。管辖主要用以界定职务犯罪监察调查程序与其他犯罪调查程序的适用范围，同时涉及与上下级监察委、同级监察委和其他犯罪调查机关的关系。相比于传统的刑事侦查管辖制度，职务犯罪监察调查的管辖设计受到纪委传统管辖模式的影响，比如以属人管辖为主要标准。二是程序衔接。职务犯罪监察调查程序既存在内部程序之间的衔接，又在程序运行中与外部其他类型程序发生互动关系。比如，违纪调查程序与违法犯罪调查程序之间的衔接、监察调查程序与检察程序之间的衔接、退回补充调查程序和国际司法协作等，职务犯罪监察调查程序与其他程序之间的关系也成为理顺整个反腐败体系的重要课题。三是外部监督。监察委调查职务犯罪不仅存在内部监督制度，也存在外部监督制度，能够从外部监督职务犯罪监察调查活动的机关包括党委、人大、检察院等主体。这些机关对监察委调查犯罪活动的监督和内部监督程序共同组成了完善的多元监督体系。

第一节 程序运行中的外部关系

职务犯罪监察调查程序属于宏观层面的犯罪追诉系统的一部分,[①]它与公安机关、检察机关等侦查机关共同承担着调查犯罪的职责,只是国家立法对职务犯罪监察调查程序进行了特殊的定位,使其区别于传统的刑事侦查程序。监察委作为新设立的犯罪调查机关,与其他机关在犯罪调查中的关系需要重新定位,这给职务犯罪监察调查程序的外部运行带来了更多的复杂性。

一、监察委处理外部关系的基本要求

监察立法对监察委与其他机关的关系有着较为明确的规定。《监察法》第4条规定的主要内容是监察委依法独立行使职权,监察委与审判机关、检察机关和执法部门在办理职务违法犯罪案件时互相配合、互相制约,其他机关及单位应当根据监察委的要求给予其工作上的协助。该规定从三个方面对监察委与其他机关之间的关系进行了原则性说明,是处理监察委与其他机关之间关系的重要指导。

(一)依法独立行使监察权

《监察法》第4条第1款规定:监察委员会依照法律规定独立行使监察权,不受行政机关、社会团体和个人的干涉。该规定肯定了监察委在行使监察权时的独立地位,从国家基本法的角度为监察委独立行使监察权提供了保障,这是监察委处理与其他机关的关系时首先应遵循的原则。对该款规定的理解,可以重点把握以下几个方面:

第一,依法是前提。依法独立行使监察权的前提是遵循国家法律规定。

[①] 虽然立法认定监察委调查职务犯罪不同于刑事侦查活动,监察调查权区别于刑事侦查权,但不可否认的是职务犯罪仍然属于《刑法》所规定的犯罪类型,职务犯罪监察调查活动仍然属于犯罪追诉体系的一部分。

国家法律规定范围比较广泛,具体来说就是遵循国家立法机关制定的一切与监察调查工作相关的法律,包括《宪法》《监察法》《监察法实施条例》以及各地制定的监察调查工作规范,甚至包括部分可以参照执行的党内文件规定。①

第二,独立行使职权是核心内容。目前研究者一般关注司法权的独立行使,比如《刑事诉讼法》中规定的依法独立行使检察权和审判权。司法权以客观中立为其价值内核,国家立法保障依法独立行使司法权有其价值基础。监察权作为一种监督性权力,本身也具有客观中立的特性,②在我国权力构造体系中获得了独立的法律地位,成为平行于司法权、行政权的新型权力,在行使过程中也应保持客观中立的基本特性。《监察法》规定的独立行使职权正是监察权客观中立性的法律保障。

第三,不受违法干涉是基本保障。《监察法》第 4 条的规定主要是一种原则性保障,监察权的独立行使除了法律原则方面的保障,还应有独立的组织机构、办公场所、财政预算、职权等配套性保障体系。《监察法》第 4 条在规定了监察委依法独立行使监察权之后,又补充规定了"不受行政机关、社会团体和个人的干涉",这是对独立行使职权的一种保障性规定。此处的行政机关并不仅限于人民政府,而是广义上的"大政府"概念,③是包括检察机关、审判机关、军事机关等国家机关在内的宏观国家机关概念。

第四,依法独立行使职权的限制。监察委依法独立行使职权中的"独立"并不是绝对的独立,不是摒绝一切外来力量介入的独立,而是依法受到一定限制的独立。这种限制表现在监察委独立行使职权过程中,要受到人

---

① 《监察法》有些条文与《监督执纪规则》较为类似,甚至部分条文要求参照《监督执纪规则》的内容来执行,比如监察委内部的领导集体讨论模式就是参照纪委的相关规定。

② 客观中立是对司法权的一种要求,尤其体现在我国一直提倡的检察官客观义务之中。客观中立也是监察权的本质之一,监察委作为一个独立的国家监察机关,在行使监察权过程中也需要遵循客观中立的基本要求,这也符合监督的基本特性。

③ 在现代政治体制中,行政机关是最典型的国家机关,但是权力分立产生的司法机关、军事机关等也是国家机关的重要组成部分,并在国家政治活动中发挥重要作用。该条规定仅规定了监察委行使职权不受行政机关违法干涉,却未将其他类型的国家机关规定在内,范围明显过小,在立法技术层面需要进一步研讨和完善。

大及其常委会、司法机关、媒体、社会公众等主体的合法监督,下级监察委要接受上级监察委的领导,各级监察委要接受国家监察委的领导,监察委本身要接受各级党委的领导。当然,上述这些监督和领导只是正常的权力制约和组织领导关系,监督者必须按照法律规定的程序进行监督,这与监察委依法独立行使职权并不矛盾。

(二)相互配合、相互制约的关系

《刑事诉讼法》在处理公检法之间的关系时设置了分工负责、互相配合、互相制约的基本原则,《监察法》规定的监察工作原则与之类似,具体内容是监察机关在办理职务违法和犯罪案件过程中,应与审判机关、检察机关、执法部门之间互相配合、互相制约。监察工作没有把分工负责设置为基本原则,可能是考虑到了监察机关在办理违法和犯罪案件时可能会同多个领域的国家机关发生互动关系,这与公检法三机关活动局限于刑事诉讼领域的情况有所区别。《〈中华人民共和国监察法〉释义》对这些机关类型进行了解释,审判机关是指各级人民法院,检察机关是指各级人民检察院,执法部门是指公安机关、国家安全机关、审计机关以及质检部门、安全监管部门等行政执法部门。[①] 相互配合、相互制约的关系原则主要存在于监察委与上述国家机关之间。

第一,互相配合的关系。互相配合主要是指监察委在开展各项监察业务工作时,尤其是在处理职务违法和犯罪过程中,与其他相关业务机关密切合作,互相支持,共同完成党和国家反腐败的工作任务。对该规定的理解,必须注意以下几点:(1)分工是配合的前提。互相配合的前提是各机关之间有明确的分工,监察委和其他机关在反腐败体系中享有不同的职权,承担着不同的任务,只有在权责分明、分工负责的基础上才可以讨论有效的配合。(2)配合是互相的,而非单向的,也不存在主导者和服从者的关系,也就是说监察委和其他机关的配合建立在地位平等基础上,而非命令

---

① 中共中央纪律检查委员会、中华人民共和国国家监察委员会法规室编:《〈中华人民共和国监察法〉释义》,中国方正出版社2018年版,第65页。

指挥的关系。监察委和其他业务机构都是独立自主的国家机关,各自依法行使职权,并在业务开展过程中进行必要的协作和配合,各机关都有权根据分工做出独立的判断和决定。(3)配合必须符合法律规范要求。互相配合不是无原则的配合,双方必须在宪法、法律规定的范围内进行配合协作,禁止为了办案便利,以服务办案为目的而任意创造不符合法律规定的配合形式。比如,办案实践中经常出现的多机关"联合办案"模式,[1]实际上一些具体的做法超出了某些机关的职权范围,是对互相配合原则的过分扩张使用,不符合某些机关的职责定位。

第二,互相制约的关系。权力制约和监督的原理被古往今来的历史经验反复证明,失去制约和监督的权力极易出现滥用、腐败等一系列问题,并对公民人权产生极大的威胁。《监察法》明确规定了监察委与其他司法、执法机关之间的互相制约关系,这种制约关系主要表现在以下方面:

(1)程序的制约。程序是控权的重要方式,[2]严格规范的程序可以限制调查主体的恣意,确保监察权在合法有序的轨道上运行。监察程序只是犯罪追诉系统的一个环节,它在运行过程中要与其他程序发生衔接关系,其他类型程序可以从外部对监察程序进行制约。比如监察委调查程序终结后,案件进入审查起诉阶段,检察院在审查起诉时可以对调查过程进行全面审查,以事后监督的方式纠正调查过程中的错误和问题。

(2)权力的制约。程序是从外在形式上对权力进行控制,而权力之间的制约则是通过对权力体系进行合理构造,将不同权力科学分配给不同主体行使,最终形成各类权力之间一种相互制约关系,避免某类权力过分膨胀而破坏权力体系的稳定。监察委在行使职务犯罪调查权过程中的权力范

---

[1] 过去最常见的反腐败联合办案模式存在于纪委和检察院之间,纪委和检察院在职务犯罪调查过程中有着密切合作,主要包括线索共享、联合调查等多种形式的合作。有一种做法是纪委在对某些调查对象进行"双规"之后,检察院派员参与纪委调查审讯小组,参与纪委开展的审讯工作,这种联合办案模式实际上超出了检察院的职权范围,在实践中也多次发生审讯事故导致检察干警被处分的案例。

[2] 程序控权,即通过程序控制国家权力,是与实体控权相对应的一种理论构想和实践范式,也是对实体控权理论和实践的一种超越和升华。汪进元、汪新胜:《程序控权论》,载《法学评论》2004年第4期。

围和内容都是有限度的,调查权的有效行使需要得到公安机关、检察机关等支持。比如监察委采取留置、技术调查、通缉等调查措施必须借助公安机关的力量。另外,监察委调查终结的案件不能自行移送法院起诉,只能根据权力分工要求移送检察院审查起诉,所以监察调查权、刑事侦查权、检察权等权力之间形成的这种制约关系,在某种程度上可以防止监察权的过分扩张。

（3）制约本身是一种手段,而不是目的。权力制约的形式多种多样,需要分清形式和目的之间的关系,权力制约的形式是实现制约目的的手段,权力制约的目的是为了保证公正地适用宪法和法律,保障监察权能够依法规范有序地行使,最终实现打击犯罪和保护人权的目标。

（4）制约不应以牺牲效率为代价。公正和效率的冲突在犯罪调查阶段表现得尤为突出,权力制约是为了实现法律公正,但是制约不可避免会对办案效率有所限制,这也引起不少关于权力和程序制约是否会导致"办案障碍"的争论。[①] 不过,办案效率并非监察调查程序唯一的追求目标,效率是建立在公平基础上的效率,而非办案不受任何限制的效率,这也是现代法治文明国家普遍认可的价值原则。因此,在落实尊重和保护人权的宪法原则的基础上,在实现权力制约的前提之下,程序设计应充分考虑提高办案效率的因素,这也符合当前特殊的反腐败形势的需求。

（三）其他机关的协助义务

《监察法》第 4 条在规定了监察委依法独立行使监察权,以及与其他机关互相配合、互相制约的关系后,进一步规定了其他机关对监察委的协助义务,即"监察机关在工作中需要协助的,其他机关和单位应根据监察机关的要求依法予以协助"。该内容从补充规定的角度进一步增强了监察办案的保障力度,既明确了其他机关对监察委办案的协助义务,又突出了监察

[①] 在此次监察体制改革过程中,许多人认为必须改变过去纪委和检察院程序衔接存在过多障碍,以及协作通道不畅的问题。改革确实需要解决程序流转中的障碍问题,提高反腐败调查工作的效率,但是也要遵循基本的权力和程序制约原理,避免出现矫枉过正。

办案在当前反腐败工作中的特殊地位。第一,法律规定的这种协助义务是单向的,是其他机关配合监察委各项工作的义务。本条第 2 款规定的适用范围是监察委办理的职务违法和犯罪案件,即监察委在办理职务违法和犯罪案件过程中,和其他机关有互相配合的义务。该款针对的是所有的监察工作,即在监察机关的全部工作范围内,其他机关和单位都有根据监察委的要求予以协助的义务。第二,有协助义务的机关涵盖范围极广,包括所有与监察工作运行相关的机关和单位,比如国家机关、社会团体、企事业单位等,可以说任何接到监察委协助要求的单位都应履行此义务。第三,协助的要求必须符合法律规定,其他机关协助监察委的前提是收到协助请求,而监察委提出予以协助的要求必须符合法定的程序要求,这些程序要求包括:请求事项属于对方职责范围内、请求事项有明确法律依据、应通过正式途径提出要求、[1]必要时提供相应的法律文书、必须由具备法定身份的人员联系相应的协助事项等。如果监察委提出的协助事项不符合这些条件,或者超越了对方的职责范围,甚至违反了相关法律规定,对方单位自然有拒绝协助的权利。第四,相关机关和单位应依法提供协助。合法性不仅要求监察委提出的协助要求符合法律规定,其他机关和单位在提供协助过程中所使用的手段、措施和方法也应符合法律规定,不能超越自身职权或者盲目追求配合协作,不能违反法律对各自职权范围和工作程序的规定。

二、监察委外部关系的具体化

根据对《监察法》第 4 条关于监察委依法行使职权的理解,可以基本梳理出监察委在处理与其他机关之间关系时应遵循的原则。但是还需要对监察委与其他机关之间的具体关系进行有针对性的分析,其中主要涉及监察委与检察院、公安机关、法院及其他执法机关之间的关系。

---

[1] 在过去的犯罪调查工作中,警察等调查人员为了工作便利,可能会通过个人途径提出协助要求,之后再补办相应的手续,比如通过公安查询通道调查个人信息。随着调查规范化工作的推进,这种现象已经越来越少。

（一）监察委与检察院之间的关系

此次监察体制改革主要涉及监察委和检察院两个机关,其中检察院是受到影响最大的一方,这些影响包括大量检察骨干力量转隶到新成立的监察委,检察院的大多数职务犯罪侦查权也转交给监察委行使,可以说检察院的组织机构、职权体系和人员编制等都在此次改革中受到了很大影响。改革造成的另一个重要影响是监察委作为新设立的国家机关,与检察院的关系成为职务犯罪调查程序的一个核心问题,两者的关系在职务犯罪调查体制成型后表现出非常复杂的形式。

首先,职务犯罪调查中的管辖分工关系。监察体制改革实际上创制了两个职务犯罪调查主体:一个主体是新设立的监察委,监察委负责调查绝大多数的职务犯罪案件,其调查活动性质区别于刑事侦查活动,并且在特别设立的监察调查程序轨道中运行;另一个主体是检察院,检察院的职务犯罪侦查力量已经全部转到监察委,原有的反贪局、反渎局等均已撤销,可以说成建制的职务犯罪侦查力量已不复存在,但是检察院仍然保留了少数类型的职务犯罪侦查权,检察院的职务犯罪侦查活动属于刑事侦查范畴,具体的调查活动仍然需要遵守《刑事诉讼法》等刑事法律的规定。由此可见,监察委和检察院作为职务犯罪调查体制中的两大主体,分别负责不同类型的职务犯罪调查工作,其中监察委的调查表现为职务犯罪监察调查的形式,检察院的调查表现为职务犯罪侦查的形式,两个主体在两类性质不同的程序中各自承担犯罪调查任务,形成了目前的职务犯罪双轨调查体制。

其次,职务犯罪调查中的程序衔接关系。我国检察院的法律地位具有多重性,可以从不同的层次进行解读,其机关定位包括司法机关、侦查机关、法律监督机关、公诉机关等多种性质。世界各地的侦检模式主要分为"侦检合一"和"侦检分离"两类。"侦检合一"模式中的检察官对犯罪侦查活动有一定的领导指挥权,而在"侦检分离"模式下,侦查机关与检察机关互不隶属,各自具有独立的法律地位,侦查和起诉分别由警察和检察官承担,检察官不能领导指挥警察侦查活动。我国监察委调查的职务犯罪案件也需要移送检察机关进行审查起诉。① 我国的侦检模式是上述两类模式的融合,即在公安机关侦查的犯罪案件中实行侦检分离模式,在检察院侦查的犯罪案件中实行侦检合一模式。② 在监察委成为职务犯罪调查的主体之后,上述侦检模式的设定变得更为复杂:一方面监察委的犯罪调查活动被界定为非刑事侦查性质,所以"侦检"的称谓就不能直接用于指称职务犯罪监察调查案件的起诉模式;另一方面,监察委调查的犯罪案件仍然需要移送检察院审查起诉,意味着传统的侦诉模式的内容发生了重大改变,原先侦查和起诉两类刑事诉讼领域的关系模式,变成了"刑事侦查+审查起诉"和"监察调查+审查起诉"的更为复杂的关系,监察委和检察院在职务犯罪调查程序中的衔接关系主要表现后者。

最后,职务犯罪监察调查程序中的监督关系。监察委和检察院都是国家监督体系的重要主体,其中监察委是宪法所确立的国家监察机关,对所有行使公权力的国家工作人员进行道德、纪律、违法和犯罪等领域的监督,而检察院很早就由宪法确立了其法律监督机关的地位,法律监督的含义是对法律实施活动进行的监督,但是检察院在监督实践中主要把监督重点放在了诉讼领域。监察委和检察院的监督具有相互性,且在实际业务开展中可以实现和谐共存,③监察委的监督领域极为广泛,包括检察官在内的广大国家工作人员都在其监督范围内,但是其监督也存在局限性,比如某些专业性特别强的领域就需要专业监督机关来监督,其中比较明显的例子就是诉讼活动领域,检察院参与诉讼活动领域的程度较深,范围较广,可以更好地开展对诉讼活动的监督。

此处有几个需要注意的问题:第一,监察委是否属于检察院的监督范围。结合目前关于检察院法律监督的相关规定,检察院法律监督的范围主

---

① 谢登科:《论国家监察体制改革下的侦诉关系》,载《学习与探索》2018年第1期。
② 检察院在自侦案件中实行侦检合一模式,只是从检察院这个机关整体角度来看,侦查和起诉都由同一个机关负责,但是在检察机关内部仍然实行侦查和起诉职能分离的模式,即侦查和起诉分别交由不同的部门负责。
③ 叶青、王小光:《检察机关监督与监察委员会监督比较分析》,载《中共中央党校学报》2017年第3期。

要在司法领域,尤以诉讼活动为重心,而监察委的犯罪调查活动被立法界定为非刑事活动范畴,这就给检察院对监察委的法律监督带来了制度上的障碍。但是,从另一个角度看,监察委调查终结的犯罪案件需要移送检察院审查起诉,此时检察院公诉部门可以对监察案件进行全面审查,自然也包括对犯罪调查活动是否合法、是否规范,以及事实和证据进行审查,这个审查活动也是一个事后监督的过程。① 第二,监察委监督对检察院依法独立行使检察权的影响。从目前的监察委监督范围和手段措施内容来看,其监督范围涵盖了检察官行使公权力的活动,自然也包括检察院的审查起诉活动,这就导致一方面监察委调查终结的案件需要接受检察院审查,另一方面监察委又可以对检察院审查起诉活动进行监督。监察委的监察监督相比于检察院通过审查起诉进行的监督处于更高的位阶,监督的能力也更强,甚至可能对检察院审查起诉形成无形的压力,如何协调监察监督和依法独立行使检察权也是一个非常重要的课题。

(二)监察委与法院之间的关系

从职务犯罪监察调查程序的流转阶段来看,职务犯罪案件要经过检察院审查起诉才能进入审判环节,所以监察委和法院并不存在直接的程序衔接关系,两者之间的关系表现为两种性质的机关、权力和程序之间的关系。

第一,"犯罪调查"和"刑事审判"的关系。我国传统上的刑事诉讼流程主要经历侦查、起诉和审判这三个核心环节,其中侦查机关的侦查和法院的审判都属于刑事程序的范畴。目前的监察体制改革将监察委调查职务犯罪区别于刑事侦查,监察程序成为独立于刑事程序的新型程序。自监察委对职务犯罪立案调查开始,直至调查终结移送检察院审查起诉,监察程序都与刑事程序并行,监察案件自审查起诉开始才正式进入刑事程序之中,

---

① 按照传统的检察权一元化的观点,检察权的每一项具体的权能中都体现着法律监督的实质,每一项法定的检察权权能都是法律监督权的具体表现形式,因而检察权的全部权能在性质上都应当统一于法律监督权。但是这种观点也受到一些学者的批评,认为这导致了检察机关"泛监督化"的趋势。唐素林:《"检察权"是法律监督权辨析》,载《华中科技大学学报(社会科学版)》2003年第1期。

职务犯罪监察调查程序也成为传统犯罪追诉系统中一个特殊的分支程序。因此，监察委的犯罪调查和法院的审判处于完全不同性质的程序体系中，这种状况使得法院司法监督无法直接介入监察调查运行过程，只能以事后监督的形式发挥有限作用。

第二，监察委和法院之间的监督关系。监察委的监督对象包括一切行使公权力的人员，法官作为行使审判权的国家工作人员，自然属于监察委的监督范围。不过，我国的审判权专属于人民法院这个主体，而非具体执行审判业务的法官，但监察监督是以属人为基本原则的，所以监察委对法院审判活动的监督主要是通过对法官个人的职务活动监督来实现的。具体的监督内容包括法官个人职业道德、廉洁操守、秉公执法、公正审判等业务活动。从严格意义上讲，法院并不是专职的监督机关，但是我国的权力监督体系仍然将人民法院纳入其中，[①]并将人民法院视作司法监督的典型代表。法院实施的司法监督主要和审判业务密切联系在一起，监察委调查终结的案件需要先移送检察院审查起诉，检察院移送法院起诉之后，案件才正式进入法院主导的审判程序，法官将对监察案件的事实、证据、调查行为是否合法等进行全面审查，并对违反法定调查程序，以及事实和证据存在不足的案件依法做出判决。这种事后监督的形式可以发挥司法权对监察权的制衡作用。

此外，监察委的监察监督与法院依法独立行使审判权的关系也是必须厘清的要点。监察委调查的犯罪案件需要接受人民法院的审判，最终由人民法院做出是否有罪的判决，但是监察委又可以监督审判法官的个人道德、纪律、履职情况，实际上对法官审判工作存在某种形式的制约，这种监督和制约行使不当将直接影响依法独立行使审判权原则的贯彻落实，甚至会影响以审判为中心的诉讼制度改革方案的落实。如何划定适当的边界，

---

① 2010年国务院新闻办公室发表的《中国的反腐败和廉政建设》白皮书认为，中国已形成了由中国共产党党内监督、人大监督、政府内部监督、政协民主监督、司法监督、公民监督和舆论监督组成的具有中国特色的监督体系。这是七类监督体系说。此外，也有人提出过行政监督、民主监督、党内监督、人大监督、舆论监督、审计监督、司法监督与社会监督的八类监督体系说。

以及如何在监察监督的大背景下保障依法独立行使审判权原则,是处理监察委和法院关系的关键点。

(三)监察委与公安等执法机关之间的关系

监察委拥有十分强大的调查权及类型多样的调查措施,但仅依赖自身调查力量并不能完成所有的调查任务,犯罪调查工作仍然需要借助其他机关的力量,尤其是掌握专业知识且具有特殊调查手段的那些执法机关或单位的帮助。在当前的国家执法体系中,拥有执法调查权的机关包括公安、司法行政、审计、税务、海关、财政、工业信息化、价格等机关以及金融监督管理等机构,这些机关和单位在各自负责的专业领域内开展工作,熟悉某个特定领域内的情况,并且有一定的特殊执法和调查手段,能够掌握特定领域的信息、资料和情报,是监察委开展犯罪调查工作的重要协力机关。

第一,监察委与公安等机关存在互相协助、互相监督的关系。从犯罪调查的体系分工来看,监察委和公安机关都是犯罪调查的重要组成部分,其中检察院和监察委负责职务犯罪的调查,公安机关负责普通刑事犯罪的调查,它们都属于犯罪追诉系统不可或缺的调查力量。从业务协作的角度来看,监察委进行犯罪调查需要借助公安机关的力量。我国公安机关的职能设置比较具有特色,公安机关既拥有治安管理执法权,可以对触犯《中华人民共和国治安管理处罚法》的违法行为进行调查处理,又拥有对普通犯罪的刑事侦查权,拥有调查刑事犯罪的强有力调查手段和措施,这种双重角色定位类似于监察委同时调查违纪、违法和犯罪的模式。公安机关作为国家最主要的刑事侦查机关,多年来招录和培养了大批精干的犯罪调查专业人员,拥有先进的技术调查手段和装备,可以行使《刑事诉讼法》赋予的强大犯罪调查手段,尤其在管理社会治安过程中建立了完备的信息查询通道,可以说公安机关代表了国家最先进和强大的犯罪调查力量。因此,公安机关成为监察委重要的犯罪调查协助力量。比如,监察委决定采取的留置需要在公安管理的场所进行,并由公安干警参与留置执行和安全保障工作;监察委决定进行通缉和技术调查等措施,都需要按照法定程序交由公安机关执行,公安机关也成为监察委最主要的业务协作和程序衔接机关。另外,在某些犯罪嫌疑人同时涉嫌职务犯罪和普通刑事犯罪的情况下,监察委和公安机关在管辖层面就会存在分工协作的关系,两机关在调查措施和强制措施的选择、人员安排、程序衔接、案件移送等方面都存在密切的协作关系。

除了公安机关之外,司法行政、审计、税务、海关、财政、工业信息化、价格等机关以及金融企业等也是监察委重要的业务合作对象,这些机关或单位在各自专业领域内拥有信息优势,可以协助监察委进行调查取证和收集犯罪线索资料。比如,职务犯罪调查经常需要调查嫌疑人的房产记录、银行记录、企业工商登记信息、股票等投资信息,但监察委自身缺乏专业渠道直接获取这些信息,这就需要监察委与负责这些领域的单位进行协作,通过法定程序和手续依法查询和获得这些信息,这也是《监察法》所规定的其他执法机关对监察委的协助义务。另外,执法机关在日常执法工作中如果发现违法犯罪的线索属于监察委管辖范围,应当将之移送监察委调查处理,所以这些执法机关在线索移交方面也与监察委存在协作关系。

第二,监察委和公安等机关存在监督关系。监察委作为国家专责监察机关,有权对一切行使公权力的人员进行监督、调查和处置,因此公安机关等执法机关的国家工作人员均在其监督范围内。与之相对,公安等机关也可以通过开展具体的业务活动对监察活动进行监督,比如财政等政府部门能够对监察委进行财务、审计等领域的监督,但是这种监督主要表现为对监察委综合工作的宏观监督,一般无法直接触及监察委的职务犯罪调查活动。比较特殊的是公安机关对监察委的监督,监察委的技术调查、留置、通缉等措施需要得到公安机关的配合才能实施,尤其是公安机关负责管理留置场所,有权对留置执行全过程进行监督,由此公安机关获得了直接监督监察调查活动的途径。随着留置在调查实践中成为使用最频繁的调查措施之一,可以说公安机关成为监督监察调查活动的最主要机关。

第二节 程序运行中的管辖制度

监察委调查职务犯罪案件的管辖分工是外部程序运行必须要明确的问题,《监察法》第 16 条和第 17 条对监察案件管辖进行了初步规定,但这两条规定的内容比较概括,并不能全面反映监察管辖的复杂面貌。要对监察管辖进行全面、细致和深入的解析,一方面必须回归《监察法》重要渊源的《监督执纪规则》,详细研究该规则对纪委管辖模式的规定,①因为传统的纪委管辖模式为监察管辖提供了最直接的理论和实践支持;另一方面还需结合各地监察体制改革中对管辖制度的探索,综合分析全国各地最新出台的关于管辖的法律文件,对监察管辖的内容和特征进行全新的解读和分析。

一、监察管辖的一般原则

《监察法》第 16 条第 1 款规定:"各级监察机关按照管理权限管辖本辖区内本法第十五条规定的人员所涉监察事项。"该款是关于监察委案件管辖的基本原则,对该款内容的理解可以结合几个关键要素,这些要素分别是"管理权限""本辖区"及"本法十五条规定人员"。此处的"管理权限"是指监察委对国家工作人员的级别管理权限,"本辖区"则划定了监察委的地域管辖范围,《监察法》第 15 条主要规定了监察委的管辖对象。此外,2021 年 9 月 20 日起施行的《监察法实施条例》第 45 条规定,监察机关按照管理权限与属地管辖相结合的原则,实行分级负责制。《监察法实施条例》中的管辖权限是指监察机关对监察对象的管辖权,监察管辖实际上是一种以干部管理权限为核心的属人管辖和地域管辖相结合,各级监察机关分级负责的管辖制度。

---

① 监察委的管辖模式很大程度上借鉴了纪委的模式,尤其是纪委根据干部管理权限确定管辖内容的标准,在监察委的管辖原则中也得到了全面的体现。

(一)"身份+行为"的属人主义

监察委开展监督和调查针对的是国家工作人员的公权力行为,其具体的管辖对象不是国家机关,而是具体的国家工作人员,所以监察委是以属人为核心来确定管辖对象。① 对于监察委属人管辖的内容要素,需要同时结合身份和行为两个标准来理解。

第一,管辖对象身份的确认。《监察法》第 15 条规定了 6 类监察对象,《国家监察委员会管辖规定(试行)》对这 6 类监察对象进行了补充性规定,这 6 类对象是确定监察管辖范围的最基本的前提,所有的监察管辖都是围绕这 6 类对象展开的。具体来说,这 6 类对象具体为:②

(1)公务员及参公管理人员。根据我国党政一体的组织体制结构,这类人员包括中国共产党的各级机关、③人民代表大会及其常委会、人民政府、人民法院、人民检察院、中国人民政治协商会议各级委员会、民主党派机关及工商业联合会机关中的公务人员。这些群体是比较典型的国家公务员,是行使公权力的最主要群体。至于公务员身份的确定,则需要参照《中华人民共和国公务员法》的规定,一般的公务员需要经过国家机关的招录、调任、审核、登记、备案等手续才能正式入职。另外在法律、法规授权的具有公共管理职能的事业单位中工作的非勤务人员,如果参照公务员法进行管理,也可以列入公务员管理范围。

(2)在法律、法规授权或者受国家机关依法委托管理公共事务的组织中从事公务的人员。此处的管理公共事务的组织是指那些不具备参公管理的资格,但是仍然享有管理公共事务职权的事业单位。这些单位数量多,分布广,包括银行、证券、会计等行业协会,这些机构中的工作人员数量甚

---

① 从《监察法》对监察委管辖对象的规定来看,监察委监督和调查的主要是行使公权力的公务人员,监督和调查内容是是否遵守道德、纪律、法律法规等,属人是监察委管辖的核心要件。
② 本书在对这 6 类对象进行分析解读时,同时参考了《〈中华人民共和国监察法〉释义》和《国家监察委员会管辖规定(试行)》的内容,以期最全面地反映这 6 类对象。
③ 纪委和监察委以合署办公的形式存在,但是纪委从性质上仍然属于党的机关,与监察委国家机关的性质有所区别。

至超过公务员数量。

（3）国有企业管理人员。这部分人员主要是指国有独资企业、国有控股企业及其分支机构中的领导班子成员，负有管理国有资产职责的企业中层和基层领导，以及在特殊岗位上从事监管国有资产职责的普通职工。这些人员多数是经过党组织、国家机关、国有企事业单位提名、推荐、任命和批准的，在国有企业中承担领导、组织、管理和监督等职责。

（4）公办的教育、科研、文化、医疗卫生、体育等单位中从事管理的人员。这里从事管理的人员主要是这些单位的领导班子成员和管理岗六级以上的中层、基层领导，及该单位和其分支机构中在监管国有资产重要岗位上工作的国家工作人员。

（5）基层群众性自治组织中从事管理的人员。这类管理人员主要包括基层居委会、村委会的主任、副主任、委员，以及其他受委托从事管理的人员。① 这类人员在集体组织中从事集体事务的管理，并协助人民政府从事行政管理工作。

（6）其他依法履行公务的人员。这些人员指不具备上述身份，但是在特定场合中获得了行使公权力的机会，比如人大代表、政协委员、党代会代表、人民陪审员、人民监督员、仲裁员等，以及其他在国有机关、企事业单位及组织中从事领导、组织、管理、监督工作的人员。

《监察法》及其相关文件在界定监察对象身份时使用了履行公务这样的称谓，履行公务人员一般理解为依法行使公权力的人员。然而，《刑法》中使用的是"国家机关工作人员""国家工作人员"这样的称谓，两种不同的称谓含义是否一样，履行公务和从事公务是否等同概念，尚没有明确的法律解释予以澄清。

第二，行为标准。履行公务的人员属于监察委的管辖范围，要成为监察

---

① 《〈中华人民共和国监察法〉释义》对受委托从事管理的事项进行了解释，具体包括(1)救灾、抢险、防汛、优抚、扶贫、移民、救济款物的管理；(2)社会捐助公益事业款物的管理；(3)国有土地的经营和管理；(4)土地征用补偿费用的管理；(5)代征、代缴税款；(6)有关计划生育、户籍、征兵工作；(7)协助人民政府等国家机关在基层群众性自治组织中从事的其他管理工作。

委犯罪调查的对象还需要符合特定的行为标准,即这些人员从事了职务违法或犯罪行为。《监察法》第11条第2款对这种行为标准进行了规定,具体包括涉嫌贪污贿赂、滥用职权、玩忽职守、权力寻租、利益输送、徇私舞弊以及浪费国家资财等职务违法和职务犯罪行为。

从上述这些行为标准的内容看,监察委所调查的职务犯罪类型明显超出了过去检察院自侦管辖范围。在监察体制改革前,检察院依法可以管辖的犯罪包括:(1)刑法分则第八章规定的贪污贿赂犯罪及其他章中明确规定依照第八章相关条文定罪处罚的犯罪案件,包括贪污、贿赂等12个罪名;(2)刑法分则第九章规定的渎职犯罪案件,包括玩忽职守、滥用职权等34个罪名;(3)国家机关工作人员利用职权实施的侵犯公民人身权利和民主权利的犯罪案件,包括非法拘禁等7个罪名;(4)国家机关工作人员利用职权实施的其他重大的犯罪案件,需要由人民检察院直接受理的,经省级以上人民检察院决定,可以由人民检察院立案侦查。由于监察委管辖对象范围的极大扩展,根据《监察法》第11条规定的犯罪行为标准,监察委所管辖的职务犯罪数量实际大大增加,管辖触角也延伸到了更广的领域。①

根据新近出台的《国家监察委员会管辖规定(试行)》对监察管辖范围的规定,监察委可以立案调查的职务犯罪案件包括:(1)贪污贿赂犯罪案件,具体包括贪污罪、受贿罪、挪用公款罪等罪名;(2)滥用职权犯罪案件,包括滥用职权罪、国有公司、企业、事业单位人员滥用职权罪等罪名;(3)玩忽职守犯罪,包括玩忽职守罪,国有公司、企业、事业单位人员玩忽职守罪;(4)徇私舞弊犯罪,包括徇私舞弊低价折股、出售国有资产罪等;(5)公务人员在行使公权力过程中发生的重大责任事故犯罪,包括重大责任事故罪、消防责任事故罪等;(6)公务人员在行使公权力过程中发生的其他犯罪,包括破坏选举罪、背信损害上市公司利益罪等;(7)公务人员在行使公权力过程中违反职务廉洁规定进行的权力寻租,为谋取政治经济等方面利

---

① 造成监察委管辖罪名范围大大扩张的因素主要有两个,一个是监察委所管辖的对象类型更多,超过了检察院过去实际管辖的范围,另一个是监察委管辖案件的行为标准更宽泛,利益输送、浪费国家资财等行为均被纳入管辖范围,最终导致管辖罪名突破了过去检察院的管辖范围。

益进行的利益输送,或者违反科学决策、民主决策、依法决策程序,违反财经制度,浪费国家资财构成犯罪的,参照相应罪名处理。该管辖规定出台后,曾经引起学界广泛的关注,许多专业研究机构按照上述标准统计后,认为这些规定涉及88个罪名。根据2021年9月20日起施行的《中华人民共和国监察法实施条例》对监察委管辖罪名的界定,监察委管辖的罪名实际可达101个。

(二)级别管辖和地域管辖相结合原则

在对《监察法》第16条中的属人主义要素进行解析之后,可以初步确定监察管辖的核心脉络,但对属人主义的理解还需要结合另外两个关键词,那就是"管理权限"和"本辖区",这两个词分别对应了监察管辖的级别要素和属地要素。

第一,级别管辖原则。监察管辖的级别原则类似于纪委监督执纪中的分级负责制。所谓分级负责制,是指中央及各级纪委的管辖级别根据干部管理权限确定,即各级纪委只负责监督调查本级党委管理的干部,[1]以层级分工的方式分清上下级之间的管辖权限。《监察法》第16条中使用的管理权限主要是指党的干部管理权限,根据我国实行的"党管干部"的原则,各级国家领导干部即公务人员的管理权限由各级党委(党组)及其组织(人事)部门掌握,不同级别的党委及组织部门管理不同级别的公务人员。在党管干部的基本原则之下,我国公务人员的行政级别可以分为五级:国家级、省部级、司厅局级、县处级、乡镇科级,各级又分为正副职,上述五级通

---

[1] 本级党委管理的干部是一个对特定干部的统称,党员干部管理主要由中国共产党组织部门负责,并没有国家立法明确这些干部级别的管理方式。具体来说,参照《监督执纪规则》对干部级别管辖的规定,纪委的级别管辖内容为:(1)中央纪律检查委员会受理和审查中央委员、候补中央委员,中央纪委委员,中央管理的党员领导干部,以及党中央工作部门、党中央批准设立的党组(党委),各省、自治区、直辖市党委、纪委等党组织的违纪问题。(2)地方各级纪律检查委员会受理和审查同级党委委员、候补委员,同级纪委委员,同级党委管理的党员干部,以及同级党委工作部门、党委批准设立的党组(党委),下一级党委、纪委等党组织的违纪问题。(3)基层纪律检查委员会受理和审查同级党委管理的党员,以及同级党委下属的各级党组织的违纪问题;未设立纪律检查委员会的党的基层委员会,由该基层委员会负责监督执纪工作。

常简称为"国、部(省)、司、处、科",这五级公务人员分别由不同级别的党委及组织部门管理。监察管辖的级别原则就是以党和国家的干部管理分级制度为基础确立的,具体来说,各级监察委所管辖的对象按照以下干部管理层级确定:

(1)国家监察委员会管理中央管理的公务人员的职务违法及犯罪行为,以及具有全国影响的其他重大职务违法和犯罪案件。中央管理的公务人员,即所谓的"中管干部",这类干部在中央组织部门备案,其职务任免权在中共中央,中央组织部门在其任命上具有建议权,一般中管干部均为副部级以上领导。

(2)省监察委员会管理省级组织部门管理的公务人员的职务违法和犯罪行为。省级组织部门管理的公务人员又称"省管干部",是指人事关系由省委组织部备案管理,并由省组织部门推荐、任命的干部,这类干部一般为司(局)级,比如地市级的书记、市长,省直部门正副职领导,大学的书记、校长等。

(3)地市监察委管辖地市级组织部门管理的公务人员的职务违法和犯罪行为。地市级组织部门管理的公务人员一般称作"市管干部",其组织关系在地市级组织部备案,由地市级组织部推荐和任命,一般为县处级领导干部。常见的县处级干部有县(区)委、县(区)人大、县级政协、县级司法机关的主要领导。

(4)县(区)监察委管辖县(区)组织部门管理的公务人员的职务违法和犯罪行为。县(区)组织部门管理的干部又称"县管干部",是指组织关系在县(区)组织部备案,由县(区)组织部门任命和管理的干部,这些干部一般为科级领导,比如乡镇党委主要领导,县(区)政府主要部门的负责人等。

第二,地域管辖原则。级别管辖解决的是上下级监察委之间的管辖分工,地域管辖解决的是同级监察委之间的管辖分工,地域分工是从地理边界上划分不同地区的监察委之间的管辖边界。具体来说,各级监察委地域管辖的范围是本级行政区划内的地理边界:国家监察委可以管辖全国范围内发生的职务违法和犯罪案件;省级监察委可以管辖全省范围内发生的职务违法和犯罪案件;地市级监察委可以管辖该地市范围内发生的职务违法和犯罪案件;县(区)监察委可以管辖该县、区范围内发生的职务违法和犯罪案件。① 当然对地域管辖的理解,还应当结合级别管辖的内容,比如国家监察委可以管辖全国范围内发生的职务违法和犯罪案件,但是这些案件应当是中管干部涉嫌职务违法和犯罪的案件,或者此类案件在全国范围内有重大影响,并由国家监察委管辖较为适宜的情况。

其实从上述内容来看,级别管辖和地域管辖呈现相互交叉的特征,因为各级党委及其组织部门和人民政府是一一对应的,人民政府行使职权有特定的行政区划范围,同级政府的行政区划范围也是党委及党内组织部门的人事管理范围,各级党委和组织部门所管理的公务人员主要局限于本行政辖区内。由此可见,级别管辖的内容实际上也包含了部分地域管辖的要素,两者有一定的重合性,比如地市级组织部门管理的市管干部主要是地市行政辖区内干部。因此,《监察法》对管辖的确定同时设置了属人、级别和地域这三个要素,如此规定符合监察对象的人事管理特征,也便于理解和分清上下级和同级监察委之间的管辖范围。

二、监察管辖的变更问题

监察管辖的一般原则比较清晰地划分了各地及各级监察委的管辖范围,按照《监察法》第16条规定的级别管辖和地域管辖相结合的原则,基本可以确定大多数监察案件的管辖机关。但有原则必有例外,监察委调查职务犯罪不可避免会遇到各类复杂、紧急或特殊情况,此时适用管辖的基本原则可能并不适当,就需要改变原有的管辖机关,并交由更适合的机关进行管辖,这就涉及监察管辖的变更问题。

---

① 由于上下级监察委之间是领导关系,上级监察委可以管辖下级监察委管辖的案件,这使得各级监察委在地域上出现一种特殊现象,那就是管辖范围自下而上呈现地域覆盖式扩大,比如地市级监察委地域管辖范围覆盖了县级监察委管辖范围,省级监察委地域管辖范围覆盖了辖区内地市级监察委管辖范围,国家监察委的地域管辖范围可以覆盖全国地域范围。

（一）提级管辖

提级管辖是分级管辖的必要补充，是在监察管辖分级负责基础之上，由上级监察机关所行使的一种便宜管辖制度。《监察法》第 16 条第 2 款规定："上级监察机关可以办理下一级监察机关管辖范围内的监察事项，必要时也可以办理所辖各级监察机关管辖范围内的监察事项"。该款是对上级监察委提级管辖的直接规定，这个规定从立法层面赋予上级监察委管辖所有下级监察委管辖案件的权力，这与监察委内部的上下级直属领导关系相契合。由《监察法实施条例》第 47 条可知，上级监察机关可以提级管辖下一级监察机关管辖范围内的职务违法和职务犯罪案件。在监察委分级管辖基础上，建立提级管辖这种便宜模式，充分体现了监察管辖的原则性和灵活性。这种设置模式有助于解决办案实践中遇到的管辖难题，一方面加强了上级监察委对下级监察委犯罪调查工作的领导，提级管辖本质上体现了上级监察委对下级监察委的指令权或命令权，上级监察委通过对下级行使这种指令权，加强了对职务犯罪调查工作的指挥和协调能力；另一方面，提级管辖又在事实上形成了管辖权自下而上的层层叠加态势，最基层的县（区）监察委只负责调查县（区）范围内的监察案件，地市级监察委则可以调查下属各县（区）的监察案件，省监察委的管辖范围覆盖了所辖各地市、县（区）内的监察案件，国家监察委的管辖范围则延伸至全国。

不过，有一点需要注意的是，监察系统内部的人员力量主要分布在地市级以下的基层机关，基层监察委办案数量多，调查人员的办案经验也丰富，是监察系统中最精干的力量所在。[①] 但是从县（区）、地市、省到国家层级的监察委，每上一级监察委的人员数量没有成倍增加，但它所管辖的地域和案件却成倍增加，这种矛盾的状态必然会影响上级对下级案件的实际管辖能力。因此，提级管辖既加强了上级监察委对下级监察委的领导能力，也增加了上级监察委的实际管辖负担。由此，对提级管辖的理解必须把握

---

① 从全国纪检监察机关办案数量来看，大多数违纪违法犯罪案件的查办都集中在地市级以下的纪检机关，地市级以下的办案人员数量较多，每年承办了大量的案件，监察人员业务素养也很高。

两点：一是提级管辖只是级别管辖的补充，大多数案件仍应按照级别管辖的基本原则确定管辖机关；二是提级管辖有特殊的适用条件，是为了便宜解决管辖中的不当情况而设立的。《〈中华人民共和国监察法〉释义》把这些特殊适用条件概括为三类：①

第一，上级监察机关认为在其辖区内有重大影响的监察事项。

第二，上级监察机关认为下级监察机关不便办理的重要复杂的监察事项，以及下级监察机关办理可能会影响公正处理的监察事项。

第三，领导机关指定由上级监察机关直接办理的监察事项。

这三类情况是提级管辖的主要适用条件，但是从这三类情况的内容细节来看，仍然存在许多地方需要进一步解释。

第一类情况是上级监察机关认为本辖区内有重大影响的事项，至于什么样的事项属于重大影响，这种"重大"应按照什么标准来界定，影响是否要体现在媒体、网络或者特定系统之内，都缺乏比较明确的规定。此外，该处解释使用的是上级监察机关"认为"，暗含了是否重大要以上级监察机关的判断为准，假如出现某些案件造成的舆论影响较大且恶劣，但是上级监察机关认为不属于重大影响案件，这种情况下缺乏有效制约上级监察机关自由裁量权的机制。

第二类情况同样使用了上级监察机关"认为"这样的主观标准，且何为"不便"，何为"可能影响公正处理"，都是依赖上级监察机关的主观裁量，缺乏比较明确的适用标准。

第三类情况使用了领导机关指定上级办理这样的表述，此处的领导机关到底是监察委内部的领导机关，或是党委机关，并不是特别明确。结合监察管辖的专属性和分级分工原则，此处的领导机关不应该是各级党委，而应该是监察系统内部的领导机关，具体来说应该是指上级监察机关的更上一级监察机关，而不包括本级的上一级机关，否则上级监察机关可以任意指定的话，就不需要列出前两类情况了。

---

① 中共中央纪律检查委员会、中华人民共和国国家监察委员会法规室编：《〈中华人民共和国监察法〉释义》，中国方正出版社 2018 年版，第 117 页。

（二）指定管辖

指定管辖也是上级监察机关为了工作便宜而行使的一种管辖领导权，主要是上级监察机关认为某些自己管辖的案件可以交由下级监察机关办理，或者将下级管辖的案件交由其他下级监察机关管辖更适宜，进而做出变更管辖机关的决定。由《监察法实施条例》第48条可知，上级监察机关可以依法将其所管辖的案件指定下级监察机关管辖，也可以指定下级监察机关管辖其他下级监察机关管辖的案件。指定管辖体现了上级监察机关对下级的领导权，是上级监察机关为了工作需要对监察管辖一般原则的突破。做出指定管辖的原因主要有两点：一是下级监察机关之间对案件管辖存在争议，某些案件的案情比较复杂，可能同时存在多个有管辖权的机关，那些有管辖权的机关可能都认为自己有管辖权或没有管辖权，此时可以由共同的上级监察机关指定某个下级机关负责调查；二是下级监察机关管辖不适当的情况，比如某些案件比较敏感、复杂，涉及地方错综复杂的利益关系，由原辖区的监察机关管辖可能无法进行公正调查，这种情况可以由上级监察机关通过指令形式改变管辖的主体。[①]

关于指定管辖的内容，主要规定在《监察法》第17条第1款中，即"上级监察机关可以将其所管辖的监察事项指定下级监察机关管辖，也可以将下级监察机关有管辖权的监察事项指定给其他监察机关管辖"。从该规定中可以看到，指定管辖主要分为两种情况：

第一，上级管辖权向下级转移。这种情况是指按照分级管辖和地域管辖的一般原则，案件的管辖权在上级机关，应当由上级监察机关立案调查，但是上级监察机关出于调查便宜或者工作统筹的考虑，决定将案件交由某个下级监察机关负责调查处置。一般来说，上级监察机关管辖的领域比下级更广，且要承担大量的建章立制、组织协调和调查研究等综合性任务，在调查人员力量配置方面可能存在短板。为了更好地完成犯罪调查任务，在

[①] 下级监察机关在管辖中遇到的该类情况也可以主动向上级提请改变管辖，将案件交给其他地区监察机关或者由上级直接调查。

统筹安排辖区内各下级监察机关工作任务的前提下,上级监察机关将其管辖的某些案件交由调查力量充足的下级机关管辖,可以较好地平衡上下级之间的工作任务分工,保证职务犯罪调查工作能够及时有效地完成。

第二,管辖权在同级机关之间转移。按照监察体制内部上下级领导关系模式,上级监察机关领导所有下级监察机关的工作,作为下级所有监察机关的上级领导机关,上级监察机关不仅有权决定将自己管辖的案件交由下级负责,也有权指定将某个下级机关管辖的案件转交其他下级监察机关管辖。《监察法》第17条规定上级监察机关可以决定将下级监察机关有管辖权的监察事项指定给其他监察机关管辖。该款中的其他监察机关到底是哪些机关,有必要进行进一步明确:(1)根据上下级监察机关之间领导权限的划分,上级监察机关只能领导本辖区内的各下级监察机关,所以此处的其他监察机关必须属于上级监察机关管辖范围内。(2)其他监察机关可以是被转移管辖权机关的同级或上下级机关。上级监察机关对辖区内所有的监察机关均有领导权,当上级决定通过指令改变下级的管辖权时,实际上已经突破了原有的地域管辖和分级管辖相结合的一般原则,而是采取特殊情况特殊处理的便宜原则。因此,上级可以根据其领导权,将下级的管辖权转交辖区内任何级别的监察机关。比如,国家监察委员会可以将某省级监察机关管辖的案件,交由某地市级监察机关,或者交由另外一个省级监察机关负责调查。

(三)提请上级改变管辖

上级监察机关作为各下级监察机关的领导机关,有权决定将下级管辖的案件移交给自己进行办理,这是上级监察机关主动为之的一种管辖权转移。一般情况下,各级监察机关应当在自己管辖的案件范围内,积极履行调查职责,确保高效、及时地完成各项调查任务。在某些特殊情况下,下级监察机关在办理其管辖的案件时,可能会遇到各种困难和障碍,这类案件如果交由上级或其他监察机关管辖更为适宜,此时下级监察机关可以向上级监察机关申请改变管辖。《监察法》第17条第2款对此进行了规定,即监察机关如果认为所管辖的监察事项重大、复杂，需要由上级监察机关管辖，可以报请上级监察机关。需要注意的是，《监察法》规定了下级监察机关可以提请上级来管辖自己的案件，在实际办案工作中，结合上述管辖改变的规则，上级可以做出决定由自己管辖，或者决定由其他机关管辖，而如何决定属于上级监察机关的决定权限。

至于哪些属于下级监察机关可以提请改变管辖的理由，根据《〈中华人民共和国监察法〉释义》给出的解释，主要包括：①（1）监察机关认为案件有重大影响，交由上级监察机关管辖更为适宜的；（2）监察机关不便办理的重大、复杂监察事项，或者自己办理可能会影响公正处理的监察事项；（3）其他原因需要由上级监察机关办理的重大、复杂监察事项。这三类情况主要从两个方面概括了提请改变管辖的理由，一是案件在辖区内有重大影响，或者案情比较复杂；二是下级监察机关办理可能会影响公正处理。这类案件主要是由于涉及地方重要领导干部，下级监察机关调查可能会遇到较大的阻力，或者在调查中已经遇到地方阻力而无法顺利开展工作。此时将案件管辖权转移给其他地区或上级监察机关，可以有效打破地方保护主义的干扰，保证案件调查工作顺利进行。

三、监察管辖的特殊情况

监察管辖的一般原则和管辖变更规则主要解决的是普通监察案件的管辖分工，但是这些原则和规则在一些特殊的党政管理体系中面临适用困难的问题，比如在某些案件中会遇到干部管理权限和工作地点分离的情况，对此就需要进行特殊化处理。

（一）派驻纪检组的案件管辖

派驻纪检组是各级纪委、监察委向本级国家机关派出的专责履行纪检监察职责的机构。派驻纪检组会常驻所在单位开展监督工作，其监督职权

---

① 中共中央纪律检查委员会、中华人民共和国国家监察委员会法规室编：《〈中华人民共和国监察法〉释义》，中国方正出版社 2018 年版，第 120 页。

来自派出单位的授权,派出纪委和派驻纪检组是领导和被领导的关系,派驻纪检组既接受派出机关的领导,又是所驻单位的重要内部机构,纪检组长一般是所驻单位的党组成员。按照派出机关和派驻纪检组之间的组织关系,派驻纪检组受派出纪委直接领导,向派出纪委负责并请示报告工作,派驻纪检组协助和配合派出纪委各职能部门履行相关监督职责,[①]这在党和国家的文件中有明确体现。《中国共产党党内监督条例》第28条规定,派出机关应当加强对派驻纪检组工作的领导,纪委派驻纪检组对派出机关负责,定期向派出机关汇报工作。《关于加强中央纪委派驻机构建设的意见》指出,派驻纪检组和驻在部门是监督与被监督的关系。监察体制改革的一个重要方案就是逐步实现各级国家机关的内设纪委改为派驻纪检组,统一接受各级纪委、监察委的领导,强化纪委、监察委对各级国家机关的监督作用。

派驻纪检组作为纪委、监察委的派出机构,是否享有对职务犯罪的管辖权,其管辖权的层级及范围如何,是监察调查实践中需要厘清的一个问题。从立法层面来看,《监察法》第13条对派出纪检组的案件管辖进行了规定。"派驻或者派出的监察机构、监察专员根据授权,按照管理权限依法对公务人员进行监督,提出监察建议,依法对公职人员进行调查、处置。"该条规定实际上赋予了派驻纪检组一定的职务犯罪调查权,但是该犯罪调查权在实施中受到一些限制:

第一,派驻纪检组接受派出监察委的领导,其职务犯罪调查权来自派出监察委的授权,意味着其能否行使职务犯罪调查权需要派出机关事前予以明确,或者进行一次性临时授权。

第二,调查范围只限于派驻机构的公职人员,也就是说派驻纪检组只能调查所派驻单位的公职人员,不可以超越派驻单位的公职人员这个基本范围。

第三,派驻纪检组的调查权不能与派出监察委的直接管辖权冲突。各

---

① 史嘉扣:《派驻纪检组要处理好几个关系》,载《中国纪检监察报》2017年8月30日第8版。

级监察委都有自己明确的管辖权限和范围,其派驻各单位的纪检组在行使调查权时不能侵犯派出机关的管辖权。比如,国家监察委派驻各单位的纪检组可以调查所在单位司局级以下的公职人员,对于所驻单位的中管干部则无管辖权,中管干部只能交由国家监察委负责调查。

对于派驻纪检组的犯罪调查权问题,目前尚没有在全国范围内形成比较一致的做法,各地在办案实践中可能有着不同的操作模式。比如,中央主管机关派驻到地方的纪检监察组也有一定的职务犯罪调查权,地方监察委如果授权其派出的纪检组调查职务犯罪,就直接赋予了派驻纪检组职务犯罪调查权。[①] 当前监察体制改革尚在全国范围内进行制度实践,仍然在不断发现新的制度运行难点,需要边实践边总结,最终由国家层面的立法对这些难点进行统一的解决。

(二)管理权限、工作地点分离的案件管辖

我国的党政组织体制设置较为复杂,按照党政一体的基本组织模式,党的机关和政府机关高度整合在一起,同级党务机关一般对应同级政府机关,但是在党政公务人员管理体制中,也存在着干部管理权限与工作地点不一致的情况。这种公务人员管理权限和工作地点不一致的情况主要包括两类:一是在上级垂直管理机关中工作的公务人员。在我国党政管理体制中存在大量的上级垂直管理机关,比较典型的有海关、金融、国税等机关,这些机关的办公地点可能在地方,但是在组织关系上接受上级机关的垂直领导,干部管理权限一般在上级机关组织部门。二是上级机关中职级较低的公务人员。按照监察管辖的分级管理原则,各级监察委负责管辖本级党委及其组织部门管理的公务人员,但是有些公务人员虽然在本级党政机关中工作,却因为职级太低而不属于本级党委及其组织部门管理。比如在省

[①] 在北京,根据监察管辖的相关规定,中央纪委、监察委派驻地方的纪检组可以调查非中央管理的厅局级以下干部的违法犯罪问题,派驻纪检组可以和北京市监察委开展联合办案。如果派驻纪检组认为案件由北京市监察委调查更为合适,可以由派驻纪检组向所在单位党委汇报,经所在单位党委批准后,向国家监察委员会报备,然后移送北京市监察委立案调查。这是处理中央派驻纪检组和北京市监察委管辖分工的一个方案,但是其他地方监察委尚没有建立起类似的管辖分工模式。

级机关中工作的处级和科级以下公务人员,就不属于省管干部的范围,也就不宜由省监察委直接立案调查。

对于这种工作地点在地方,干部管理权限在上级的特殊情况,如何来确定案件的管辖机关,《监察法实施条例》第49条规定:"工作单位在地方、管理权限在主管部门的公职人员涉嫌职务违法和职务犯罪,一般由驻在主管部门、有管辖权的监察机构、监察专员管辖;经协商,监察机构、监察专员可以按规定移交公职人员工作单位所在地的地方监察委员会调查,或者与地方监察委员会联合调查。地方监察委员会在工作中发现上述公职人员有关问题线索,应当向驻在主管部门、有管辖权的监察机构、监察专员通报,并协商确定管辖。"《监察法实施条例》确立的管辖争议解决方案是原则上由监察对象所在单位的派驻纪检监察组负责调查,派驻纪检监察组可以协商将案件移交给监察对象工作单位所在地的监察委负责调查,或协商派驻纪检监察组和地方监察委联合调查。此外,某些单位内部同时存在不同级别的公职人员,如果是中央驻地单位中的厅局级以下干部涉嫌职务犯罪,由省监察委与中央主管机关沟通或通报后,指定省级以下监察委立案调查;如果是省级单位中科处级以下干部涉嫌职务犯罪,由地市级监察委向省监察委汇报后,指定地市级以下监察委立案调查;地市级单位中的科级以下干部涉嫌职务犯罪,由地市级监察委指定下级监察委立案调查。

上述规则对解决工作地点和管理权限分离的案件管辖问题有一定指导意义,但是从目前监察办案中反映出来的问题来看,因为干部的管理权限、党组织关系、主管机关这三个要素的组合有多种模式,在具体的垂直管理行业领域表现出复杂多变的形式,①所以这四个规则仍然不能完全解决工作地点、管理权限分离案件的管辖难题,目前实践中比较通行的解决方法是以"分级管理为原则、辅助以协商解决"的方式,即如果地方监察委发现

---

① 在实行垂直管理的单位中,有些干部的管理权限在主管机关,但是党组织关系和工作地点在地方,地方纪委监察委向其单位派驻纪检组;有些干部的工作地点在地方,党组织关系和管理权限都在主管机关,本单位纪检监察工作由上级主管机关的纪检组负责。有些单位不属于垂直管理机关,但是干部管理权限和党组织关系都在主管机关,工作地点在地方,则由上级纪委监察委派驻到其上级机关的纪检组负责其纪检工作。

那些在本地工作，管理权限在上级机关的干部涉嫌违法犯罪，则主动和该干部主管机关进行协商解决管辖问题，一般上级主管机关倾向于将案件交给地方监察委负责调查，但是如果上级主管机关纪检组要求自行调查处理，则上级主管机关纪检监察部门拥有优先管辖权。①

（三）关联案件的管辖

"所谓关联案件，是指一人犯数罪、共同犯罪、共同犯罪嫌疑人、被告人实施了其他犯罪，以及多个犯罪嫌疑人、被告人实施的犯罪存在关联关系，因此两个以上的办案机关都有权管辖的案件。"②监察委在查办职务犯罪案件过程中可能会遇到一种情况，那就是犯罪嫌疑人既涉嫌职务犯罪，同时又涉嫌其他类型的犯罪，这些罪名分别属于不同的犯罪调查机关管辖，这就产生了案件管辖分工中的协作问题。

《监察法》等相关法律法规对这种关联案件的管辖问题做了初步的规定，主要有三种解决方案：（1）监察机关为主调查，其他机关协助。《监察法》第34条规定："被调查人既涉嫌严重职务违法或者职务犯罪，又涉嫌其他违法犯罪的，一般应当由监察机关为主调查，其他机关予以协助。"（2）监察机关优先调查，其他犯罪移送有管辖权机关处理。中央纪委研究室在编写的法律答疑中也指出，此类案件应当由监察机关先调查清楚职务犯罪问题，再将其他违法或犯罪问题移交其他机关调查或侦查。监察立法在此采取的是一种"监察优先"的立法模式，赋予监察机关优先调查的地位，并且确认了这类关联案件应当由监察机关为主调查，其他机关的犯罪调查在某种程度上要让步于监察调查，并向监察调查工作提供必要的协助。（3）监察委并案调查。《国家监察委员会管辖规定（试行）》为关联案件设计了一种并案调查的处理模式，即被调查对象一人犯数罪、共同犯罪、共同犯罪的公务人员还涉嫌其他犯罪、多人实施的犯罪存在关联、并案处理有利于查

---

① 因为干部工作地点在地方，地方监察委调查取证比较方便，而且地方监察委的调查力量配备较为充足，上级主管机关纪检组调查能力有限，也很难承担过多的案件调查工作。

② 龙宗智：《监察体制改革中的职务犯罪调查制度完善》，载《政治与法律》2018年第1期。

明案情的,由监察委对调查对象涉嫌的犯罪并案调查。这种并案调查模式实际上赋予了监察委调查其他类型犯罪的权力,意味着监察委可以调查任何与其管辖的职务犯罪有关联的案件,实际上进一步扩大了监察委的案件管辖范围。

立法采取这样的规定体现了国家打击腐败犯罪的决心,有利于确保职务犯罪调查工作顺利开展。不过,也应注意到这种模式与传统的刑法上"主罪"为标准的管辖原则不同,[①]这也引起了外界几个疑问:

一是同为职务犯罪案件。监察委调查职务犯罪案件适用"监察优先"原则,而检察院调查的职务犯罪仍然沿用"主罪"标准,是否带来立法规范之间不相称的问题。

二是犯罪类型是否等级化。职务犯罪和其他类型犯罪都属于犯罪,很难通过价值判断来给这些犯罪类型划分等级,职务犯罪的危害大,暴力犯罪的破坏也不小,采取这种以监察为主的调查模式可能带来人为划分犯罪等级的疑问。

三是是否符合犯罪调查的规律。众所周知,犯罪调查过程中会遇到各种各样的复杂、紧急情况,犯罪调查工作没有可以套用的模板,只能根据案件具体情况制作调查方案。立法规定监察委调查职务犯罪优先进行,其他机关予以协助,但是在实践中可能会遇到调查对象涉嫌的其他犯罪的调查工作更紧急,或者涉嫌的其他犯罪性质更为恶劣,如果延误可能影响后续调查的情况,此时是否应灵活应对。

(四)管辖交叉和冲突

《监察法》规定监察委管辖所有国家工作人员的职务犯罪,可以说监察

---

① 刑事侦查领域对于关联案件采取的是以主罪为标准的原则,根据最高人民法院、最高人民检察院、公安部、国家安全部、司法部、全国人大常委会法制工作委员会于2012年联合发布的《关于实施刑事诉讼法若干问题的规定》,公安机关侦查案件涉嫌职务犯罪的,应将职务犯罪案件移交检察院侦查;检察院侦查职务犯罪案件涉嫌公安机关管辖的犯罪案件的,应将其他犯罪案件移交给公安机关。在上述情况中,公安机关侦查的犯罪是主罪的,由公安机关为主侦查;检察机关侦查的犯罪是主罪的,由检察机关为主侦查。

委对职务犯罪的管辖范围是全覆盖型的,其中自然包括司法人员的职务犯罪。2018年新修订的《刑事诉讼法》第19条规定:"人民检察院在对诉讼活动实行法律监督中发现的司法工作人员利用职权实施的非法拘禁、刑讯逼供、非法搜查等侵犯公民权利、损害司法公正的犯罪,可以由人民检察院立案侦查。"此规定保留了检察院有限的职务犯罪侦查权,这就导致监察委和检察院在管辖范围上出现了竞合。对于这种管辖竞合的理解,可以从以下几个方面出发:

第一,谁来发现线索。刑法规定的司法人员是指行使侦查、检察、审判和监管职责的人员,这些人员同时也是国家工作人员。监察委作为宪法确立的国家监察机关,其监督领域自然覆盖司法人员的职务行为,所以监察委在履行对司法人员的监督职责过程中,也会发现这类人员涉嫌职务犯罪的线索。

第二,如何判断"更为适宜"。"由人民检察院管辖更为适宜"的判断,涉及管辖主体的确定方式。按照权力分工体系的设置,监察委和检察院都是人大产生的国家机关,两者是地位平等的国家机关,监察委单方决定的效力并不能完全及于检察院,还需要得到检察院一方的认可才行,检察院做出的决定同样如此。对于如何确定检察院对司法人员职务犯罪的管辖权,可以从三个方面讨论:(1)监察委在监督活动中发现司法人员涉嫌渎职侵权犯罪线索。因为监察委有权调查所有国家工作人员职务犯罪,所以监察委可以对这类线索直接进行立案调查。如果监察委认为其发现的职务犯罪线索由检察院管辖更为适宜,可以与检察院进行协商,通过协商确定具体的管辖机关,并由另一方在办案过程中进行协助和配合。(2)检察院在诉讼监督中发现司法人员涉嫌渎职侵权犯罪线索。如果检察院认为由监察委管辖更为适宜的,可以直接移送监察委办理。如果检察院认为自行立案较为适宜的,考虑到监察委对国家工作人员的职务犯罪享有全面管辖权,为了避免两机关出现管辖冲突,不宜直接对这类案件立案侦查,而应与监察委进行协商确定具体的管辖机关。(3)管辖冲突的解决。假如监察委和检察院对某些司法人员的职务犯罪管辖无法达成一致意见,双方都认为由自己管辖更为适宜,或者都认为不宜由自己管辖,比较可行的方法是两机关共同报各自上级机关,由上级机关协商确定管辖权的归属。

第三,对"可以"的理解。上述规定使用"可以由人民检察院管辖"的描述,实际表明检察院并不享有对这类犯罪的专属管辖权。《监察法》赋予监察委对所有国家工作人员职务犯罪的调查权,因此监察委的管辖权具有全面性,"可以"也就意味着检察院的管辖并不具有排他性,监察委依然拥有调查这类犯罪的权力,只是从便宜角度出发,将这类犯罪交给检察院管辖,这也体现了检察院管辖权的被动性和补充性。总之,职务犯罪监察调查程序和职务犯罪侦查程序在管辖层面更类似于"主流"和"支流"的关系。

第三节 外部程序的重要对接节点

本章前两节对监察委与其他机关的关系问题进行了详细分析,同时也对监察委的案件管辖做了初步的解读,这两个问题均涉及监察调查程序与其他程序之间的衔接、协调和监督等关系。从职务犯罪监察调查程序的线索处置到移送起诉的整个阶段来看,监察调查的外部程序衔接主要涉及的是公安机关和检察机关,这两个机关是监察调查工作最主要的程序衔接对象,但与此同时也存在监察委与其他执法机关、监督机关以及国际执法协助机关的程序对接。

一、监察机关与公安等执法机关的程序对接

公安机关是调查普通刑事犯罪的主要机关,拥有十分强大的调查措施和手段,是监察委调查职务犯罪所倚重的力量,双方在调查业务协作以及犯罪调查程序衔接方面存在密切关系。除公安之外,其他执法机关也掌握着大量的信息资源,且拥有特殊领域的执法权,对监察委的调查取证工作也起着重要协助作用。

(一)程序衔接

监察调查程序在实际运行中可能与刑事侦查程序发生程序对接关系,

这主要体现在监察调查措施的实施过程之中,有些监察调查措施并不能由监察机关独立完成,而是需要公安等侦查机关或执法机关予以协助才能完成,这就涉及监察委与公安等机关的业务及程序衔接。这种程序衔接主要有以下两类:

一是协助调查中的程序衔接。监察委在调查职务犯罪案件的过程中可能需要收集信息情报资料,比如查询工商登记、银行记录、个人社会关系、住宿记录等信息,或者冻结涉案单位和个人的存款、汇款、债券、股票、基金份额等财产,而监察委缺少直接的调查手段来完成上述任务,此时就需要管理这些信息资料的机关予以协助。一般的程序衔接流程是先由监察委内部开具合法的调查取证文书,然后由两名以上调查人员持合法证件及法律文书前往相关单位取证,接受取证请求的单位在完成调查任务后,会在调查法律文书的回执上面签字盖章,该法律文书及相关调取资料都将一同装入案卷。这类调查取证的程序衔接主要涉及监察委内部取证审批流程、对外调取证据流程和相关单位的协助流程,具体的协助模式在各个单位略有差异。

二是交办执行中的程序衔接。除了上述的调查取证程序衔接外,还有一类交办执行的程序衔接模式。这类程序衔接分为两个阶段,第一个阶段是监察委做出采取调查措施的决定,第二个阶段是有执行权的机关执行监察委的决定。这种情况主要发生在监察委和公安机关之间。在《监察法》第四章规定的监察调查措施中,监察委决定采取留置、技术调查、通缉、限制出境等调查措施,只能先由监察委做出具体的决定,之后将决定文书交给公安机关,再由公安机关来具体执行这些调查措施。比如,监察委做出通缉的决定后,需要将通缉决定文书交给公安机关,再由公安机关按照有关通缉令发布的程序依法进行通缉;技术调查、限制出境也是采取类似的操作模式。不同的是,虽然留置也是交由公安机关在其管理场所执行,但是监察委在公安机关执行留置期间,也广泛参与留置执行中的安全保障、讯问等工作。①

（二）程序协调

在某些特殊情况下，监察委调查的犯罪嫌疑人可能同时涉嫌其他侦查机关管辖的犯罪，在监察委对犯罪嫌疑人依法启动监察调查程序的同时，公安机关、检察机关等也会启动刑事侦查程序，这两类程序针对同一个对象同时运作，必然存在许多重要程序事项需要协调处理。

第一，立案程序协调。在犯罪嫌疑人同时涉嫌监察委与公安等其他侦查机关管辖的犯罪时，可能出现两种情况：一是监察委和其他侦查机关在立案之前，分别发现了涉及对方管辖的犯罪；二是监察委和其他侦查机关中一方已经开展立案调查，并在犯罪调查中发现了对方管辖的罪名。在这两种情况下，是实行监察委和其他侦查机关分别立案，还是由某一个机关进行并案处理，是一个需要考虑的问题。根据前文关于监察管辖的原则规定，关联案件实行监察委管辖优先的原则，且监察委有权对调查对象涉嫌的所有犯罪实行并案处理。因此，比较灵活的做法是由监察委和其他侦查机关进行沟通协商，并以监察委的处理意见为主确定具体的立案方式。

第二，调查程序协调。针对上述立案程序可能存在分别立案调查和并案处理两类情况，如果监察委决定对职务犯罪案件和其他犯罪案件进行并案处理，此时由监察委作为主要的犯罪调查机关，对犯罪嫌疑人涉嫌的所有犯罪进行调查，但考虑到公安机关在调查其他类型犯罪方面比较专业，监察委仍有必要让公安等侦查机关的人员参与案件调查，协助监察调查人员完成案件的调查取证任务。如果监察委和其他侦查机关协商后决定分别立案调查，此时就涉及监察调查程序和刑事侦查程序的协调问题。

首先是调查主次的分工。按照监察管辖中以监察为主的原则，应以监

---

① 按照《监察法》的规定，留置必须在公安机关管理的场所由公安机关执行，公安机关管理的场所比较多，以看守所最为典型。地方监察委在办案实践中，比较通行的做法是将纪委原培训教育中心改造成适合留置的场所，然后由公安机关负责管理。在公安机关执行留置过程中，监察委的案件监督管理部门也会参与留置监管，确保留置场所及留置对象的安全。

察委调查职务犯罪为优先次序,此时监察调查程序事项应予以优先处理。比较灵活的做法还是应由双方沟通协调好刑事侦查程序的进度安排。

其次是调查措施的协调。监察委和公安等侦查机关有两类不同的调查措施体系,两者的询问、讯问等调查措施较为类似,但是留置、逮捕、取保候审等措施存在较大差异。要保证全案调查顺利进行必须协调好两类调查措施之间的关系,一般的处理方式是遵从以监察为主原则,即以监察委采取的留置等措施为主,其他侦查机关借用监察委调查措施来调查取证。在某些特殊情况下,可以由监察委和公安机关进行协商,确定适合双方共同调查时可以采取的调查措施。

最后是案件移送的协调。监察委和其他侦查机关分别完成各自的调查取证任务后,就面临案件移送起诉的问题,此时比较可行的做法是监察委与其他侦查机关协调移送起诉的程序节奏,保证案件能够在整体上同时进入审查起诉环节,避免两类程序在审查起诉环节发生脱节。此外,侦查机关的刑事侦查程序和检察院审查起诉程序同属刑事程序范畴,两类程序的衔接有着明确的法律规范,且程序衔接的实践运行已比较成熟。监察委的调查程序和审查起诉程序的衔接仍然处于不断完善过程中,而且《监察法》规定了许多关于监察案件移送起诉的特殊内容,比如退回补充调查、不起诉、申诉等程序规定,这些规定与《刑事诉讼法》关于刑事案件审查起诉的程序内容存在差异。这种差异可能导致一个涉嫌不同罪名的对象,在审查起诉环节面临不同的处理程序,带来刑事法制不统一的问题。[①]

二、监察机关与检察机关的程序对接

监察案件调查终结之后,如果需要移送刑事司法程序处理,则必须进入检察院的审查起诉程序,由检察院对案件进行全面审查后再做出是否移送起诉的决定。检察院如同监察案件流转过程中的第一道司法闸门,直接影响监察案件后续的司法处理结果,因此监察调查程序和审查起诉程序之间

---

① 该问题在审查起诉的退回补充调查环节也有所体现,主要原因是监察体制改革对监察调查的性质进行了特殊规定,使其区别于刑事侦查程序。

的对接节点最多且对接内容复杂,也是监察调查外部程序的核心环节。监察调查程序和审查起诉程序的对接节点主要包括以下几处:

(一)管辖改变

监察案件不仅在犯罪调查阶段需要依法确定管辖机关及解决管辖争议,在移送起诉及审判阶段也同样存在需要解决的管辖问题,这就涉及刑事诉讼中的管辖制度,其中最典型的是实践中常见的异地起诉和异地审判。腐败案件不同于一般刑事犯罪的特殊之处在于其涉及复杂的地方利益关系,腐败官员往往在一地经营多年且拥有深厚的资源关系,这可能会导致涉事官员的案件无法在当地司法机关得到公正处理,于是就催生了司法实践中经常出现的异地起诉和审判腐败官员的案例。异地起诉和异地审判本质上是一种对刑事管辖的变更,即将那些原应由具有管辖权机关办理的案件,移交给其他更适合管辖的机关办理,这主要通过上级司法机关行使指定管辖权来实现。

此处的管辖权变更是一种刑事管辖权的改变,不能直接适用监察管辖的原则,而应按照刑事管辖的法律规定来操作运行。《刑事诉讼法》第 27 条规定上级人民法院可以指定下级人民法院将案件移送其他人民法院管辖。该条规定了上级人民法院是变更审判管辖权的主要机关,但是司法实践中变更审判管辖权并不仅是法院一家所能完成的,还需要协调犯罪调查机关和检察机关,而且多数腐败案件管辖权的变更都是由犯罪调查机关主动协调推进的。对监察案件来说,如果监察委和检察院在审查起诉环节协商认为变更起诉和审判机关较为合适的,需要由监察委、检察院和法院三方进行沟通,必要时报请各自上级机关对此进行协调,但最终由人民法院做出变更管辖的决定,[①]相关的案卷材料等按照管辖变更的要求移送新的管辖机关。

[①] 至于监察案件具体移送到何地、由何级人民法院进行审判,主要由监察委、检察院和法院三方主体协商决定,其间涉及三方主体内部上下级之间的程序对接、监察委与司法机关的程序对接,以及司法机关之间的程序对接。

（二）提前介入机制

为了保证监察调查程序和审查起诉程序能够实现良好对接，各地监察委在办案实践中形成了一种比较通行的做法，那就是协调检察机关提前介入监察调查程序，由检察院对监察案件的全部案卷材料进行提前审查。检察院提前介入监察调查程序中审阅案卷，可以提前掌握监察案件的调查进展情况，对案件的事实、证据等有较为细致的把握，为正式的审查起诉工作做好相应准备，确保后续正式审查起诉工作能够高效完成。检察机关提前介入审查案件材料，还可以及时发现案件调查取证方面的瑕疵和不足，给监察机关留出必要的时间来进一步完善调查取证工作，确保监察案件能够以较高质量进入审查起诉环节。另外，检察机关可以通过对案件情况的详细了解，预判案件后续的处理方式，提前做好采取逮捕等强制措施的准备。当然，检察机关提前介入机制也可能产生另一种后果，那就是审查起诉工作重心实质上前移至监察程序，有可能导致后续的正式审查起诉程序形式化。

（三）移送审查起诉程序

监察委将移送起诉意见书及案卷材料移送检察院案件监督管理部门之后，检察院案件监督管理部门会将该案件分案至本院公诉部门，正式的审查起诉程序开始运行。此时，监察调查程序与审查起诉程序开始直接对接，程序衔接涉及案件相关案卷材料、法律文书、涉案款物的移送，以及监察委和检察院在强制措施方面的协调转换等问题。该程序主要涉及以下内容：第一，党纪政务先行处分程序。根据监察案件查办时"纪在法前、先纪后法"的处理原则，如果犯罪嫌疑人同时涉嫌违纪、违法及犯罪问题，需要同时给予政务处分或者移送司法处理的，监察机关应在移送司法之前先行做出政务处分决定，之后再移送检察机关审查起诉。第二，案件正式移送。监察委内部经过审理程序之后如果决定将案件移送司法，一般会由调查部门制作起诉意见书，并对案卷材料等进行详细归类整理，将起诉意见书移送案件监督管理部门，再由监察委案管部门负责同检察机关协调案件移送事项,检察机关同意接受案件后,再由调查部门将起诉意见书、案卷材料、涉案款物等一并移送检察机关。① 如果被调查人符合认罪认罚从宽程序、缺席审判或者符合没收违法所得程序的要求,监察委应将相应的证据材料及处理建议一并移送检察机关。至此,案件正式进入了检察机关的审查起诉程序之中,之后的程序运行将在检察机关的主导下进行。第三,强制措施的转换。如果监察委在调查期间对犯罪嫌疑人采取了留置措施,在案件移送检察机关之后,由于留置措施不能适用于刑事程序之中,因此检察机关需要根据情况依法采取其他刑事强制措施。《刑事诉讼法》规定,检察院对于留置的被调查对象采取先行拘留的措施,留置措施视作自动解除,检察院在先行拘留期限内对案件进行审查,之后可以进一步决定采取逮捕等其他刑事强制措施。另外,针对某些监察案件中的调查对象未被采取留置措施的情况,监察委将这类案件移送检察院之后,检察院公诉部门可以根据案件具体情况自主决定采取合适的刑事强制措施。

(四)退回补充调查程序

此次监察立法在审查起诉环节规定了一个特殊的补充调查程序,该程序是与过去补充侦查程序有所区别的新型退回补充调查程序。《监察法》第47条规定:"人民检察院经审查,认为需要补充核实的,应当退回监察机关补充调查,必要时可以自行补充侦查。对于补充调查的案件,应当在一个月内补充调查完毕。补充调查以二次为限。"这是监察立法对补充调查程序的直接界定,该规定对传统的退回补充侦查模式有较大的冲击,传统的补充侦查模式以退回补充侦查和自行补充侦查为主要内容,现行的模式则增加了退回补充调查这个新的内容,导致监察案件同时存在两类退补程序,分别是检察院的自行补充侦查和监察委的退回补充调查。这也带来了几个方面的思考:一是新的退回补充调查程序的定性,按照传统的退补模式来解释现行的补充调查模式存在难度,且存在《监察法》和《刑事诉讼法》

---

① 根据现行的监察办案实践,如果检察院审查起诉之后认为不需要移送起诉,则相应案件款物将退回给监察委,由监察委根据案件情况做出没收或归还等具体的决定。

对退补程序规定上的不统一,是否考虑通过建立统一的补充核实程序将这几类退补程序纳入其中有待进一步的探讨。二是退回补充调查中的强制措施转换问题。监察案件移送到检察院审查起诉之后,检察院可能随即采取逮捕等强制措施,此时将案件退回给监察委补充调查,等于案件再次进入了监察调查阶段,此时是否需要撤销检察院的刑事强制措施,重新决定做出留置等调查措施。当前办案实践中比较通行的做法是继续保留检察院采取的强制措施,监察委在检察院刑事强制措施期限内开展调查取证。但这种便宜处置方式也带来了程序衔接上的矛盾,那就是监察案件既然已经退回到了监察调查阶段,①却仍然保留着刑事强制措施。

（五）不起诉协调

监察立法在审查起诉程序中也规定了一个关于监察案件不起诉处理的制度,那就是监察机关对检察院不起诉决定的制约制度。《监察法》第47条规定:"人民检察院对于有《中华人民共和国刑事诉讼法》规定的不起诉的情形的,经上一级人民检察院批准,依法做出不起诉的决定。监察机关认为不起诉的决定有错误的,可以向上一级人民检察院提请复议。"另外,在监察办案实践中,检察院在审查起诉之前会提前介入监察程序审查案件,审查起诉期间会继续与监察委沟通和协调案件进展,所以检察院受理案件后最终做出不起诉的案例应该是极为少见的。但是在某些特殊情况下,检察院确实发现某些案件符合不起诉的条件,如果决定做出不起诉处理方式,一方面仍然要与监察委进行提前沟通和协调,另一方面监察委可以在收到不起诉决定后选择向上级检察院申请复议,这对检察院的不起诉决定形成了进一步的制约。即使这类情况发生概率较小,但建立监察委和

---

① 按照传统的退回补充侦查的观点,退回补充侦查是一种程序的倒流,意味着案件倒流回了前一个刑事诉讼阶段。有学者认为中国刑事诉讼中存在大量程序倒流的现象,这些程序倒流可以分为不同类型,比如根据诉讼阶段可以分为审查起诉、一审、二审、死刑复核阶段的程序倒流;按照有无法律依据,可以分为法律明示型和司法潜规则型程序倒流,其中审查起诉阶段的程序倒流主要是检察机关将案件退回公安机关补充调查。汪海燕:《论刑事程序倒流》,载《法学研究》2008年第5期。

检察院之间的不起诉衔接程序也是一个需要关注的问题。

三、监察机关与法院的程序衔接

监察调查案件在移送检察机关审查起诉之后已经完全终结,之后监察案件正式进入刑事司法程序,并由司法机关主导后续程序的运行流程。可以说监察调查程序与审判程序之间并不存在直接的对接关系。但是监察委作为监察案件的调查机关,仍然可能与法院在案件审判过程中发生关系。这主要集中在以下三种情况:

一是异地审判的程序协调。前文在分析监察委和检察院的程序对接时,提到了监察案件异地审判问题,异地审判程序的启动不仅仅是监察委和检察院两方的协调事务,同时也需要人民法院参与该程序,并且最终由人民法院通过指定管辖来变更审判法院。在这个管辖变更过程中,监察委、检察院和法院三方主要通过沟通协调方式来确定新的审判法院,此时存在监察委和法院之间的程序协调问题。

二是调查人员出庭。人民法院作为监察案件的审判机关,在审判过程中对证据收集的合法性进行审查判断,检察机关作为公诉机关应对证据收集的合法性进行证明,如果审判机关认为检察机关提交的证明材料不能排除非法取证嫌疑的,可以查阅监察机关调查取证时的相应录音录像资料。如果法院审查录音录像资料后,仍不能排除非法取证嫌疑的,可以要求监察调查人员出庭说明情况。这种监察调查人员出庭说明情况的模式与侦查人员出庭说明情况类似。

三是审判情况的通报。根据当前各地监察委和法院就业务衔接建立的工作机制情况,法院有及时将审判进展情况向监察委通报的义务,这样的设置是为了保证监察委能够及时了解监察案件的最新处理情况。比较常见的信息通报方式是法院在开庭审判前将开庭时间、地点等信息通知监察委,方便监察委派员参与案件审判的旁听。法院在对监察案件依法做出判决或裁定之后,应及时向监察委通报情况,并依法向监察委送达相应的判决或裁定文书。

四、国际反腐败协作程序

近年来的腐败犯罪案件呈现的一个典型特征就是跨国趋势明显，越来越多的腐败犯罪同时涉及几个国家，这给反腐败调查增加了新的困难。目前我国的腐败犯罪分子外逃现象比较严重，一些腐败分子在案发前后会选择逃往国外躲避调查，并将大量涉案资金转移到国外，这给国家造成了巨大的财产损失。2008年6月，中国人民银行刊发《我国腐败分子向境外转移资产的途径及监测方法研究》课题报告，其中援引了中国社科院的资料："从二十世纪90年代中期以来，外逃党政干部、公安、司法干部和国家事业单位、国有企业高层管理人员，以及驻外中资机构外逃、失踪人员数目高达1.6万至1.8万人，携带款项达8000亿元人民币。"针对腐败犯罪的这种特点，加强反腐败国际合作成为必然选择，此次监察体制改革特别明确了反腐败国际合作的主体及相应工作机制。

《监察法》第50条明确了国家监察委作为反腐败国际合作主体的地位，赋予其与有关国家、地区、国际组织在反腐败执法、引渡、司法协助、被判刑人的移管、资产追回和信息交流等领域进行合作的职责。目前地方省级监察委普遍建立了专门的防逃追逃部门，但是具体的防逃追逃工作需要通过国家监察委来实施。具体到监察案件调查相关工作来说，即针对腐败分子外逃和转移赃款等行为，由国家监察委负责联系国际刑警组织中国国家中心局以及其他域外相关对接机构，组织实施境外追逃和抓捕工作，向赃款赃物所在国请求查询、冻结、扣押、没收、追缴、返还涉案资产，查询、监控涉嫌职务犯罪的公务人员及其相关人员进出国（境）和跨境资金流动情况，做好日常防逃风险预防工作。

五、监察调查的外部监督程序

监督者也要接受监督，这是权力制约的最基本要求。监察委为了调查职务犯罪案件既建立了内部的监督程序，也有许多外部机关通过不同的方式对调查活动进行监督。目前能够对监察委调查活动进行外部监督的机构,主要有同级党委、人大及其常委会、检察院、法院、媒体和社会大众,这些监督主体中可以直接介入监察调查活动进行监督的主要是同级党委、检察院和公安机关,其他主体都缺少直接接触监察调查活动的机会,只能进行某种程度的事后监督。

按照当前的监察调查程序设计模式,同级党委主要负责人参与职务犯罪监察调查的程度变得深,各级监察委在调查本级党委及组织部门管理的干部时,需要在线索初核、立案、调查进展、做出审理结论、处理决定等流程阶段及时向同级党委负责人汇报,听取同级党委负责人的意见,留置等程序必须要经过同级党委负责人的批准才能实施,所以同级党委成为可以直接介入调查程序的监督主体。另外,同级党委负责人还在反腐败工作部署、监察委工作报告审核等方面发挥重要作用,在一些案件查办重大事项上帮助监察委协调与其他机关的关系。此外,检察院作为另一个可以直接介入监察调查程序的监督主体,主要是通过提前介入监察调查程序、审查监察案件的案卷材料等,对监察调查活动进行提前监督。

除了同级党委、检察院和公安机关这三个机关可以直接介入调查程序进行监督外,其他的人大、法院等机关一般只能进行事后监督。人大作为监察委员会的产生机关,自然有权力对监察委的工作进行监督,但这种监督主要是通过听取和审议本级监察委员会的专项工作报告、组织执法检查、就监察工作中的问题提出质询等方式实现,这些监督措施很难直接监督正在进行中的监察调查活动。人民法院作为审判机关主要是通过在审判过程中审查案件材料、听取被告人辩解、查看同步录音录像的方式进行事后的监督。如果发现监察委违法取证的行为,法院可以通过排除非法证据以及将违法线索移交相关机关查处的方式,实现对监察调查活动的监督。另外,社会大众、媒体、政协等主体也可以根据自己掌握的监察调查活动违法的线索,对监察委的调查活动进行批评或向社会公布,以发挥对监察调查活动的监督作用。

第六章　审判中心视角下的监察调查程序改革

"以庭审为中心的司法体制改革是党的十八届四中全会后部署的重大司法改革任务。以庭审为中心需要以刑诉法对刑事审判的证据要求来定罪判刑,这就意味着监察机关对证据的收集与对法律的理解要满足刑事审判的需要,庭审才是刑事诉讼的核心。"[①]所谓"审判中心"是相对于"侦查中心"而言的,[②]审判中心主义意味着"审判案件以庭审为中心,事实证据调查在法庭,定罪量刑辩论在法庭,以改变以往卷宗复制主义带来的诉讼结构偏失,全面落实直接言词原则与严格执行非法证据排除"[③]。该提法存在的基础是刑事诉讼中存在的侦查、起诉和审判三个诉讼阶段。过去一直存在侦查决定刑事诉讼进程的"侦查中心"现象,目前倡导的"审判中心"更符合现代刑事诉讼的优良品质,可以减少侦查中心主义、调查中心主义的弊端,发挥庭审的实质作用。监察体制改革启动之后,鉴于监察权配置和监察程序设计特别突出效率导向,有研究者指出,"处理好监察程序与刑事诉讼程序的衔接,关键是协调好监察体制改革与审判中心改革的关系"[④]。不少研究者担忧监察案件调查中可能出现"监察中心"的局面,因而呼吁监察改革

[①] 姜涛:《国家监察法与刑事诉讼法衔接的重大问题研究》,载《南京师大学报(社会科学版)》2018年第6期。
[②] 陈邦达:《推进监察体制改革应当坚持以审判为中心》,载《法律科学(西北政法大学学报)》2018年第6期。
[③] 姜涛、蒋国强:《庭审中心主义视域下的检察制度改革》,载《河北法学》2016年第1期。
[④] 姜涛:《国家监察法与刑事诉讼法衔接的重大问题研究》,载《南京师大学报(社会科学版)》2018年第6期。

也应呼应以审判为中心的诉讼制度改革,尤其是职务犯罪监察调查更要契合刑事法领域的一些进步的价值理念和原则,并借鉴刑事程序设计原理中的优良品质,这也符合十八大以来反复强调的建设社会主义法治国家的基本要求。本章侧重于结合以审判为中心的诉讼制度改革,通过对未来监察改革思路的展望,对前几章有所论及的内容进一步展开,提出完善监察调查程序的浅薄之见。

第一节 监察调查权的程序控制

一、监察调查权的扩张风险

权力是人类文明发展到特定阶段后创制的概念,其诞生之初即被赋予强制、控制、威严等特征。控制权力意味着控制更多的社会资源,人性的弱点决定了人类社会中的权力具有扩张的冲动。先哲们早就意识到权力扩张带来的危险后果,并发出了具有预见性的警告,法国思想家孟德斯鸠在其《论法的精神》中指出:"一切有权力的人都容易滥用权力,它是万古不易的一条经验。有权力的人们使用权力一直到遇到界限的地方才休止。"[①]德国法学家迈耶曾言:"如果一种权力不遵守其界限,那么就会有损于其他权力。"[②]纵观人类发展的历史,"权力具有自然扩张性的特征,权力的行使者为实现其集团利益甚至私人利益最大化,必然积极扩张权力,突破权力边界,绕过监督盲区,任何掌握权力的集团和个人都有将权力最大化的冲动,经常表现为积极扩张权力,突破权力边界,甚至异化、虚化监督权能,致使人民'委托之权''收受之权'常常在不断地扩张中变异、增殖,甚至被乱用和滥用"[③]。关于权力扩张给国家造成重大灾难的例子,无过于20世纪30年代苏联秘密警察权力的过度扩张,在缺乏法律程序有效规制和权力监督

---

① 〔法〕孟德斯鸠:《论法的精神(上册)》,张雁深译,商务印书馆1961年版,第184页。
② 〔德〕奥托·迈耶:《德国行政法》,刘飞译,商务印书馆2002年版,第34页。
③ 李永忠:《负担与责任——权力的解密》,北京出版社2012年版,第75页。

的背景下,造成了苏联全境短时间内出现大量冤错案件,世界各国都要引以为戒。

中国共产党吸取了苏联模式的教训,尤其重视建立高效的权力监督体系,不断强化对公权力的监督力度,此次监察体制改革就是为了解决过去分散的监督体系存在的资源分散、监督无力等问题,进一步整合和打造党领导下的集中统一的监督体系。目前全国范围内已经建立起自上而下的监察委体系,这标志着监察体制改革中建立权威高效监察体制的初步任务已经完成。在监察体制改革集中和统一监督资源的过程中,观察者们普遍认为监察权的独立性和权威性有充分保障,但随着监察机关的运行步入正轨并积极推进办案工作,部分关于监察权是否过分强大,以及扩张的监察权与司法权等权力存在潜在冲突的观点也不断出现。

(一)监察权自我强化趋势

《宪法》《监察法》等国家法律对监察权的地位、内容和效力进行了明确的规定。从目前监察立法的内容规定看,监察委获得了"政治机关"这样高级别的特殊定位,监察权的行使有搜查、留置、技术调查等强有力调查措施进行保障。在国家立法层面扫除了监察权有效运行的障碍之后,监察权在实际运行中还获益于组织架构、制度设计等外在有利因素,实际获得了更多的资源辅助加成,呈现出更为强化的发展趋势。这些因素主要包括:

第一,监督权和调查权的互相强化。监察权的核心内容是监督和调查。监督的范围领域来看,监督对象覆盖所有行使公权力的国家工作人员,与其他监督方式不同的是,监察工作以强有力的监督措施、调查措施和处罚措施为后盾,其效力远强于其他监督方式。从调查工作角度看,监察调查的内容包括职务违法和职务犯罪,几乎囊括了国家工作人员日常职务行为的各个方面,这对所有行使公权力人员都有极强的震慑力。在同一个机关同时掌握这两项权力的情况下,监督和调查在无形中形成了互相配合的机制,监督可以为调查提供线索和信息,调查是监督的有力保障,监督和调查彼此之间又可以互相支持,各自成为对方的强有力后盾。

第二,合署办公的组织优势。此次监察体制改革在组织建设方面的一项特别举措是实行纪委、监察委合署办公,通过合署办公建立党统一领导下的纪检监察、国家监察"二位一体"体系。① 在合署办公的基本组织框架之下,纪委和监察委实质上是"一个机构,两块牌子"。从本质上看,两机关的权能统一集中在这个密不可分的组织之中,人员也高度整合在一起,监察委在开展各类调查工作中实际上得到了纪委、监察委两个机关的人力、物力、组织等方面的支持,这种特殊办公体制极大强化了监察权的实施效力。

第三,监察调查权混合行使。受到合署办公的特殊体制影响,在纪委、监察委这个总的办公"署"内,虽然二者在机关性质、职权等方面存在明显区别,但是实际上是由"署"内的同一个部门在承担两个机关的调查职责,也就是一个部门同时行使纪检、监察两类调查职权。众所周知,纪委调查权本身就是十分强大的权力,且配以类型多样的违纪调查措施,在纪委调查权和监察调查权界限不清的情况下,纪委调查权将有更多机会辅助和支持监察调查权,两类权力互相支撑,各自都能得到相当程度的强化。

(二)监察调查权与其他权力的冲突风险

如前文所述,权力都有自我扩张的冲动,监察权作为一个具有较高位阶的权力,在实际运行中出现了不断强化的发展趋势,这引发不少研究者的忧虑,这些忧虑或许未完全得到实践验证,但是某些观点依然值得深思:

第一,监察权影响其他权力独立行使的可能。《监察法》明确规定了监察委依法独立行使监察权,不受其他机关的非法干涉,但是类似的规定也出现在《刑事诉讼法》中,《刑事诉讼法》同样明确人民检察院依法独立行使检察权,人民法院依法独立行使审判权,两者可以合称为司法机关依法独

---

① 中国的国家权力体系构造不同于其他国家,反映在党政关系上即形成了一种典型的"两位一体"模式,即党和政府的权力体系之间高度重合。受此权力体系的影响,中国的党内监察体系和国家监察体系最终合二为一,建立起党政一体的监察体系。纪亚光:《我国国家行政监察制度的历史演进》,载《中国党政干部论坛》2017 年第 2 期。

立行使司法权。在监察委办案实践中，监察调查权的运行主要涉及与司法权的关系，监察委作为职务犯罪调查机关，其调查职务犯罪程序要对接刑事司法程序。在此对接过程中，一方面，监察委和司法机关是地位完全平等的国家机关，监察案件要移送检察院进行审查起诉，并最终由法院审判后做出判决；另一方面，监察委又是国家监察机关，可以依法监督司法人员的诉讼活动，这自然包括对检察官审查起诉活动和法官审判活动的监督，监察监督运用不当会使得办案检察官和法官产生案外压力，对司法机关依法独立行使司法权产生不利影响。

第二，对案件认识差异带来的冲突。此次改革将监察程序设置为独立于刑事程序的特别程序，并通过监察立法设置了特殊的程序启动条件、流转步骤和证据标准。总的来说，监察调查程序和刑事司法程序有着比较类似的程序标准，但是两类程序性质完全不同，在某些程序事项上的设计并不能做到完全一致。在实践中，监察调查人员和司法人员对案件事实和法律适用等认识也会存在差异，甚至造成程序衔接上的冲突，这些认识差异和冲突本质上是两种性质的权力之间的冲突。

第三，管辖权的冲突。按照《监察法》对监察管辖的规定，监察委对职务犯罪案件具有全面管辖权，其管辖案件的范围远远超过了过去检察院的管辖范围。与此同时，2018年修订的《刑事诉讼法》保留了检察院部分补充管辖权，[①]对公安机关等其他侦查机关的管辖范围予以保持。因此，监察委在调查职务犯罪时不可避免会遇到管辖争议的情况，尤其是与检察院等侦查机关的管辖争议，这种管辖争议也是监察权与其他类型权力冲突的表现。

---

① 《刑事诉讼法》第19条规定："人民检察院在对诉讼活动实行法律监督中发现的司法工作人员利用职权实施的非法拘禁、刑讯逼供、非法搜查等侵犯公民权利、损害司法公正的犯罪，可以由人民检察院立案侦查。"更早出台的《国家监察委员会管辖规定（试行）》也有类似的内容，这些规定为检察院保留了部分职务犯罪侦查权限，但是监察委作为权力监督机关同样也有权监督司法人员的诉讼活动，且根据《监察法》赋予监察委对所有国家工作人员职务犯罪的侦查权，上述规定并不排除监察委对司法人员职务犯罪的调查管辖权，因此检察院的职务犯罪侦查权只能是补充性的，且在启动方面具有被动性。

二、监察调查权的程序控制

一部权力史，也就是一部权力扩张和制约的历史。从目前监察调查权实际运行情况来看，监察调查权的独立行使有充分有效的保障，外界所忧虑的是监察调查权的过度强化可能对司法权等权力的独立行使造成冲击。因此监察调查权的程序控制所关注的焦点是划清权力边界，正确处理好介入与保障其他权力正常行使之间的关系，通过合理程序设计来规范权力行使方式，确保监察改革后建立的新权力体系的稳定。

（一）对权力行使方式的控制

作为国家专责监督机关，监察委的效力远比其他机关要强，监督范围也更广，监察监督权对所有行使公权力的人员都有很强的威慑力，而且监察监督权还有监察调查权等权力的加持，这些都强化了监察监督的实际效力。当然，监察人员掌握如此强大的监督权后，如果行使监督权的方式和方法不当，将对其他权力的正常行使产生负面的影响。比如，调查程序在与刑事程序对接过程中遇到障碍，或者调查人员与司法人员在案件处理方面产生冲突时，如果某些调查人员借助监督程序向案件承办司法人员施加压力，会危及司法机关依法独立行使司法权。因此，有必要对监察调查权等监察权行使方式进行必要的控制：

第一，通过禁止性规定限制监察权行使方式。外界对监察权过分强大的担忧主要源于它可能越出权力边界，在缺乏足够有效监督制约的情况下，影响其他权力的正常行使。因此，有必要通过立法进一步完善监察程序的内部设计，合理划定监督程序和调查程序的边界，尤其是要针对监察、司法对接的程序环节制定更为清晰的规范。立法应以充分保障司法权依法独立行使为原则，必要时设定针对监察措施的限制性规定，在法律文件中列明监察委不当介入司法程序的禁止性行为，避免监察权无序行使干扰司法权等权力有效行使。

第二，为监察程序的启动设置限定条件。此处为监察程序的启动设置限定条件，并非针对所有的监察案件程序启动而言，而是特指监察委调查的职务犯罪案件进入司法程序之后，监察委在对该案件的承办检察官和承办法官进行监督，或者对承办检察官和承办法官进行调查时，应在监察程序启动上设置限制条件，防止监察委通过监督或调查对承办案件的检察官和法官施加压力，进而影响司法机关依法独立行使司法权，破坏"审判中心主义"的基本原则。① 比如，针对监察委正在进行调查以及进入司法程序的职务犯罪案件，在对司法人员涉嫌违纪等行为启动监督程序时应有所限制，比较合理的做法是等刑事司法程序终结，移送起诉的监察案件由司法机关做出最终处理结果之后，再由监察委正式启动针对司法人员的监督或调查程序，避免监督或调查对正在承办案件的司法人员造成过大压力，影响司法人员的中立公正。

（二）对权力主体范围的控制

职务犯罪调查是一项专业性非常强的工作，对专业法律知识、工作经验和综合素养等个人素质的要求非常高。以检察机关的职务犯罪侦查工作为例，检察机关通过员额制选拔出德才兼备的检察官，只有取得检察官资格的侦查人员才能独立承办案件，这也是为了保障犯罪调查工作的质量，避免办案人员因欠缺法律素养而影响职务犯罪调查工作顺利进行。《监察法》第 14 条规定："国家实行监察官制度，依法确定监察官的等级设置、任免、考评和晋升等制度。"这是国家立法首次明确在监察委内部建立监察官等级制度，实行监察委办案人员资格准入制度，这也符合监察工作专业化的基本要求，有助于组建一支高效专业的反腐败队伍。

在监察改革试点期间，各试点地区对监察官的选拔模式有不同程度的探索，总的来说，主要包括两种意见：一是将所有的监察委工作人员全部纳入监察官的范围，只是根据工作资历、学历、行政级别等划分出不同等级的

---

① 随着监察体制改革的相关举措在实践中进一步实施，不少学者认为应避免出现监察中心主义或调查中心主义的局面，司法改革所倡导的审判中心主义的基本原则应予以继续贯彻。秦前红：《我国监察机关的宪法定位——以国家机关相互间的关系为中心》，载《中外法学》2018 年第 3 期。

监察官序列；二是设置一定的监察官准入标准，并通过考试的方式选拔适格的监察官，同时在选拔过程中坚持"老人老办法，新人新办法"的原则，确保不同地区、不同年龄和不同层级的监察工作人员能得到相对公平的待遇等级。① 2021年8月20日通过的《中华人民共和国监察官法》对监察官的职责、权利和义务、条件和选用、职业保障等进行详细规范，其中第12条规定监察官应具备高等学校本科及以上学历等条件。该条规定在一定程度上规制了监察官的选拔资格，有助于推动监察官的专业化和职业化建设。

（三）对程序角色功能的控制

监察委调查职务犯罪案件可能涉及多类不同的法律程序，包括监察委调查职务犯罪所适用的监察调查程序，公安机关等侦查机关启动的与监察案件相关的刑事侦查程序，监察案件移送检察院审查起诉程序，监察案件移送法院后的审判程序。从严格意义上看，监察调查程序与刑事司法程序的衔接主要发生在审查起诉环节，监察调查程序并不与审判程序发生直接的关系，但是监察案件进入审判程序后，法官会对调查取证的合法性进行审查，并在进行非法证据排除时要求调查人员出庭说明情况，这也可以看作是司法机关对监察调查活动的一种事后监督。

在上述这些不同性质的程序中，监察委和其他国家机关承担着不同的法律职责，在不同的法律程序中扮演职能各异的角色，但这些国家机关之间是地位平等的。比如，监察委调查职务犯罪过程中需要借助公安机关等侦查机关的力量，监察委和公安机关在此过程中是业务协作关系，即使法律规定犯罪调查以监察委为主，但此处的"为主"也不是领导指挥关系，只是要求监察委负责完成犯罪调查的主要工作。与之类似，监察案件进入审查起诉等程序之后，监察委的犯罪调查工作已经结束，检察院、法院转而成为刑事司法程序的主导者，监察委需要配合检察院和法院的审查工作。因此，在处理监察委与其他国家机关的关系时，需要明确各机关在具体的法

---

① 周磊：《中国监察官制度的构建及路径研究》，载《国家行政学院学报》2018年第4期。

律程序中所承担的任务,尤其是要明确监察委在上述不同程序中的角色定位和分工,避免因角色定位不当而出现监察委凌驾于其他国家机关之上的现象。

(四)对权力边界的控制

《监察法》针对监察委的犯罪调查管辖分工确立了以属人主义为主,地域管辖和级别管辖相结合的基本原则,另外也设置了许多灵活多样的管辖标准。沿用当前设置的监察管辖确定方式,基本上可以确定具体监察案件的管辖主体,但是仍有几个管辖方面的工作需要进一步推进:

一是对党内组织人事文件的整理和修订。确定监察案件管辖的一个重要标准是监察对象的人事组织关系,即该监察对象是由哪一级党组织所任命。这就要参考各级中国共产党组织部门的人事档案和人事管理规定。多年以来人事组织事务经历了很多变迁,出现新的文件层出不穷,旧的文件依然没有作废,新旧文件在内容上存在冲突的问题。因此,有必要组织党内法规专家对这些组织人事规定进行系统梳理,清理那些已经不合时宜的规定,消除不同组织人事规定之间的矛盾,制定更为清晰和科学的党内组织人事规定,进而为明确监察委的管辖范围打好基础。

二是明确监察管辖的边界。从监察案件管辖制度运行情况看,管辖范围的边界划定仍然有许多需要明确的地方。首先,《国家监察委员会管辖规定(试行)》对监察委的管辖范围进行了初步划定,该试行规定列举了监察委的管辖罪名类型,但这个管辖范围的划定仍然只是试点探索性质,具体的管辖罪名数量仍然不够明确,需要在总结各地监察改革经验基础上,由立法机关通过立法予以更为明确的规范。其次,2018年修订的《刑事诉讼法》保留了检察院对司法人员的部分职务犯罪进行侦查的权力,但该规定并不排除监察委对这类犯罪的普遍管辖权,这意味着监察委和检察院在调查司法人员的职务犯罪方面存在管辖竞合。当然,立法对检察院职务犯罪侦查权的保留更多的是一种便宜之举,是为了发挥检察院在侦查这类犯罪方面的优势,但是目前检察院因自身侦查力量流失严重也面临许多困难。因此,有必要进一步明确监察委和检察院在调查司法人员职务犯罪过程中的分工机制,比较可行的做法是由监察委和检察院联合发布工作衔接规定,对两机关在案件管辖方面的职责、分工、操作程序进行明确规定,避免在办案实践中出现互相推诿或互不相让的情况。最后,关于调查人员涉嫌职务犯罪的管辖仍不明确。根据《监督执纪工作规则》等法律文件内容要求,调查人员涉嫌违纪、职务违法有相对明确的管辖规定,但是调查人员涉嫌职务犯罪的管辖尚不够清晰,是由调查人员所在监察委管辖,还是交由异地同级监察委管辖,或者通过指定管辖方式交给其他级别监察委管辖,仍需立法尽快予以明确。

（五）对决策方式的控制

在政党产生之前,反腐败就是国家政权的一项重要任务,也一直作为国家行为而存在和发展。新中国成立之后,"中国是一个典型的党建国家和党治国家"①,中国共产党主导了国家和社会生活的各个领域,其中也包括对反腐败工作的领导。虽然反腐败工作仍是国家政府的行为,但开始更多地表现为一种政党行为,加强党对反腐败工作的领导成为最重要的原则。②至于当前正在推进的监察体制改革方案,"国家监察体制改革的政策主张由党中央提出,并经过党内民主决策程序成为党的意志"③。在监察体制改革试点之初,党中央为此次监察体制改革设定的目标之一是加强党对反腐败工作的领导,从目前改革的实际效果来看,党中央设定的这个目标已基本实现,党对反腐败工作的领导也由过去"结果领导"转变为"过程领导",

---

① 林尚立:《中国反腐败体系的构建及其框架》,载《河南大学学报（社会科学版）》2010年第1期。

② 中央纪委官方网站在监察体制改革试点工作权威答疑中指出,中国特色社会主义的最本质特征是必须坚持中国共产党的领导,任何改革都必须有利于坚持和加强党的领导,完善和发展中国特色社会主义制度。国家监察体制改革是事关全局的重大政治体制改革,根本目的在于加强党对反腐败工作的统一领导。《如何认识深化国家监察体制改革的根本目的在于加强党对反腐败工作的统一领导》,http://www.ccdi.gov.cn/special/sdjjs/pinglun_sdjxs/201712/t20171211_113566.html,2018年5月26日访问。

③ 肖立辉:《加强党对反腐败工作的统一领导》,载《中国纪检监察报》2017年6月14日,第5版。

在调查程序中表现为党的领导贯穿从立案到移送的整个流程,监察委针对同级党委管理对象做出初查、立案、采取调查措施、移送处理等决定前必须向同级党委汇报,并经由同级党委负责人批准后才能付诸实施。

这个改革方案对监察调查程序的决策模式有重大的影响。党委在领导体系上对监察委有领导权,党委的领导权在此次改革中进一步延伸到犯罪调查工作中,且实现了对调查程序运转细节的有效把控,可以说党委成为监察调查程序中的决策者之一,甚至是高于监察委负责人的更高层次的决策者。至于党委在监察调查程序中的决策流程,《监察法》只是笼统规定了按照相关的报批程序操作,而相关的报批程序主要是纪委、监察委的主要负责人向党委负责人汇报工作的程序,这类报批程序的运行一般不会是非常严格的流程,多是类似公务活动中的工作汇报模式。党委已然成为监察调查程序实质上的决策主体,确有必要对这类决策程序进行明确的规范,实现党领导监察调查工作的规范化。具体来说,一方面,可以通过修订《监察法》或出台实施细则的方式,对党委参与监察案件调查决策的启动条件、参与环节、操作流程等进行明确规定,将党委参与调查工作的程序规范化,确保党委针对监察办案的各项决策工作有章可循;另一方面,可以针对党委参与监察案件决策制定专门的汇报文书,这样既可以方便党委领导对监察案件的审查,又可以实现汇报程序的规范化运行,同时还可以通过对汇报文书的存档管理,加强对党委参与监察调查程序决策环节的监督。

第二节 监察调查程序的适度分离

一、程序分离的必要性

前文对纪委监察委内部的纪法程序一体化进行了讨论,党纪调查程序和监察调查程序在实际运行中不断趋同,并在某些程序节点出现混合运行的现象。这种程序混合运行在短期内对监察办案的影响有限,但从长远角度看,这一程序运行模式还需要进一步完善。

（一）程序设计原理的要求

"程序决定了法治和人治的区别。"①"程序通过规则而明确，所以它是可以设计的。程序通过当事人的相互行为和关系而实现，所以它又是自然发生的……设计合理性与进化合理性的结合即是程序。"②程序法是专门调整特定社会活动的行为规则的集合体，不同法律领域对程序法的要求也存在差异，程序法的内容应适应具体法律领域的根本需求，"法律本身的功能具有层次性，所以程序法作为法律的组成部分，亦需要和法律的其他部分一样，厘清不同程序法的功能归属。"③特定法律领域的社会活动缤纷复杂，这对程序内容的设计提出了极高的要求，法律程序运行除了应当遵循程序公开、程序透明、程序参与、权利保障等基本原则之外，不同主体或同一个主体同时行使多项权力时，还应遵循程序分离的原则，否则特定程序的目的和功能的实现将受到影响。④

根据法律程序中调查对象和调整领域的不同，可以将法律程序分门别类划分为不同的类型，比如民事法律程序、刑事法律程序、行政法律程序等。这些不同的法律程序在设置基础和内容等方面存在较大差异：一是程序目的不同，不同类型的法律程序所要实现的程序目的并不完全一致，总是存在或多或少的差异，这些差异将不同类型的法律程序区别开来；二是程序内容差异，不同类型法律程序在程序流程、权力配置、权利义务设置、法律责任、证据规则等方面存在差异，这种差异直接影响程序参与者在具体法律程序中的地位。比如，侦查机关作为不同的角色分别参与民事程序和刑事程序，它在刑事程序中可以使用讯问、搜查等强制性调查措施，但是

---

① Justice William O. Douglas's Comment in Joint Anti-Fascist Refugee Comm. v. Mcgrath, 341 U. S. 123, 179 (1951).
② 季卫东：《法律程序的意义——对中国法制建设的另一种思考》，载《中国社会科学》1993年第1期。
③ 黄捷：《论程序法的三种类型》，载《湖南师范大学社会科学学报》2018年第4期。
④ 冯俊伟：《国家监察体制改革中的程序分离与衔接》，载《法律科学（西北政法大学学报）》2017年第6期。

在民事程序中则不能直接使用这类调查措施；三是程序价值的区别，各类法律程序所体现的法律价值也存在差异，混淆法律程序的运行边界，将直接侵蚀维系各类程序所独立存在的法律价值。正是有上述这些差异的存在，立法者才以此为根据设计出性质不同的各类法律程序，目的是为了适应和调整不同领域法律活动的需要。如果这些程序在实际运行中突破立法所确立的边界，就会出现彼此混合运行的趋势，这既不符合程序设计的根本价值目的，也会造成法律程序运行的混乱。

（二）保障相对人合法权利

不同类型法律程序在运行过程中必须保持必要的距离，其中一个重要原因是各类程序对程序相对人的权利保障存在差异，模糊不同性质程序的运行边界，有可能会模糊程序相对人的权利保障标准，将程序相对人的合法权利置于多重程序权力的高压之下。以典型的民事法律程序和刑事法律程序为例，程序相对人在这两类法律程序中享有的各项权利存在非常大的区别，民事法律关系双方当事人之间是完全平等的主体，双方之间存在着典型的权利与义务的关系，任何一方当事人都可以随时聘请律师维护自己的民事权利；相对来说，程序相对人在刑事法律程序中则有完全不同的权利保障标准，犯罪嫌疑人只有在第一次讯问或自被采取强制措施之日起才能聘请律师，通过律师为其提供基本的法律帮助，侦查机关和犯罪嫌疑人之间的关系更主要表现为权力和权利的关系，而非权利和义务的关系。《刑事诉讼法》施加于犯罪嫌疑人如实供述的义务，犯罪嫌疑人的权利受到侵害后，主要是通过申诉、申请国家赔偿等特殊途径进行救济，这与民事程序中当事人的权利救济方式也存在很大差异。

具体讨论纪委和监察委之间的程序关系，纪委的调查程序属于党组织针对党员违纪行为的组织内部调查程序，监察委的调查程序属于国家机关针对国家工作人员职务违法和犯罪的调查程序，两类程序的性质存在根本的不同。此外，两类调查程序中的调查措施、调查流程、调查处理结果和权利保障也不一样，且监察调查程序所覆盖的职务违法和职务犯罪之间也存在差异。综合考察《监督执纪规则》和《监察法》对调查对象权利的保护规定,两类程序对被调查对象的权利保障存在较大差异,纪委调查党员违反党纪案件过程中并未规定律师可以介入,也就是接受党纪调查的党员不能聘请律师提供法律帮助,而《监察法》则在某些程序节点赋予被调查对象聘请律师的权利。如果一个对象同时涉嫌违反党纪和职务违法犯罪,按照纪委监察委合署办公的工作体制,就会使调查主体在选择调查程序方面有较大选择空间,既增加了调查人员程序选择方面的困难,也在某种程度上对调查对象的程序参与等权利行使造成不利影响。

(三)防范国家权力的滥用

"程序的对立物是恣意,因而分化和独立才是程序的灵魂。"①法律程序的价值目标之一是限制公权力的恣意行使,防止权力过度膨胀而侵害民权。"程序的实质是管理和决定的非人情化,其一切布置都是为了限制恣意、专断和过度的裁量。"②立法机关在设计法律程序时已经充分考虑到具体调整对象的差异,根据调整对象不同设置不同的权力层次、运行流程、权利保障等程序内容,目的是为了让各个不同的法律程序在预先设定的轨道上有序运行,这也符合程序规范化运行的基本要求。

从当前监察办案的实践情况看,在监察委和纪委合署办公的特殊组织体制之下,两个机关合用一套办公机构,实际上是两机关内部同一个部门负责所有的调查工作,这种模式很容易模糊两类性质不同的程序的边界。此外,纪委调查程序和监察调查程序所规范的对象不同,对权力的约束力度和对权利的保障水平也存在差异。因此,如果由一个部门同时主导这两类程序的运行,且两类程序针对同一个调查对象,调查人员实质上可以将两类程序中的调查措施用于一个对象身上,这等于将党纪调查权和监察调查权合二为一,一方面造成了调查权的急速膨胀,另一方面调查对象的权利保障却维持在原来的层次,调查程序中的权力和权利之间的平衡关系将

---

① 季卫东:《法律程序的意义(增订版)》,中国法制出版社2012年版,第23页。
② 季卫东:《法治秩序的建构(增补版)》,商务印书馆2014年版,第42页。

被打破,调查对象的权利保障可能面临恶化的风险。

二、程序分离的难点

程序分离符合程序独立运行的基本要求,也是实现程序目的、程序价值和程序任务的重要保障,并可发挥限制公权力和保障民权的积极作用,这个原则在国家许多部门法律程序运行中得到了很好的体现。监察体制试点改革之初,各地在探索如何构建权威高效的监察调查程序过程中,普遍重视程序效率的充分保障。从《监察法》对监察程序的设计内容上也能看到这种对效率的追求,但是目前对程序分离所进行的探索仍十分有限。

从监察程序试点探索和不断发展完善的过程看,实现程序分离也遇到一些组织体制和运行机制上的困难:

一是纪委监察委"二位一体"的组织架构。此次监察体制改革为了整合反腐败力量,加强党对反腐败工作的领导,实行了纪委和监察委合署办公的模式,合署办公被形象表述为"一个机构,两块牌子",纪委和监察委在合署体制中实现了高度融合,这种融合包括共用同一套工作人员、内设部门和办公场所,以及纪委的党组兼任监察委的党组。可以说两个机关对外显示是两个名称,但在本质上是以"二位一体"为特征的。由此造成的结果是两类程序主体也合二为一,两类主体无法剥离和划清边界,在监察委内部几类调查程序实际运行过程中,同一班人员负责运行性质不同的调查程序。在部分试点地区是同一个办案人员既负责调查党员违纪案件,又负责调查国家工作人员的职务违法和犯罪案件。实践中要让一个办案人员能够游刃有余地灵活区分两类程序,在调查过程中随时准确地选择适用各类调查措施,实际上也是不可能完成的。

二是不同调查程序的流程相近。如果仔细考察纪委的党纪调查程序和监察委的监察调查程序,会发现两者在运行流程上十分相似,纪委的调查程序包括线索受理、初步核实、立案审查和案件审理等阶段,监察委的调查程序包括线索受理、初步核实、立案调查和案件审理这几个主要阶段,两类程序主要区别是具体程序节点内部的调查措施和处理结果的差异。此外,线索受理、案件监督管理、调查、案件审理等部门在这两类程序中也承担着相似的任务,[①]这种程序流程的相似性更增加了两类程序之间的黏性,也增加了实现调查程序分离的困难。

三是对程序运行成本的考虑。程序设计不可忽略的一个问题是确保程序效率的实现,程序设计过于烦琐会降低程序效率,进而阻碍程序目标和价值的实现。纪委和监察委合署办公的设计初衷之一就是为了节省程序成本,将职能类似的机关以合署形式整合在一起,避免设置过多功能重叠的组织机构,招录过多的机关工作人员,造成机构臃肿和冗员,增加财政预算的压力,导致各类程序叠床架屋和互相冲突,影响调查办案效率的实现。当前在纪委监察委内部实行一个部门负责几类调查程序的灵活办案模式,确实在某种程度上提高了办案效率,避免了因增设过多内设部门和人员而加大办案成本。因此,在探索纪委监察委内部实现调查程序分离过程中,也需要考虑程序运行成本的因素,避免将程序分离变成单纯的增设办案部门和人员,更重要的还是通过在程序和体制设计上的适度调整,在一定程度上对不同性质调查程序进行适当分离。

三、程序的适度分离

在监察改革试点之初,曾有不少学者对监察委内部的机构设置提出了参考建议,比如有人主张在监察委员会内部设立调查部门、综合监督部门、预防腐败部门、审计部门,这些部门分别承担犯罪调查、预防以及内部综合性事务。[②]这种意见无异于在纪委和监察委合署办公框架之内,专门为监察委设置独立的组织体系,如此大规模的机构重设无疑会极大增加管理成本,也会给纪委监察委内部的工作衔接带来不便,与中央整合反腐败资源的初衷相悖,因此并未得到试点地区监察委的积极回应。考虑到纪委、监察委合署办公的模式已然定型,没有给纪委、监察委之间的机构、人员、职

---

① 监察体制改革试点之初,监察调查程序的设计内容在很大程度上与纪委调查程序存在类似之处,监察程序的很多内容在《监督执纪规则》中都有相似规定。
② 马怀德等:《聚焦国家监察体制改革》,载《浙江人大》2016年第12期。

能、程序彻底分离留下足够的改革空间,目前只能是在合署办公这个基本框架下,尝试探索如何实现内部调查程序规范运行,确保各自程序边界能有相对清晰的界限,避免出现程序混合行使带来的权力扩张及权利保障不利的问题。

(一) 党纪调查程序和监察调查程序适度分离

党纪调查程序和监察调查程序分属两类性质的程序体系,两者的法律依据、程序权力和权利设置、程序流程内容皆存在差异,在这两类调查程序之间进行适度分离,应特别关注影响这两类调查程序运行的关键环节。具体来说,包括以下方面:

第一,初查及其分流程序。案件线索在线索受理部门正式接受之后,一般要经过初查才能判明其具体涉嫌的问题,进而提交纪委监察委的主要领导集体讨论,最终对线索性质及具体适用的调查程序做出决定。对于当前的线索初查及分流情况来说,存在着线索初查的相关规范尚欠明确的问题,具体表现在线索受理部门将案件线索移交调查部门之后,调查部门会对这些线索进行初步核实,但调查部门在初查期间尚不能准确辨明线索涉嫌违反党纪,或涉嫌职务违法犯罪,或同时涉嫌上述行为,这些问题一般要等初查结束才能有一个相对精准的判断。《监督执纪规则》和《监察法》针对纪委和监察委这两个机关的初查程序进行了相似的规定,但是在具体初查措施规定方面存在差异,①相对《监督执纪规则》对纪委初查措施的详细规定,《监察法》并未规定监察委可以使用的具体初查措施,这种立法方式增加了调查人员选择具体初查措施的难度,导致调查人员可能在无法确定线索性质的情况下,同时使用两类程序的初查措施。

初查是否能够及时有效核实线索基本情况,对于线索分流后进入哪一

---

① 《监督执纪规则》规定的纪委初核措施包括核实性谈话,要求相关组织说明,调取个人有关事项报告,查阅复制文件、账目、档案等资料,查核资产情况和有关信息,鉴定,勘验等。《监察法》并没有明确规定监察初查措施的具体种类,但是地方监察委制定的工作细则中规定了谈话、询问、查询、勘验检查、鉴定、技术调查、限制出境等初核措施。

个调查程序具有直接且关键的影响。鉴于初查及其分流程序的重要地位,并且考虑到当前初查程序中存在的程序边界不明的问题,可以考虑采取一些针对性改革措施:一是建立集中初查机制。既然在正式立案之前很难区分线索的性质,调查人员在选择具体初查措施时会遇到困难,不如"退而求其次",不必强求在纪委初查和监察委初查之间划出泾渭分明的界限,而是建立集中初查机制,对两类初查的相关法律规定进行梳理,制定统一的初查程序和初查措施体系,在统一初查的模式下对各类线索进行调查核实,为后续的程序分流打好基础。二是提高初查终结标准。初查能否对案件线索有一个较为清晰的核实,直接关系后续监察委领导集体决策的准确性,也影响案件线索是否能够进入正确的调查程序。为此,可以考虑进一步提高并明确初查的终结标准,确保初查阶段能够基本查清线索反映的问题,避免监察委领导因掌握的信息不足而适用错误的调查程序,并带来之后程序转换的困难。

第二,程序运行中的主次之分。当前的办案实践中存在一种特殊情况,某些调查对象同时涉嫌违反党纪、职务违法和犯罪,因此在同一个调查人员的主导之下,党纪调查程序和监察调查程序同时适用于一个对象。理论上调查人员可以使用两类不同的法律文书,对同一个调查对象同时采取两类调查措施。在这种情况之下,要对党纪调查程序和监察调查程序进行准确区分是十分困难的,比较可行的做法是对两类程序的运行进行某些限制,确保两类程序能够各自规范运行,而不是互相干扰造成程序效率的下降。考虑到职务犯罪的调查取证任务较重,且犯罪调查的紧迫性比违纪调查要强,因此在两类调查程序的实际运行过程中,应优先将职务犯罪调查置于中心地位,首先集中力量把调查对象的职务犯罪事实查清楚,并尽快完成职务犯罪的取证任务,之后在职务犯罪调查工作的基础上完成违纪调查的任务。当然,这种调查过程中进行的主次、先后之分只是为了避免两类程序互相干扰,在两类调查工作终结之后,仍然需要按照"先纪后法"的处理原则移送相应的处理程序。

第三,内设机构的专业化设置。关于纪委监察委内部的机构设置模式,比较理想且符合程序构造原理的是对内设部门进行专业化分工设置。就如许多研究者所设想的机构组织模式，在纪委监察委合署办公体制内部分别设立专业的职务犯罪调查部门和专业的违纪调查部门。但是在当前的反腐败形势之下，这种理想模式很难推广到实践中，主要因为：一是腐败案件总量居高不下。目前党员违纪案件和国家工作人员职务犯罪案件数量高发，而纪委监察委的调查力量相对有限，多数地方仍然存在人员配置不足的问题，而机构分设只会加剧人员短缺的现状。二是纪委监察委机构编制短期内无法迅速扩大。监察体制改革推广到全国的时间尚短，全国范围内对监察委内设机构改革、人员配置等的探索还在进行中，各级监察委还不能迅速招录足够的办案人员，这也是目前监察工作的一个短板。可以预计未来腐败案件数量将会随着反腐力度加大而逐步减少，在将来党员违纪和职务违法犯罪案件总量下降到一定程度之后，可以首先尝试在纪委负责调查工作的科室内部建立专业办案小组，分别负责对党员违纪、职务违法和职务犯罪进行调查，甚至在条件成熟时在纪委监察委内部设立专业的办案部门，最终建立起内部相对独立的专业分工体系。

（二）违法调查程序和犯罪调查程序适度分离

《监察法》第 3 条规定："各级监察委员会是行使国家监察职能的专责机关，依照本法对所有行使公权力的公职人员（以下称公职人员）进行监察，调查职务违法和职务犯罪，开展廉政建设和反腐败工作，维护宪法和法律的尊严。"从该条的规定内容可以看到，监察委的调查工作主要针对职务违法和职务犯罪两项内容，但是综观整个《监察法》的条文规定，立法并未对职务违法和职务犯罪所适用的调查程序进行区分，两类程序统一在监察调查程序这个大概念之下，程序内容高度一致，主要包括：程序流程一致，都包括线索受理、初核、立案调查和案件审理等环节；调查主体一致，两类程序的实施主体是监察委内部的同一个调查机构或人员；审批程序一致，两类程序的报备和审批模式也基本类似，具体运行方式并无太大差异；法律文书类似，两类程序适用的法律文书统称为监察调查法律文书，文书格式基本一致。两类程序的差异主要体现在立案案由不同,具体应用的调查措施不同。监察立法一方面分别针对调查职务违法和职务犯罪规定了一些不同的调查措施,①另一方面又将一般职务违法和严重职务违法做了区分,并针对严重职务违法做出了特别规定,针对严重职务违法的调查措施与针对职务犯罪的调查措施基本一致,②这等于把严重职务违法和职务犯罪划入了同一个调查层次之中。这种立法模式存在几个争议点:

第一,违法和犯罪都是触犯国家法律的行为,但是两种行为在我国立法体系中实行的是区别对待的方案,主要包括:立法模式差异,即犯罪行为主要是规定在《刑法》之中,违法行为则由其他法律进行规范;调查处理程序差异,两类行为的调查处理程序也不同,犯罪行为由侦查机关通过刑事诉讼程序调查处理,违法行为则由其他执法机关通过违法调查程序处理;调查对象权利保障的差异,犯罪嫌疑人在刑事程序中享有一系列特别法律权利,这与违法嫌疑人享有的法律权利存在区别;调查措施差异,侦查机关在调查犯罪过程中可以使用许多限制人身自由的强力调查措施,而违法调查机关所能使用的调查措施强制力较弱。然而,此次监察立法采取的是完全不同的立法模式,《监察法》除了在立案案由和部分调查措施上进行区分外,未对其他程序事项进行适当区分,这种立法模式或许符合办案便宜主义的要求,但是其法理依据尚显薄弱。

第二,严重职务违法的判断标准不够清晰。《监察法》将严重职务违法和职务犯罪等同视之,调查人员在调查这两类行为时可以使用留置等相同的调查措施,但是"严重违法"是一个主观性比较强的标准,很难人为画一条界限将普通违法和严重违法区分开来,所以严重的程度并不容易把握,目前判断哪些违法行为构成"严重违法"还缺乏明确标准。但是,"严重违法"这个标准直接关系到留置等强制性调查措施的适用,如果没有清晰且

---

① 《监察法》针对职务违法的调查措施主要是谈话、要求说明情况或做出陈述、调取、查封、扣押、勘验检查等;只能适用于职务犯罪调查的措施是留置,查询、冻结涉案单位和个人的存款、汇款、债券、股票、基金份额等财产,搜查,技术调查和通缉。

② 《监察法》针对严重职务违法和职务犯罪的调查规定了相同的调查措施,包括留置,查询、冻结涉案单位和个人的存款、汇款、债券、股票、基金份额等财产,搜查,技术调查和通缉。

严格的标准予以限制，容易留给调查人员过多的自由裁量权，不利于对留置等强制性调查措施的规范。

一个机关同时负责调查违法和犯罪两类行为并非监察委首创，我国的公安机关也是实行类似的工作模式，公安机关有权调查治安违法行为和犯罪行为，公安机关内部为了确保专业化分工而分设了两种调查部门：①

第一种是主管治安案件的部门，这类部门专门负责调查违反《治安管理处罚法》的行为，《治安管理处罚法》也专门设计了一套独立的治安案件调查程序。

第二种是主管刑事案件的部门，这类部门负责调查违反《刑法》规定的犯罪行为，这类部门调查犯罪适用《刑事诉讼法》规定的犯罪侦查程序。虽然公安机关可以同时行使这两类职权，但是它通过内部的机构分工，将两类程序的运行相对独立地区分开来，避免程序混同影响调查效率。

目前监察体制改革仍将继续向深入推进，监察调查程序的设置模式也不是一成不变，而是要随着反腐败形势及法治环境的发展来调整，在进一步的改革中需要有步骤地论证当前发现的程序问题，并进行相应的改革和调整。主要方法如下：一是通过立法对职务违法和职务犯罪的调查措施分开规定，明确调查人员具体可以使用的调查措施，在条件允许时在《监察法》内部对两类程序进行分类规定，通过这种内部规定对两类程序进行适当区分；二是对"严重违法"进行清晰解释，或者取消"严重违法"的设定，直接将监察调查明确分为职务违法调查和职务犯罪调查两类，避免过于烦琐的立法设计带来实践中的困扰；三是适时按照专业分工对内设部门进行区分设置，在监察委内部设立分别负责调查职务违法和职务犯罪的部门，如果调查对象同时涉嫌职务违法和职务犯罪，则由职务犯罪调查部门统一受理调查，如果调查对象仅涉嫌职务违法，则由具体负责调查违法的部门处理。同时在两类部门之间建立业务协作机制，允许两类部门通过联合调查

---

① 公安机关自上而下普遍使用这种治安和刑侦两套调查系统并立的设置模式，即使是在地方派出所也是如此，地方派出所内部一般也设立治安和刑侦部门，有些派出所规模比较小，则通过建立治安和刑侦办案小组的方式进行分工。

等形式集中办案力量,对调查取证任务较重的案件进行联合调查。

第三节 监察调查的综合监督体系

《关于新形势下党内政治生活的若干准则》明确提出:"监督是权力正确运行的根本保证,是加强和规范党内政治生活的重要举措。""权力的正确行使和有效监督密不可分。不受制约和监督,必然导致权力的滥用和腐败的滋生。"[①]监察委作为新设立的专责国家监察机关,可以行使国家监察权这个超然且强大的权力,如果这个权力的运行没有完善的监督体制予以控制,可能会发生权力膨胀侵犯公民人权的问题。对国家监察权的监督和制约,必须与监察体制改革整体进展和节奏相适应,具体而言:一是要注意监督的范围和限度,程序监督不应过分牺牲程序效率,外界监督应充分保障依法独立行使监察权的实现;二是发挥监督体系的合力,在充分发挥不同监督方式的优势前提下,整合过于分散和碎片化的监督体制,力求对监察调查程序的监督能够落到实处;三是积极创新监督方式,传统监督方式历来存在形式化和监督无力的问题,通过积极借鉴国内外犯罪调查监督的经验教训,结合我国监察体制改革的实际需要,探索建立新型有效的监督形式也是一条可行之路;四是改进监督方式和方法,在中国互联网信息技术高度普及的现实背景下,可以充分发挥信息技术进步带来的便利和优势,充分利用新的网络信息技术辅助监督工作,这样既能更好地服务对监察调查的监督工作,又能极大地提高监督的效率和效果。

一、强化传统综合监督体系

"监督者更要接受监督。监察委员会要自觉接受党委监督、人大监督、

[①] 孙林、朱培蕾:《正确行使权力离不开有效监督》,载《中国纪检监察报》2017年2月15日第7版。

民主监督、司法监督、群众监督、舆论监督,确保监察权正确行使。"①这句话说明了中央纪委、监察委对监督工作的认可和重视,其中列举了最主要的几类外部监督方式,也进一步表明对监察委的监督方案是一种综合性的监督体系。长期以来,论及中国当前对公权力的监督方式,多数人认为国内已建立起一个系统的权力监督体系。但对这个监督体系的具体内容,不同方面则有着不同的观点和认识。2010年国务院新闻办公室发表的《中国的反腐败和廉政建设》白皮书认为,中国已形成了由中国共产党党内监督、人大监督、政府内部监督、政协民主监督、司法监督、公民监督和舆论监督组成的具有中国特色的监督体系,这是一种所谓的七类监督体系说。中国共产党十八大报告中则提出,"加强党内监督、民主监督、法律监督、舆论监督",这是首次提出四类监督体系。另外,也有人提出了行政监督、民主监督、党内监督、人大监督、舆论监督、审计监督、司法监督与社会监督的八类监督体系说。②

从理论层面来看,上述这些监督方式都针对的是国家公权力,它们的监督范围自然包括监察委行使监察权的活动。本书前两章对监察调查程序的基本监督体系进行了总结,具体来说包括监察委内部的监督体系和外部的监督体系。我们不仅需要充分发挥这两类已经初步成型的监督体系的作用,也需要积极探索建立其他新型监督方式。

第一,内部监督调查的实质化。目前来看,监察委内部的监督体系已经相对完善,这个体系主要包括案件监督管理部门对调查全过程的监督、监察委领导对调查过程的监督,以及干部监督部门对调查人员的监督这三种类型。比较这三类不同的内部监督方式,案件监督管理部门直接或间接参与了监察调查的全过程,可以有效发挥对整个案件流程的过程监督。另外,在监察委集体领导和集中决策的程序运行体制之下,监察委领导对调

---

① 本书编写组:《深化国家监察体制改革试点工作百问百答》,中国方正出版社2017年版,第137页。
② 叶青、王小光:《检察机关监督与监察委员会监督比较分析》,载《中共中央党校学报》2017年第3期。

查过程的监督也一直比较有力。相比而言,监察委干部监督部门作为专门针对内部人员的监督部门,①是监察委内部监督调查人员等内部人员的专责主体,它对调查过程的监督一直处于职能缺位、手段不足、效果不佳的状态,这与其承担内部监督的角色定位并不相符。

为此,有必要在后续的改革中强化纪检监察干部监督部门的对内监督职能,尤其是进一步健全内部监督调查程序,为内部监督部门配置有力的调查措施,实现监督调查的实质化,以有力的调查手段辅助内部监督工作开展,具体方法如下:一是建立规范的投诉调查工作程序。通过制定监督调查工作细则的方式,明确投诉受理途径、监督范围、调查程序和处理方式,为干部监督部门适当配备有力的监督调查手段,使该部门能够真正承担起调查内部人员不当行为的职责;二是探索建立廉政评估程序。纪检监察干部监督部门的监督范围包括监察委内部的党员干部群体,其中一个监督重点内容是各级纪检系统党风廉政建设责任制的落实情况。干部监督部门作为承担廉政监督职能的部门,可以探索建立针对廉政事项的具体考核评估标准,由该部门监督人员定期对包括监察委在内的国家机关的廉政预防工作进行检查,以发现廉政建设方面的缺点和不足,提出具体的改进意见,并通过统计廉政指数的形式督促监督对象做好预防工作。

第二,强化外部监督体系的实效。监察委外部监督体系的涉及范围十分广泛,几乎可以把所有具有监督公权力职能的主体纳入其中,外部监督体系的内容包括:党委作为领导机关对调查过程的监督,人大作为立法机关对调查工作的监督,检察院和法院作为司法机关对调查活动的监督,审计机关等政府部门对调查工作的审计、财务等方面的监督,媒体对调查案件的舆论监督,社会大众对调查工作的群众监督。从形式上看,这套针对监察委的监督体系网络不可谓不严密,这个监督体系中的各个主体可以从

---

① 纪检监察干部监督部门是纪委原有机构设置体系中的一个内设部门,其主要职能是监督纪委、监察委内部的工作人员,最早是在2014年由时任中央纪委书记王岐山首先决定在中央纪委层面设立的,此后省级以下纪委也先后设立了干部监督部门。该部门的设立目的是解决"谁来监督监督者"以及监督"灯下黑"的问题。不过,当前该部门的力量配置仍有不足,在开展具体监督业务时会遇到许多现实困难。

不同角度发挥对监察委的监督作用,但是这个监督体系的实际效果如何尚待验证。一般认为,党委对调查过程的监督最为有力,其他主体在监督过程中存在缺少介入途径、监督无力或者顾忌较多等问题。目前仍然需要发挥国家公权力机关对监察调查的监督和制约作用,在党对监察工作的领导和监督已经十分有力的情况下,有必要进一步发挥人大、司法机关、公安机关这三个机关的监督作用,这三个机关可以通过业务工作对监察调查活动进行专业化监督。另外,也有必要继续发掘其他监督方式的作用,最大程度发挥综合监督体系的整体效果。具体做法如下:

一是发挥人大作为权力机关的监督职能。监察委是由人大产生,对人大负责的国家机关,可以说人大的权力位阶高于监察委,人大作为权力机关监督由其产生的监察委也符合人大的功能定位。只是当前人大监督的力度仍有加强的空间,尤其是针对监察委的监督方式仍需探索,有研究者建议在人大内部建立专门的监督委员会,负责审议与监察委有关的法律文件、针对监察委的投诉和质询、对监察委特定问题进行执法检查。[①] 笔者认为这种建议有一定的参考价值,在人大这个地位超然的权力机关中设立监督部门,确实在提高监督实效性方面有积极意义。但是,上述这些审议法律文件、执法检查等原来就是人大的工作内容之一,将这些职能赋予一个人大内部新设立的委员会,未必能够起到更有效的监督作用。目前来看,人大监督所能发挥作用的空间仍然局限于传统监督领域,即使通过设立新的监督部门,然后由该部门继续承担传统监督职能,也依然无法解决监督无力的困境。总之,人大能够发挥监督作用的领域仍然需要结合具体的职能活动,比如选举产生监察委领导、审议监察委的工作报告、对监察委进行执法检查等,这种监督的效果与人大在权力体系中地位的变迁有密切联系。

二是落实司法机关的监督职能。检察机关和法院是我国两个并立的司法机关,两者的监督同属于国家权力监督体系中的司法监督,两个机关对监察调查工作都有一定的监督职能,两机关开展的这种监督主要是通过刑

[①] 周智博:《模式创新:如何监督制约监察委员会——基于传统与新型监督模式对比的视角》,载《廉政文化研究》2018年第1期。

事诉讼活动进行的。监察委调查的职务犯罪案件在调查终结后,如果监察委领导决定移送刑事司法处理,则必须把案件移交公诉部门进行审查起诉,公诉部门从事实和法律两方面对监察案件进行独立的审查,对调查取证活动是否合法、调查程序是否规范、调查人员是否存在违法行为等进行监督。公诉部门审查后决定是否移送法院起诉的行为,也是对监察调查程序的一种制约。值得注意的是,现行《刑事诉讼法》第171条规定人民检察院审查案件的时候,必须查明侦查活动是否合法,而没有将监察调查活动明列其中,这也引发很多人对检察机关是否可以监督监察调查活动的疑问。从检察权运行的实质看,检察机关审查监察案件时要对调查活动是否合法、规范进行审查,这是案件审查活动的基本要求,也是检察机关诉讼监督职能的本质要求。另外,法院还可以在审理监察案件过程中,对证据收集合法性进行审查,通过要求调查人员出庭、排除非法证据等对监察调查过程进行事后监督。总之,两个司法机关对监察调查过程的监督主要是通过开展诉讼业务进行的,这就要求司法机关在诉讼活动中严格落实刑事诉讼法的要求,按照刑事诉讼法规定的工作标准等对监察案件进行有效的监督。

三是完善公安机关的程序监督。监察委所使用的许多调查措施都需要公安机关的配合,比如留置、通缉、技术调查等措施的执行,公安机关一方面要积极协助监察委的调查工作,另一方面在协助过程中也可以发挥对监察调查活动的监督作用,这种监督在留置调查措施运行中的表现最为明显。根据当前留置措施的具体运行情况,留置需要在公安机关管理的场所中执行。目前留置实践中有两种留置执行场所:一种是在看守所内部专门建立留置执行场所,单人关押,由公安民警对该执行场所进行特殊管理;另一种是改造纪委过去的"双规"场所,由监察委和公安机关协商在公安机关内部设立专门的留置管理机构——留置所。留置所具体负责留置场所管理、监护和监督。留置所在组织上属于公安机关的内设机构,该所人员由正式民警和辅警组成,其具体职责是在接到监察委的协作通知后,派员进驻专门设立的留置执行场所,①负责留置场所的安保、视频监控、讯问监督等工作,公安机关留置所可以发挥对留置及讯问的有效监督作用。在后续监察体制改革中,可以进一步完善留置所的机构设置和人员编制,明确监察委和公安机关在留置过程中的分工和协作方案,建立留置所对留置过程的全程监督机制,将留置所建设为监督留置活动的重要外部监督机构。

四是发挥综合监督体系的合力。除了发挥人大、司法机关、公安机关的监督作用之外,仍需要发挥其他监督体系的功能价值,发挥综合性监督体系的监督合力。比如,监察调查工作需要充足的财政预算支持才能有效运行,实际办案工作的财务开支是非常大的,审计机关可以通过审计活动对监察调查工作进行监督。另外,媒体和社会公众也可以发挥监督作用,这需要监察委根据信息公开的基本要求,依法及时向社会公布相关的案件查办信息。

第三,通过信息技术整合各类投诉系统。通过现代信息技术来整合和提升民众投诉处理系统的功能是国际流行做法,韩国建立的国民"申闻鼓"系统较有代表性。韩国国民权益委员会建立了处理国民投诉的网络监督和跟踪系统——e-people系统,该系统参考了其他国家机关的投诉系统,形成一个窗口对外的工作模式,极大地提高了处理民众投诉工作的效率,也增强了投诉处理的公开性和公信力,便于国民对投诉处理的过程进行监督。近十几年来,我国的互联网信息技术得到了飞速发展,信息技术在政府办公中的普及率和利用率都有很大提高,这也为我们充分借用互联网信息技术优势来改进投诉调查处理系统打好了基础。借鉴域外国家和地区在实现投诉处理信息化和公开化方面的经验,在未来改革中可以通过信息系统升级改造来重塑投诉处理系统,将民众投诉处理系统和监察委内部业务系统进行部分信息整合,使民众可以通过网络投诉处理系统了解整个投诉处理进程。在时机成熟时,可以进一步将纪委、监察委举报投诉处理系统和其他国家机关的类似系统整合,一方面实现各类举报信息的共享,为监察委

---

① 一般情况下,这类留置场所是由纪委原来的"双规"执行场所改造而来,只是这类场所在办案期间的管理工作由公安机关负责。

调查办案提供更多的信息支撑,另一方面也可以方便民众提交各类投诉信息,并实时跟进投诉举报的处理进程,对整个投诉过程进行全程监督。

二、建立相对中立的监督组织

此次监察体制改革的目的就是要从过去行政监察的"附属性同体监督"模式转变为"独立性异体监督"模式,[①]这也是对过去体制内长期存在的同体监督的反思。同体监督的监督者和被监督者共生于一个系统内,两者存在工作和生活上复杂的利益、人情、业务关系,这些特殊的关系会侵蚀监督的刚性,监督者往往会因顾忌于大局、内部分裂等案外因素而面临两难选择,给监督者有效行使权力带来很大的挑战。从监察委调查办案的监督实践来看,内部监督体系是当前主要的监督力量,外部监督体系中只有党委监督十分有力,其他外部监督体系普遍存在监督效力较弱的问题。然而,内部监督体系也面临着过去同体监督的那些问题,监督客观性和公正性的观感均不佳。

域外一些地区为解决同体监督中存在的监督中立性不强等问题,探索建立了相对独立于被监督机构的中立监督组织,专门负责受理针对调查人员的投诉,并对调查活动进行十分有力的异体监督。比如中国澳门地区专门建立了监督廉政公署的纪检会,纪检会与廉政公署是平等关系,专门受理和调查针对廉政公署人员的投诉案件,纪检会成员由廉政公署专员和社会人士组成,该委员会定期向行政长官汇报工作,其监督力度大且客观性较强。再如,中国香港地区也建立了十分有力的廉政公署体制外监督力量,主要包括四个委员会:贪污咨询委员会负责监督廉政公署各项日常业务,并向行政长官汇报监督工作;审查贪污举报咨询委员会负责监督廉政公署的犯罪调查过程,并有权审查犯罪线索的不处理决定和调查案件的不追诉决定;防止贪污咨询委员会负责监督廉政公署对外开展的各项监督工作,是对监督工作的另一重监督;社区关系市民咨询委员会负责向廉政公

---

① 李红勃:《迈向监察委员会:权力监督中国模式的法治化转型》,载《法学评论》2017年第3期。

署提出改善与社区关系的建议。另外,中国香港地区还独立设置了廉政公署事宜投诉委员会,专门负责受理针对廉政公署人员的非刑事投诉。香港地区针对廉政公署建立的这些中立委员会同样由廉政公署内部领导和社会人士组成,这些委员会的监督具有类型多样、职能健全、监督范围广的特点,其监督领域覆盖廉政公署的各项业务工作,尤其是发挥了对调查案件不追诉决定的监督作用,非常值得我们在完善对监察委的监督体制过程中学习。

国内当前针对监察委的监督体系设置,侧重点仍然在于建设内部监督体系,外部监督除了党的监督比较有力之外,其他监督方式尚未找到比较合适和可行的模式,社会力量对监察调查工作的监督还处于空白阶段。在这种监督制度状况之下,探索引入社会力量来组建独立监督委员会,实现对监察调查工作的客观中立监督,通过借助社会资源弥补体制内监督的弊端,增强监督的客观性、中立性和公信力,这也是党的群众路线在法律监督工作中的具体体现。

为了借助社会力量来加强对监察调查工作的监督,可以建立中立的监督委员会,其具体内容如下:一是职能定位。考虑到该委员会的中立性定位,为了防止再次出现"谁来监督监督者"的问题,[①]应避免该委员会演变成新的官方组织,因此将其定位为中立性质的社会组织较为合适。二是负责主体。此处的负责主体是指该委员会向哪个主体报告工作。考虑到党委是外部监督体系中最有力的监督者,也是开展监督最有力的支持者和后盾,如果该委员会可以直接向党委汇报监督工作能起到更好监督效果,但是党委和监督委员会之间不应设置为组织隶属关系。三是人员组成。鉴于传统的内外监督体系存在的问题,考虑综合内外两类监督的优势,为了使该委

---

① "谁来监督监督者"的问题在许多权力系统中都存在,主要论证点是建立专职监督机关后,产生谁来监督这个新的监察机关的问题,即监督体制设置不当容易陷入监督的无穷循环之中。过去检察机关作为国家法律监督机关,一直被研究者批评职权过于强大且缺少外部监督,存在权力滥用的风险。检察机关为了回应外界的质疑,主动建立针对自身的监督制度,比如结合社会力量建立的人民监督员办公室,发挥人民监督员对检察工作的监督作用,但实际上该制度的形式意义大于其实质意义。

员会兼容两类监督的内容，并且保证监督具有较高层次，可以将部分人大代表纳入该委员会成员范围，同时由党委在社会人士中选择其他成员，但是委员会的负责人要由社会人士担任。四是组织预算。该委员会是独立运行的社会组织，委员会成员工资等不需要国家给予财政预算支持，但是委员会日常的公务性开支可以得到适当财政补贴。五是工作模式。考虑到监察委内部也有专门的监督部门，可以尝试建立该委员会与监察委内设部门之间的协作机制，推动二者之间的监督业务合作。另外，该委员会内部可以实行合议方式，通过集体决策的方式做出处理决定，监察委收到该委员会的决定后应做出解释和答复。在条件允许时，可以赋予该委员会决定结果的强制力。六是监督范围。该委员会监督的范围可以设定为监督监察委调查犯罪的活动，以及针对监察人员的投诉事项，甚至对监察委做出的程序分流决定，特别是不移送司法的决定都有权进行监督。

三、对调查程序分流的制约

从职务犯罪监察调查程序的线型流转过程来看，该程序的运行过程存在数个重要的分流节点，这些节点包括线索处置阶段、初核阶段、立案阶段、调查阶段、审理阶段，每个阶段都存在着多种不同的程序走向：在线索处置阶段，监察委专题会议讨论决定线索是否因为涉嫌犯罪而进入初核程序，或者进入其他处理程序；在立案阶段，监察委领导决定是否立案或者采取予以了结等处理方式；在调查终结后，监察委领导决定是否采取移送审理部门审理或者直接问责等处理方式；在审理阶段，审理部门审查结束后报监察委领导决定是否移送司法或采取政务处分等处理方式。这是当前监察调查程序分流的主要模式，这种分流模式最主要特点就是内部控制为主、外部监督为辅。具体来说，有以下的特点：一是分流节点多。监察调查程序与刑事侦查程序有一个非常明显的区别，那就是程序从启动到最终进入其他程序的过程中存在大量分流节点，这也意味着案件线索在非常多的程序环节会改变走向，进入其他类型的程序中进行处理，这与刑事案件立案后主要流入起诉程序的模式不同。二是分流方向多种多样。从整个监察调查程序分流的类型来看,在线索处置、初核、立案、调查和审理等阶段,每个阶段都有超过四种不同的处置方式,即调查程序在各主要环节存在着四种以上的分类处理程序,每一个涉嫌犯罪线索在最终进入起诉程序之前,都要经历多个环节和多种不同处理方式的过滤。三是内部决定权大。从监察调查程序的分流审批方式来看,分流的决定权主要集中在监察委领导层面,多数分流决定是由监察委主要领导以集体决策的方式做出的,决定做出后一般也不向社会公布,调查程序的重新启动也由监察委内部进行控制。四是外部监督不足。目前来看,监察机关外部能够参与且在监察调查程序分流中发挥作用的主要是党委,党委拥有对某些案件程序环节走向的审批权,它可以通过这种审批对程序分流进行监督。另外,检察院公诉部门可以通过审查起诉对监察委的分流决定进行制约,进而对监察调查程序的分流走向产生一定影响,除了这两个机关能够从外部对程序分流进行监督外,其他的外部监督体系缺少机会、能力和方法来制衡监察调查分流程序。

这种程序分流的模式赋予了监察委对调查程序的较强控制权,也给予监察委更多的关于程序走向的自由选择空间,对于尽可能提高调查办案效率,保障多数案件能够得到灵活便宜处理具有积极意义。但是,这种以效率为导向的程序分流模式也存在一定的风险因素,比如内部控制决定权较大,外部监督制约体系有所缺失,多类不同的调查处理程序之间转换过于灵活,也存在案件不能进入正确的调查处理程序的风险。消除程序分流模式中潜在风险的一条可行之路是强化监督制约机制。

第一,监督的重点。监察委对调查程序的控制主要体现在决定不追究和程序转换两个方面。案件的不追究程序主要是指立案阶段不立案、调查阶段撤销案件和调查终结不移送处理。之所以要对这几类程序进行重点监督,主要是因为这几类决定意味着放弃了追究调查对象的责任。程序转换主要是指监察委内部决定将违法调查处理程序转换为犯罪调查处理程序,或者将犯罪调查处理程序转换为违法调查处理程序,这其中存在犯罪出罪化和违法入罪化两个潜在风险。如果监察委拥有过多、过大的不追究调查对象责任的自由裁量空间,且监察委做出的不追究决定缺乏外界监督力量的有效制约,一方面会无法有效防止监察委做出错误的程序流转决定,另一方面也无法对监察委不当使用程序决定权进行监督,因此有必要从程序设计和监督机制方面加强对这两类程序决定的制约。

第二,建立监督制约机制。针对上述两种主要的程序分流决定的监督,有必要从制度设计和完善监督方式方面入手,既适度限制监察委做出这些决定的自由裁量空间,又从监督制度上对监察委的自由裁量权进行控制。目前可以尝试的几种做法包括:(1)建立向上级备案机制。鉴于当前监察委特别强调内部监督的作用,可以通过上级监察委对下级的监督机制来实现对这两种主要程序的监督,比如可以建立监察委作出决定后向上级备案的机制,通过上级备案来发挥对下级决定的监督作用。(2)建立向社会公开机制。对于已经正式立案的监察案件,如果监察委调查之后决定停止追究程序,或者转换追究处理程序,就有必要向社会公开这些重要信息,自觉接受社会大众和媒体的公开监督,避免这类重要的程序决定变成完全封闭的内部操作程序。(3)建立新的专门监督组织。党委是对监察调查程序进行监督的主要外部力量,但是党委同时参与了许多程序环节的决策,其监督的中立性并不是特别强。可以建立前文提到的比较中立的监督委员会,并吸引社会人士和人大代表进入该委员会,由该委员会对重要的调查程序决定事项进行监督。

第四节 监察调查程序的法治化进路

职务犯罪监察调查程序的运行主要涉及内部、外部两个层面的程序衔接,其中内部程序主要针对纪委、监察委"二位一体"的架构而言,即纪委、监察委两机关内部的各类程序之间的衔接,主要包括违纪调查、政务调查和犯罪调查程序之间的衔接;而外部程序衔接是监察委调查程序与其他机关之间的程序衔接,包括监察委与公安机关在留置等调查措施执行中的程序衔接,监察委与检察院在管辖、移送审查起诉等环节的程序衔接,以及监察委与其他机关在线索移送、调查取证等方面的程序衔接。从监察体制改革的实践运行情况看,各地监察委出台了大量关于监察程序运行的内部规定,职务犯罪监察调查程序的运行已经较为流畅,公安机关、检察机关等均积极协助监察办案工作,调查程序运行的实践阻力和障碍较少,目前最主要的程序衔接争论点主要集中在留置和移送起诉两个环节。

一、留置程序运行和衔接的规范化

我国的《人民警察法》是最早将"留置"一词引入国家立法体系之中的法律。"留置"同样出现在《公安机关办理刑事案件程序规定》之中。在留置试点之初,有学者将其定性为针对违纪违法行为的行政调查措施,[①]也有学者认为其具有刑事侦查和行政执法的双重性质,[②]甚至有人认为留置本质上就是逮捕措施。[③]而《监察法》则将留置定性为一种强制性调查措施,与讯问、勘验检查等同属监察调查措施体系。该措施可以较长时间限制被留置对象的人身自由,在实践中成为应用率非常高的一类调查措施,随着纪委过去常用的"双规"措施的停止使用,留置成为监察办案经常依靠的调查措施。

目前留置措施的实践运行已经十分流畅,也形成了一个较为完整的工作模式。具体来说,从适用对象上看,留置对象包括涉嫌严重职务违法或职务犯罪的被调查人,以及涉嫌行贿犯罪或共同犯罪的其他涉案人员。从适用条件上看,包括涉及案情重大、复杂的,可能逃跑、自杀的,可能串供或者伪造、隐匿、毁灭证据的,可能有其他妨碍调查行为等四种情形。从审批程序上看,留置实行本级监察委集体决策和上级监察委审批相结合,根据调查对象人事组织关系实行分级报批的审批模式。从执行地点上看,主要包括在看守所执行和其他专门留置场所执行两类情况,其中看守所执行模

[①] 熊秋红:《监察体制改革中职务犯罪侦查权比较研究》,载《环球法律评论》2017年第2期。

[②] 谭世贵:《监察体制改革中的留置措施:由来、性质及完善》,载《甘肃社会科学》2018年第2期。

[③] 张建伟:《法律正当程序视野下的新监察制度》,载《环球法律评论》2017年第2期。

式是在看守所里划出专门的区域,将这些区域改造为单独关押的场所,并配置相应的同步录音录像系统;其他专门留置场所执行主要是对纪委原来的警示教育中心等场所进行改造,建立比较完善的讯问、安保、监控、医疗等配套设施,并要求公安机关派遣警察力量进驻这些专门改造场所,建立使用、执行和监督相分离的留置场所管理方式。从留置监督方式来看,包括监察委内部案管部门对留置执行过程的监督,以及公安机关作为具体执行机关对留置过程的监督。

从上述留置运行的体系设置看,这种留置模式的内容框架已经较为完善,但是留置程序运行仍有一些争议点,这需要在后续改革中予以改进。具体来说,主要有以下几个问题:

第一,留置场所界定和管理问题。《监察法》第 22 条规定监察委可以将调查对象留置在特定场所,留置场所的设置、管理和监督依照国家有关规定执行。然而,监察改革试点之初的改革文件一般要求留置要在公安管理场所执行,可以说监察立法针对留置的规定更为灵活,这在实践中造成了各地留置做法的差异比较大。比如,有些地方监察委选择在看守所执行留置,有些地方监察委选择改造纪委原来的教育中心、"双规"执行点等场所,并在执行留置时实行监察委使用、公安机关管理的协作模式。可以说全国各地的监察委在当前的实践操作中创造了许多非常灵活的做法。之所以会在留置实践中出现操作不统一的问题,主要是因为立法层面对留置执行规定得较为宏观,这既给地方监察委的探索留下了足够的操作空间,又增大了各地监察委实践的差异,而地方监察委对留置探索的自由空间过大也引发外界对其侵犯公民权利的担忧。留置场所的选择直接关系执行效率和被调查对象权利保护,之后的改革探索有必要对留置场所进行明确规制,一方面通过监察立法进一步明确留置场所的界定,对所谓特定场所进行解释说明,解决各地认识和实践探索差异较大的问题;另一方面在实践中厘清监察委和公安机关在留置执行中的责任。留置是由公安机关协助执行的,实践中一个典型做法是,建立专门留置场所,然后由公安机关设立专门的留置场所管理机构,并配备专门的民警或辅警来协助执行留置。这就需要进一步明确监察委和公安机关在留置执行和场所管理中的责任,规范留置执行和协作程序,建立比较规范、高效的留置程序衔接机制。

第二,留置适用条件问题。《监察法》规定留置措施的适用条件之一是被调查人涉嫌贪污贿赂、失职渎职等严重职务违法或者职务犯罪,监察机关已经掌握部分违法犯罪事实及证据,但仍有重要问题需要进一步调查。该规定使用的立法语言和内容仍有许多不够明确的地方,比如严重职务违法的标准是什么,它与一般违法和犯罪的区别在哪里,这一点目前尚无法律规定进行明确说明。另外,该规定中使用部分犯罪事实及证据这样的表述方式,"部分"的界定也很难有一个精确的尺度,"重要问题"到底怎么界定比较科学,也缺乏较为清晰的解释说明。留置适用条件和标准的不明晰会赋予监察机关过大的自由裁量权,可以预测监察机关将更多倾向于使用留置来调查案件,这将引起留置适用泛化的风险。为此,后续的监察改革立法需要对留置适用条件进行更为清晰的解释说明,尽量使用客观性强的标准,为留置操作提供更为明确的指导。

第三,留置配套措施问题。《监察法》中所规定的限制人身自由的调查措施体系较为单一,可以说只有留置这一种强制措施能够较长时间限制人身自由。一方面监察委在决定采取留置措施后,可能存在期限届满、重大疾病等不适宜继续留置的情形,但是解除留置却没有替代措施可用,无法继续保证被留置对象及时到案、配合调查和接受监督,导致留置决定做出后只能"一留到底";另一方面解除留置措施后缺乏限制措施,有些案件解除留置后,仍然需要继续调查违纪、违法问题,但这时会缺少对被调查人的活动地域、业务范围等进行限制的强制措施,这也迫使监察机关对没有留置必要的对象延长留置时间。此外,从目前各地监察机关的留置实践来看,留置运行成本居高不下。比如,对新建留置所或对原有办案场所进行改造将花费大量的资金;留置场所多数常年满负荷运转,需要大量协警进驻管理;留置场所需要配备食堂、住宿、网络、监控等一系列后勤硬件,多数留置场所的运行成本都非常高。当然,腐败犯罪侵害了民众对公权力的信任,反腐败不应简单从经济成本考虑,但是反腐败经济成本也是程序设计所必须考虑到的重要因素。如果立法机关能够赋予监察机关必要的辅助或替代留置的调查措施,给监察机关更多的选择,可以避免留置超负荷使用带来办案成本过高的问题。为此,可以在以后的改革中探索建立较低程度限制人身自由的措施,针对留置解除后被调查对象可能处于"脱管"状态,可在解除留置时设立限制性条件,限制被调查对象的活动地域、社交范围等,以确保被调查对象随时配合调查工作。与此同时,监察机关本身也拥有广泛监督权,可以针对那些被解除留置的对象使用监督职能,与基层公安派出所、街道、社区组织等进行协作,共同加强对该类对象的监管。

二、监察程序与刑事程序之间倒流

长期以来,我国的刑事诉讼流程中存在一个比较特殊的补充侦查程序,补充侦查是对先前刑事程序的回溯或弥补,并非所有刑事案件的必经程序,它的产生根源于国家对刑事惩罚权的高度垄断。① 一般认为,补充侦查是刑事诉讼法规定的有权机关在原有侦查活动基础上,依照法定条件和程序对刑事案件进行的侦查取证活动,其中检察院启动的补充侦查可能发生在审查逮捕、审查起诉和审判阶段。② 1979 年的《刑事诉讼法》就对补充侦查的主体、期限和阶段进行了初步的规定,2012 年修订后的《刑事诉讼法》进一步完善了三类不同的补充侦查的相关程序规定。2018 年出台的《监察法》规定了监察案件在审查起诉环节的补充核实程序,该法第 47 条规定:"人民检察院经审查,认为需要补充核实的,应当退回监察机关补充调查,必要时可以自行补充侦查。对于补充调查的案件,应当在一个月内补充调查完毕。补充调查以二次为限。"2018 年新修订的《刑事诉讼法》第 170 条

---

① 徐航:《退回补充侦查制度的实证分析——以审查起诉环节为视角的观察》,载《中国刑事法杂志》2007 年第 3 期。
② 关于补充侦查的定义,学者们的观点大同小异。陈光中和徐静村教授认为补充侦查是公安机关或者检察院针对案件事实不清、证据不足、存在漏罪、漏犯等情形,在原侦查工作基础上,调查补充证据的诉讼活动。陈光中、徐静村:《刑事诉讼法》,中国政法大学出版社 2002 年版,第 15 页。樊崇义教授则认为补充侦查是侦查机关在事实不清、证据不足、存在漏罪等情形下,在原有侦查工作基础上,进行调查补证的活动。樊崇义:《刑事诉讼法》,法律出版社 2013 年版,第 213 页。

也规定了检察院在审查起诉环节认为需要对监察案件补充核实,应当退回监察机关补充调查,必要时可以自行补充侦查。比较监察案件补充核实程序与传统补充侦查程序之间的关系,可以发现两者的程序设计内容有部分类似,如补充调查期限、次数;但是两者也有明显的差异,如立法采取退回调查为主、自行侦查为辅的设计模式,监察委对退回补充调查案件的不起诉有一定异议权等,这种差异也对传统补充调查模式产生了冲击:

一是称谓上很难统一。传统的补充侦查程序主要针对普通的刑事案件而言,其主要类型包括自行补充侦查和退回补充侦查,两者都可以被纳入刑事侦查程序的范畴。但是按照当前监察体制改革文件和立法的规定,监察委调查职务犯罪是区别于刑事侦查的犯罪调查活动,监察调查程序区别于刑事侦查程序,所以检察院决定将案件退回监察委补充取证意味着程序倒流进入监察调查程序,而检察院对监察案件进行自行补充侦查意味着案件仍处于刑事程序中,所以补充侦查这个称谓难以准确形容监察案件的补充取证程序,为此立法创设了补充核实程序这个概念,但是这个概念如何与补充侦查协调一致需要进一步探讨。

二是检察院自行补充侦查的现实困难。在科技高度发达的现代社会,侦查工作的专业性和复杂性远超以往,一个合格的侦查员需要经历数年的经验积累,才能胜任讯问、笔录制作等基础性侦查工作。然而,检察院公诉人员多数仅接受过法学教育,对于侦查学的知识储备不足,也缺少训练,如果没有自侦干警的支持,公诉人员在侦查取证时会遇到很大的困难。

三是补充核实程序运行中的转换障碍。首先,补充核实手段措施的转换问题。如果检察院在审查起诉中决定启动补充核实程序,它可以决定自行补充侦查或退回监察委补充调查。一般情况下,检察院和监察委可以在该程序中使用法律赋予的一切侦查或调查手段,自行采取法律授权的一切强制措施,但是监察程序和刑事程序在性质上的差异,以及调查措施和侦查措施的不同将造成一系列程序转换问题。比如,检察院在审查起诉中采取了逮捕等强制措施,如果决定将案件退回监察委补充调查,是否需要撤销刑事强制措施,改由监察委再次采取留置等措施,以及犯罪嫌疑人的称谓是否转换为被调查对象等,这些都需要在立法和实践中进一步予以明确。其次,补充核实程序中的人权保障标准。检察院在审查起诉环节可以启动两类补充核实程序,这两类程序对被调查者法律权利的保障有所差别。根据《监察法》对监察调查程序的规定,律师不可以介入监察调查程序,他也就无法为被调查对象提供法律服务和关于案件的一些基础信息。然而,根据现行《刑事诉讼法》的规定,犯罪嫌疑人可以在侦查阶段聘请律师作为辩护人,辩护人可以在侦查阶段为犯罪嫌疑人提供法律帮助,代理申诉、控告,申请变更强制措施,向侦查机关了解犯罪嫌疑人涉嫌的罪名和案件有关情况,并提出相应法律意见。检察院如果决定采取自行补充侦查的措施,自然应当遵守《刑事诉讼法》的规定,保障犯罪嫌疑人聘请律师等基本的法律权利。因此,《监察法》和《刑事诉讼法》这两部法律关于被调查对象法律权利规定上的差异,将导致同一个监察案件进入不同的补充核实程序,被调查对象的法律权利保障出现差异,最明显的就是被调查对象在检察院自行补充侦查程序中可以获得律师帮助,而在退回监察委补充调查过程中将无法享受这些权利,这将导致被调查对象权利保护的不平衡。

监察案件补充核实程序的出现面临许多理论解读难点,既包括补充核实程序自身定位方面的问题,也包括传统退补模式是否应做出回应并积极调整。只有克服这些理论难点才能赋予该制度更强的生命力。整体来看,补充核实程序的基本运行流程类似于补充侦查程序,但是又有自身特殊之处,因此对补充核实程序的解读,一方面要参照补充侦查的概念和运行模式,另一方面也可以从新的角度来认识补充核实程序,通过对补充核实程序的重新定位,逐步纠正过去补充侦查存在的许多弊端。具体来说,可以从以下几个方面切入:

第一,补充核实程序的统一设定。可以将补充核实程序的概念推广到所有刑事案件的诉讼程序之中,建立统一的补充核实上位概念来指称该制度,将退回补充调查、退回补充侦查和自行补充侦查均视作实现补充核实任务的载体,在统一的补充核实程序概念下解决内部程序的流转难点。通过在刑事诉讼对补充核实程序统一设定,可以解决上述三项程序内容之间在称谓、程序对接等方面差异过大的问题。具体来说，可以参照《监察法》对补充核实程序的界定，对《刑事诉讼法》中的补充侦查程序进行调整，统一使用补充核实程序的概念，并统一两者的程序处理后果，通过这种统一界定来制定该程序下的权利保障标准，解决调查权和侦查权分立带来的不同程序权利保障有差异的问题。

第二，加强检察机关的自侦能力。检察院在过去的十几年里投入大量资金和精力，初步建立起比较完善的侦查技术系统，并配备了许多精通刑事科学技术的专业人才。例如，许多地方检察院建造了新的审讯场所，购买了侦查指挥车、信息恢复软件、话单分析系统等，这些侦查技术方面的进步非一朝一夕之功。监察体制改革并未转隶检察院的侦查设备、资产和刑事科学技术系统，这些耗资不菲的侦查资源依然留在检察院，且多数正处于闲置状态，如果弃之不用是资源的严重浪费。因此，有必要结合检察机关内部机构改革的方案，对这些侦查资源进行有效整合。在侦查资源整合基础上，一方面在公诉部门建立一个专门负责办理监察案件的独立科室，并为该科室适当配置一些有侦查经验的干警，这也是许多地方检察机关在摸索的做法。因为监察案件占全部刑事案件总量的比例并不会太高，因此该科室可以有较多的时间和精力开展补充侦查工作。另一方面调整司法警察的人员组合，建立补充侦查的辅助力量。目前各级检察院都配置了一定数量的司法警察，司法警察曾经是自侦办案的重要辅助力量，负责管理审讯场所、押解、搜查、协助执行刑事强制措施等一系列工作，而且许多司法警察参与过自侦办案过程，具有一定的侦查工作经验，并且拥有强制执法的职权和警用装备。过去相当长的时间内，司法警察在检察院自侦办案中发挥了重要作用，进行了比如执行看管犯罪嫌疑人、管理讯问室、协助抓捕等工作。自职务犯罪侦查权转移给监察委之后，司法警察的工作量大大减少，出现了一定程度的人员闲置现象。在公诉部门开展自行补充侦查精力有限的情况下，加强对司法警察的业务培训，通过适当引入公安机关的警察力量，派遣司法警察到公安机关挂职锻炼等方式，提高司法警察的侦查业务素养，充分利用司法警察的力量辅助补充侦查，不失为一条可行之路。

第三，完善补充核实程序的监、检衔接。一方面，探索建立规范化的退补指导机制。在过去的退回补充侦查实践中，公诉部门往往会根据审查中发现的问题，制作补充侦查决定书或取证提纲，并将该取证提纲交给公安等侦查机关予以参照。① 但是这种取证指导机制并没有形成比较固定和规范的工作模式，补充取证很多时候要靠公诉人员和侦查人员之间的私人沟通完成，公诉人员提出的取证提纲仅仅是建议性质，没有任何强制力，文书和提纲内容比较概括，② 存在"函退"规避两次补充侦查限制的做法，③ 这也是造成实践中大量存在"退而不侦"现象的原因之一。笔者认为可以建立更为规范的退补指导机制，制定标准化的退补取证提纲和法律文书，公诉部门要在取证提纲上列明取证要求，并对取证要求进行一定的说理和解释，监察委收到取证提纲后应尽量完成取证提纲的任务，不能完成的需要进行说明，并在补充调查结束后，将调取的证据材料和取证提纲一并移送检察院。这种标准化取证指导模式既可以发挥公诉部门对退补调查取证的指导作用，也可以进一步提高退补的程序效率。此外，监察立法有必要进一步对退回补充调查的强制措施转换做出明确规定，笔者认为比较可行的做法是，如果检察院在审查起诉阶段采取了逮捕等强制措施，退回监察委补充调查之后，不需要将逮捕变更为留置等调查措施，而是由监察委继续在逮捕等强制措施期限内完成补充调查取证工作，但是被调查对象在此过程中享有审查起诉环节的一切刑事诉讼权利。

三、监察程序向刑事程序流转衔接

前文对职务犯罪监察调查的程序分流进行过详细梳理，监察委调查的

---

① 李新、余响铃：《退回补充侦查与冤假错案防范》，载《人民检察》2014年第2期。
② 有研究者在对北京市检察院的退回补充侦查工作进行实证调研后，发现大多数案件的退补提纲的撰写过于简单，只写要求，不写理由，或只写工作目的，不写开展工作的方法，导致侦查人员很难领会公诉人员的真正取证目的和要求。徐航：《退回补充侦查制度的实证分析——以审查起诉环节为视角的观察》，载《中国刑事法杂志》2007年第3期。
③ 周萃芳：《关于北京市检察机关审查起诉阶段补充侦查进行情况的调研报告》，载《中国刑事法杂志》2002年第3期。

案件并非全部流入刑事司法程序。与之相反,根据中央纪委所提倡的针对四种形态的处理导向,最终移送司法处理的监察案件应是少数,一些地方被留置的对象有相当多没有接受司法处理,而是进行了所谓的"断崖式降级"处分。① 对于那些进入党纪处分和政务处分程序的监察案件来说,它们主要涉及监察委内部各部门之间的程序衔接,审查部门调查接收后由监察委直接作出处理决定;对于那些要移送司法的监察案件来说,它们主要涉及监察程序和刑事程序之间的衔接。

监察程序和刑事程序的衔接关系主要发生在两个层面:一是监察调查程序和刑事侦查程序之间的协调和衔接。比如在被调查对象同时涉嫌职务犯罪和其他类型犯罪的案件中,监察委和公安机关、检察院等在确定管辖权、立案、对接调查措施和强制措施、移送审查起诉等方面存在协调和衔接关系。从当前监察体制改革的实践运行情况来看,监察委和公安等侦查机关在该阶段的衔接已经较为顺畅,监察委内部出台了大量的工作指南等来规范程序衔接,不足之处在于各地规定存在或多或少的差异,且多数是监察委通过单方规定来规范双方关系。因此,有必要由国家监察委对全国的这类规定进行集中梳理,通过联合机关共同发文的形式,将各方在监察程序和侦查程序衔接中的职责义务进行明确规范。二是监察调查程序和审查起诉程序的衔接,主要涉及案卷移送、涉案款物移送、强制措施转换、非法证据排除、刑事特别程序的对接等方面。目前国家立法以及监察委内部规定也对这些问题进行了初步规范,但是仍有一些衔接节点存在争论,有必要进一步予以探讨和厘清。

第一,立案调查环节的协调对接。监察委立案调查的对象涉嫌职务违法或职务犯罪,这些对象触犯法律的行为必然也违反党纪规定,所有监察立案必然伴随着党纪立案,这两类立案针对的是同一个对象,并且由同一个调查主体办理所有的立案手续,但是两类立案审批程序必须分别进行,

---

① 断崖式处理是指针对某些领导干部涉嫌违法,但是违法情节不够严重,或符合从轻处理的条件,监察调查后仅对职务职级进行降级、撤职等处分,且降级幅度比较大,被形象地比喻为"断崖式处理"。

不能将两类性质不同的程序混合起来操作。此外,有些调查对象可能同时涉嫌普通刑事犯罪和职务犯罪,这两类犯罪分别属于侦查机关和监察机关管辖,侦查机关和监察机关应分别对各自管辖的犯罪进行立案,但是两机关在立案之后应协调职务犯罪和普通刑事犯罪的调查进度。一般情况下,两机关立案之后应确定一个主要的调查主体,并协调刑事侦查措施和监察调查措施、刑事强制措施和限制人身自由的监察措施、侦查进度和监察调查进度之间的关系,这几对关系在实践中主要通过两机关互相沟通来进行协调。

第二,监察案件移送的程序转换。职务犯罪监察调查程序的一个典型特点是监察调查程序取代了刑事侦查程序,所以程序流转中缺失传统的侦查立案程序,也就意味着监察案件在调查终结后会直接移送检察院审查起诉。这种衔接模式在实践中表现为监察委调查部门直接将案卷移交检察院案管部门,检察院案管部门接受后录入检察统一业务软件系统,然后将该案件分流至公诉部门的负责科室或检察官,之后就由公诉部门负责主导整个审查起诉程序。从监察程序向刑事程序过渡的这一操作流程来看,检察机关受理监察案件后并没有专门的刑事立案程序,所谓案管部门的受理程序更多的是一种登记程序,而公诉部门在接到案件后可决定采取先行拘留这类刑事强制措施,[①]也就造成一种监察案件在受理环节自动转入刑事程序的效果。当然,这种监察程序向刑事程序的"自动转换"并未在立法上得到明确规定,监察改革的文件也未对此问题进行说明,而这对被调查对象的权利行使和保护会有所影响,因为被调查对象在监察程序和刑事程序中所享有的个人权利有较大差异,如果程序转换的准确时间节点或者程序节点不明确,明显不利于充分保障被调查对象在监察程序和刑事程序中的合法权利。因此,之后的改革可以探索在监察案件的移送程序中设置一个程序转换节点,比如将检察院案管部门收到监察委移送的案件并开具受理案件手续之时设定为监察程序转换为刑事程序的节点,此时调查对象的身份

---

① 先行拘留是 2018 年修订《刑事诉讼法》规定的留置措施与刑事强制措施的转换方式,公诉人员可以利用先行拘留的时间对监察案件进行初步审查。

转换为犯罪嫌疑人并享有刑事诉讼中的基本权利,检察院也可以采取拘留等刑事强制措施。

第三,提前介入审查案件的规范。目前监察办案实践中有一个比较流行的做法,那就是监察委在案件调查终结之前,会协调监察委审理部门或检察机关公诉部门派员提前介入调查程序中,监察审理人员和检察公诉人员会借用调查时间对案卷进行全面审查,以确定案件是否符合移送起诉条件,以及是否需要进一步调查取证。这种提前介入做法在改革试点初期有一定的现实必要性,主要是因为监察程序的运行还在探索阶段,监察委和检察院都缺少可以参考的程序规程,不得不通过提前介入的方式摸索可行的程序操作方案,这也是为了尽可能提高办案效率。然而,随着监察体制改革的基本运行模式已经成型,各项程序操作规程也逐步完善起来,且2018年修订的《刑事诉讼法》为检察院设定了先行拘留的衔接方案,检察院有足够时间在受案后对案件进行审查,之前这种提前介入操作方式会挤压监察调查时间,变相延长留置时间,所以有必要在后续的改革中逐步减少提前介入的工作模式,避免出现监察调查程序和审理程序、监察程序和审查起诉程序之间边界不清的问题。

为此,一方面要对监察委内部的提前介入程序进行规范,认真贯彻"调查、审理分离原则",明确调查程序和审理程序之间的界限,分清调查和审理两个不同阶段的任务、职能和目标,落实调查和审理相互制约、相互监督的工作机制,避免因审理部门过度介入调查程序而模糊程序之间的边界;另一方面要对检察院提前介入监察程序进行规范,明确监察程序和刑事程序之间的根本性差异,对提前介入的程序启动、程序衔接以及运行流程进行详细规范,避免私下协调取代正式的程序衔接。具体来看,针对那些确实需要监察委审理部门或检察院提前介入的监察案件,可以探索建立更为规范的提前介入程序,比如通过制定内部工作规定的形式明确提前介入的启动条件和案件适用范围、提前介入的申请以及审批程序、提前介入应当提供的案件资料范围、提前介入的地点以及人员安排、提前介入形成的工作资料的归档、提前介入程序中的回避方式、提前介入中提出的意见建议的法律效果等。监察委可以自行制定关于审理部门提前介入的内部工作规定，但是必须和检察院联合协商和发布关于检察院提前介入的工作程序规定。

第四，监察、刑事程序的对等设置。在监察改革的初期，监察程序和刑事程序中出现了一系列衔接不畅问题，这其中一个重要原因是监察程序和刑事程序的分离设置，且监察程序与刑事程序存在许多不对等设置，比如监察程序中对人、对物的程序设置内容与刑事程序存在差异，这导致两者在衔接时存在着复杂的程序过渡和对接问题。要解决此问题，可以从两个方面出发：

一是建立灵活、合法的衔接工作机制。当前各地监察委都在积极探索如何实现监察程序和刑事程序的有效衔接，各地也纷纷出台了一些具体的程序衔接工作规定，并做了很多有价值的探索，但是各地的做法存在一些差异。从《监察法》的规定来看，监察程序的设计总体比较宏观，缺少程序运行和衔接的详细规范，这也为地方的改革探索预留了一些空间，各地监察委可以继续利用此改革空间，积极探索有利于程序衔接的具体做法，在遵守监察相关立法的前提下，建立灵活的程序衔接机制。比如针对国际刑事司法协助，监察调查措施和刑事侦查措施的协调对接，调查对象涉嫌两类以上罪名的立案、调查、移送程序协调，监察调查措施在移送起诉环节的过渡等。目前各地的实践都有一些成熟的做法，但也需要进一步的探索完善，并最终上升到国家统一立法层面。

二是健全监察案件的相关运行程序。按照《监察法》和《刑事诉讼法》对监察、刑事程序的规范模式，监察调查程序适用《监察法》，监察案件进入刑事程序适用《刑事诉讼法》等刑事法规范，司法机关等可以对监察案件进行审查，进行非法证据排除等，这些处理方式并无太多的争议。有一点需要重视的是，《监察法》和《刑事诉讼法》的程序规定仍有空白之处，而监察委和检察院的工作对接机制并不能创造或突破现有程序，这就需要在程序设计上继续完善监察程序。目前来看，有两类程序的运行仍然需要进一步完善：第一类是监察案件的刑事特殊程序。职务犯罪案件如果符合《刑事诉讼法》设定的特殊条件，可以进入认罪认罚以及缺席审判等刑事特别程序。就监察案件适用认罪认罚程序来说，被调查人如果被采取留置措施，律师介入该程序会存在很多限制，而认罪认罚程序则要求律师在场，这就需要监察委为被调查对象提供律师。另外监察案件进入认罪认罚程序的具体操作细节需要有所调整设计，这也需要立法进行进一步明确。第二类是监察案件国家赔偿程序。《监察法》第 67 条规定："监察机关及其工作人员行使职权，侵犯公民、法人和其他组织的合法权益造成损害的，依法给予国家赔偿。"这是目前关于监察委调查职务犯罪适用国家赔偿的专门规定，但是这个规定较为宏观，《中华人民共和国国家赔偿法》尚未对监察委的国家赔偿责任、赔偿程序等进行明确规定，可以说这是目前监察程序运行中一个追责方面的盲点。监察调查程序的性质区别于刑事程序和行政程序，对于监察调查活动所造成损害的赔偿程序设置也应有所不同。由于监察案件进入审查起诉程序后仍会继续在刑事程序流转，之后进入审判程序、执行程序等，因此监察案件的国家赔偿程序需要结合监察程序和刑事程序的内容进行综合考量。

四、监察调查程序对刑事程序的借鉴

职务犯罪和普通刑事犯罪并无本质差异，国家机关对这类犯罪的调查都属于犯罪追诉体系的一部分。虽然国家通过立法将职务犯罪和普通刑事犯罪的调查程序区分开来，并分别为两类调查设计了独立的调查程序，但是不可否认的是职务犯罪和普通刑事犯罪都由刑法进行规范。基于犯罪嫌疑人人权平等保护的法律原则，监察调查程序中对被调查对象人权的保障应不低于刑事诉讼程序，假如监察委和侦查机关对犯罪嫌疑人人权保障标准存在差异，既不符合立法技术的基本要求，也与我国所签署加入的人权保障相关的国际公约存在冲突。职务犯罪监察调查活动作为针对犯罪的专门调查活动，也应受到刑事法理的制约。① 前文指出职务犯罪监察调查程

---

① 汪海燕：《监察制度与〈刑事诉讼法〉的衔接》，载《政法论坛》2017 年第 6 期。

序的设计借鉴了刑事诉讼程序的部分内容,自然也要对刑事诉讼中符合法治文明的那些原理和程序进行适当吸收,这也是监察调查程序实现自身正当化的价值基础之一。

第一,非法证据排除规则的适用。《监察法》第33条规定:"监察机关在收集、固定、审查、运用证据时,应当与刑事审判关于证据的要求和标准相一致。以非法方法收集的证据应当依法予以排除,不得作为案件处置的依据。"这可以解读为监察证据在取证规范、审查运用乃至非法证据的认定与排除等方面,应当按照《刑事诉讼法》关于刑事证据审查与运用的标准和要求进行。① 《监察法》第40条规定:"严禁以威胁、引诱、欺骗及其他非法方法收集证据,严禁侮辱、打骂、虐待、体罚或者变相体罚被调查人和涉案人员。"上述规定表明,《监察法》已经认可非法证据排除规则之精神,该规则同样适用于监察调查。② 此外,《中国纪检监察报》中也多次刊文提出非法证据排除规则对监察委取证的要求,表明监察委系统内部对非法证据排除规则的适用也是认可的。③ 然而,《监察法》对非法证据的规定仍有些笼统,且与《刑事诉讼法》等刑事法律法规并不完全一致,比如《刑事诉讼法》明确禁止了刑讯逼供的取证方法,而《监察法》列举的非法取证方法并没有刑讯逼供,当然《监察法》关于取证的禁止性规定中自然包括刑讯逼供。另外,司法机关出台的一系列关于禁止非法取证的规定能否直接约束监察委并不明确,比如司法机关近年来专门制定了《关于办理刑事案件严格排除非法证据若干问题的规定》《关于严禁将刑讯逼供获取的犯罪嫌疑人供述作为定案依据的通知》等关于排除非法证据的规定。监察案件进入刑事司法程序后,由司法机关按照排除非法证据规则来审查监察案件并无异议,所以这些规定对公安司法机关具有约束力,至于对监察委有无足够的约束力,《监察法》并未给出明确规定。职务犯罪案件最终可能要进入司法程序接

---

① 王沿琰、黄维智:《监察办案与审查起诉程序衔接问题研究》,载《西南民族大学学报(人文社科版)》2018年第11期。
② 卞建林:《配合与制约:监察调查与刑事诉讼的衔接》,载《法商研究》2019年第1期。
③ 比如《中国纪检监察报》2018年8月29日第8版刊登的《浅议非法证据排除规则对行使监察权的要求》。

受处理,监察委在调查阶段自然要参照刑事程序对非法证据排除的相关规定来取证,否则这些案件进入司法程序将面对司法机关的否定性评价。因此,刑事法对非法证据排除的规定对监察委具有约束力。2021 年 9 月 20 日起施行的《监察法实施条例》第 8 条规定,监察机关对于人民法院、人民检察院提出的排除非法证据意见依法办理。《监察法实施条例》虽然没有直接在条文中使用监察机关排除非法证据的表述,但是要求监察机关依法办理司法机关提出的排除非法证据的意见。

第二,辩护律师介入监察调查程序。目前,几乎所有国家(地区)的宪法性规范和刑事诉讼法均把嫌疑人和被告人获得辩护的权利视为其最基本的诉讼权利,①即使是在设立统一、独立、高效反腐败机构的其他国家或地区,亦非常重视嫌疑人的辩护权保障。如我国香港地区《廉政公署(被扣留者的处理)令》第 4 条明确规定了廉政公署调查过程中的律师参与,"被扣留者须获给予合理机会,以便与法律顾问通讯,并在一名廉署人员在场但听不见的情况下与其法律顾问商议,除非此项通讯或商议对有关的涉嫌罪行的调查或执法会构成不合理的阻碍或延迟。"②在新加坡等地,反贪专门机构的侦查权同时受专门法律和刑事诉讼法的规制,犯罪嫌疑人的诉讼权利并不因反贪的严厉要求而缺位。③"人权保障实际上就是要为公权力设定界限,成为制约权力的重要手段。"④卞建林等学者认为:"允许律师介入监察调查是程序法治原则在监察调查中的重要体现。遗憾的是,当前的监察调查并未给律师介入留下空间,剥夺了被调查人的律师帮助权,架空了被调查人的防御权。这显然与体现程序法治价值的目标相背离。更为严重的是,如此制度安排可能造成《监察法》与《刑事诉讼法》在衔接上的不畅。"⑤比如监察案件也会遇到缺席审判、没收违法所得和适用认罪认罚程序的情况,此时就需要律师的必要参与,否则程序的公正性无法得到有效保障,

---

① 陈瑞华:《刑事审判原理论(第二版)》,法律出版社 2020 年版,第 297 页。
② 汪海燕:《监察制度与〈刑事诉讼法〉的衔接》,载《政法论坛》2017 年第 6 期。
③ 熊秋红:《监察体制改革中职务犯罪侦查权比较研究》,载《环球法律评论》2017 年第 2 期。
④ 韩大元:《完善人权司法保障制度》,载《法商研究》2014 年第 3 期。
⑤ 卞建林:《配合与制约:监察调查与刑事诉讼的衔接》,载《法商研究》2019 年第 1 期。

《刑事诉讼法》对侦查阶段律师介入有所规定,《监察法》回避该问题会造成某些诉讼程序运行的障碍。当然,鉴于目前反腐败形势依然严峻复杂且职务犯罪案件具有某些特殊性,可以对律师介入监察调查程序进行某些限制。比如,设定被调查对象被采取留置措施后可以聘请律师提供法律帮助,在监察委调查终结前必须给予被调查对象必要的机会会见律师。在一些重大职务犯罪案件中设置必要的限制会见条件,但是妨碍调查因素消失后应及时安排与律师的会见。

第三,监察调查人员出庭。《刑事诉讼法》第59条第2款规定:"现有证据材料不能证明证据收集的合法性的,人民检察院可以提请人民法院通知有关侦查人员或者其他人员出庭说明情况。"证人出庭作证是落实庭审实质化的重要举措,《刑事诉讼法》该条规定可以看作是推进庭审实质化的重要进步。调查人员出庭作证既是落实《监察法》有关监察机关与审判机关相互配合相互制约的要求,也是法庭质证和实现被告人对质权的需要。[①]《监察法实施条例》第8条规定,监察机关对于人民法院、人民检察院提出的要求监察人员出庭的意见依法办理,为监察调查人员出庭确立了法律依据。但是《监察法实施条例》仅概括规定了监察机关依法办理司法机关要求调查人员出庭的意见,缺少监察调查人员出庭程序细则,仍需进一步完善监察机关和司法机关之间关于调查人员出庭的程序规范。

---

① 杨宇冠、高童非:《非职务犯罪调查人员出庭问题探讨》,载《社会科学论坛》2018年第6期。